民國文化與文學研究文叢

二 編

李 怡 主編

第22冊

《文藝月刊》中的民族話語(1930～1941)

趙 偉 著

國家圖書館出版品預行編目資料

《文藝月刊》中的民族話語（1930～1941）／趙偉 著 — 初版
— 新北市：花木蘭文化出版社，2013〔民 102〕
目 2+224 面；19×26 公分
（民國文化與文學研究文叢 二編；第 22 冊）
ISBN：978-986-322-325-2（精裝）
1. 中國文學　2. 文藝評論
541.26208　　　　　　　　　　　　　　　　102012333

ISBN-978-986-322-325-2

9 789863 223252

民國文化與文學研究文叢
二 編 第二二冊　　　　　　　　　ISBN：978-986-322-325-2

《文藝月刊》中的民族話語（1930～1941）

作　者	趙　偉
主　編	李　怡
企　劃	四川大學現代中國文化與文學研究中心
	民國文學與海外漢學研究中心（籌）
	北京師範大學民國歷史文化與文學研究中心
總編輯	杜潔祥
印　刷	普羅文化出版廣告事業
出　版	花木蘭文化出版社
發行人	高小娟
聯絡地址	235 新北市中和區中安街七二號十三樓
	電話：02-2923-1455／傳真：02-2923-1452
網　址	http://www.huamulan.tw 信箱 sut81518@gmail.com
初　版	2013 年 9 月
定　價	二編 22 冊（精裝）新台幣 38,000 元

《文藝月刊》中的民族話語（1930～1941）

趙　偉　著

作者簡介

趙偉，男，1984 年，山東聊城人。2006 年至 2012 年，中國社會科學院研究生院碩士、博士。博士生期間，師從張中良先生，專業為中國現代文學。畢業後至江蘇社科院文學所工作，現為助理研究員。

提　　要

　　本文通過對《文藝月刊》的梳理，參照同時期相關作品，主要考察了 1930 年代的朝鮮問題、基督教問題、九一八事變、正面戰場及國民政府組織的遊擊戰等問題。

　　民國定鼎，國家觀念漸入人心，民族話語興起，實有根基。1930 年代，侵華之列強，盤踞不去，各懷算計。老牌帝國英吉利，自清末以鴉片斂財，炮艦之後，基督教擠進國門；民國後，英人染指西藏，欲割土分疆。基督教隨強權闖入已犯眾怒，驚懼、憤懣兼之誤會，國人視四方「遊牧」之傳教士與列強蛇鼠一窩。

　　日本為侵華黑馬，蕞爾島國胃口驚人，取臺灣，亡三韓，再圖大陸。中朝唇亡齒寒，國人關注朝鮮。日本早將侵華納入國策，此刻，先有萬寶山事件挑撥中朝，緊接「九一八」侵佔東北。為強化國難意識，《文藝月刊》配合政府動向，推出「九一八」系列作品，刺激同胞勿忘國恥，重拾山河。七七事變，日本挑起全面戰爭。正面戰場，我忠勇將士血流漂杵。家國危亡，不少文人憑藉一顆赤子心，到前線慰勞、採訪乃至參戰。《文藝月刊》對淞滬、南京、徐州、武漢等正面戰場多有表現。正面戰場血戰，敵後遊擊鬥智。國民政府佈置之遊擊戰，也於太行山、五臺山、大別山等根據地消耗不少日偽。

　　1930 年代，中華民族多難而堅韌，民族話語淒厲而嘹亮。

就「民國機制」與民國文學答問
——《民國文化與文學研究文叢》第二輯引言

李　怡

文學的「民國機制」是什麼

周維東：我注意到，最近有一些學者提出了「民國文學史」研究的問題，例如張福貴先生、丁帆先生、湯溢澤先生等等。而在這些「文學史」重新書寫的呼聲中，您似乎更專注於一個新的概念的闡述和運用，這就是文學的「民國機制」，您能否說明一下，究竟什麼是文學的「民國機制」呢？

李怡：「民國機制」是近年來我在中國現代文學史研究中逐漸感受到並努力提煉出來的一個概念。形成這一概念大約是在 2009 年，爲了參加北京大學召開的紀念五四新文化運動 90 周年研討會，我重新考察了「五四文化圈」的問題，我感到，五四文化圈之所以有力量，有創造性，根本原因就在於當時形成了一個砥礪切磋、在差異中相互包容又彼此促進的場域，而這樣的場域所以能夠形成，又與「民國」的出現關係甚大，中國現代文學之有後來的發展壯大，在很大程度上得力於當時能夠形成這個場域。在那時，我嘗試著用「民國機制」來概括這一場域所表現出來的影響文學發展的特點。〔註 1〕我將五四時期視作文學的「民國機制」的初步形成期，因爲，就是從這個時期開始，推動中國現代文化與文學健康穩定發展的基本因素已經出現並構成了較爲穩定的「結構」。〔註 2〕

〔註 1〕 李怡：《誰的五四：論五四文化圈》，見《中國現代文學研究叢刊》2009 年 3 期。

〔註 2〕 李怡：《「五四」與現代文學「民國機制」的形成》，《鄭州大學學報》2009 年

2010 年，在進一步的研究中，我對文學的「民國機制」做出了初步的總結。我提出：「民國機制」就是從清王朝覆滅開始在新的社會體制下逐步形成的推動社會文化與文學發展的諸種社會力量的綜合，這裏有社會政治的結構性因素，有民國經濟方式的保證與限制，也有民國社會的文化環境的圍合，甚至還包括與民國社會所形成的獨特的精神導向，它們共同作用，彼此配合，決定了中國現代文學的特徵，包括它的優長，也牽連著它的局限和問題。爲什麼叫做「民國機制」呢？就是因爲形成這些生長因素的力量醞釀於民國時期，後來又隨著 1949 年的政權更迭而告改變或者結束。新中國成立以後，眾所周知的事實是，政治制度、經濟形態及社會文化氛圍及人的精神風貌都發生了重大改變，「民國」作爲一個被終結的歷史從大陸中國消失了，以「民國」爲資源的機制自然也就不復存在了，新中國文學在新的「機制」中轉換發展，雖然我們不能斷言這些新「機制」完全與舊機制無關，或許其中依然包含著數十年新文化新文學發展無法割斷的因素，但是從總體上看，這些因素即便存在，也無法形成固有的「結構」，對於文化和文學的發展而言，往往就是這些不同的「結構」在發生著關鍵性的作用，所以我主張將所謂的「百年中國文學」、「二十世紀中國文學」分段處理，不要籠統觀察和描述，它們實在大不相同，二十世紀下半葉的中國文學應該在新的「機制」中加以認識。〔註3〕

周維東：「民國機制」與同時期出現的「民國文學史」、「民國史視角」有什麼差別？

李怡：「民國文學史」提出來自當代學人對諸多「現代文學」概念的不滿，據我的統計，最早提出以「民國文學史」取代「現代文學史」設想的是上海的陳福康先生，陳福康先生長期致力於現代文獻史料的發掘勘定工作，他所接觸和處理的歷史如此具體，實在與抽象的「現代」有距離，所以更願意認同「民國」這一稱謂，其實這裏有一個值得注意的現象：眞正投入歷史的現場，你就很容易發現文學的歷史更多的是一些具體的「故事」，抽象的「現代」之辨並不都那麼激動人心，所以在近現代史學界，以「民國史」定位自己工作者先前就存在，遠比我們觀念性強的「文學史」界爲早。繼陳福康先生之後，又先後有張福貴、魏朝勇、趙步陽、楊丹丹、湯溢澤、丁帆等人繼續闡

4 期。
〔註 3〕李怡：《民國機制：中國現代文學的一種闡釋框架》，《廣東社會科學》2010年 6 期。

述和運用了「民國文學史」的概念，尤其是張福貴和丁帆先生，更以「國務院學位委員」特有的學科視野為我們論述和規劃了這一新概念的重要意義與現實可能，我覺得他們的論述十分重要，需要引起國內現代文學同行的高度重視和認眞討論。在一開始，我也樂意在「民國文學史」的框架中討論現代文學的問題，因為這一框架顯然能夠把我們帶入更為具體更為寬闊的歷史場景，而不必陷入糾纏不清的概念圈套之中，例如借助「民國文學史」的框架，我們就能夠更好地解釋「大後方文學」的複雜格局，包括它與延安文學的互動關係。〔註4〕

不過，「民國文學史」主要還是一個歷史敘述的框架，而不是具體的認知視角和研究範式，或者說他更像是一個宏闊的學科命名，而不是「進入」問題的角度，我們也不僅僅為了「寫史」，在書寫整體的歷史進程之外，我們大量的工作還在對一個一個具體文學現象的理解和闡釋，而這就需要有更具體的解讀歷史的角度和方法，我們不僅要告訴人們這一段歷史「叫做」什麼，而且要回答它「為什麼」是這樣，其中都有哪些值得注意的東西，對後者的深入挖掘可以為我們的文學研究打開新的空間，「機制」的問題提出就來源於此。

周維東：我也意識到這一問題。「民國文學史」提出的學理依據和理論價值，在於它一時間化解了「中國現代文學史」框架中許多難以解決的難題，譬如中國現代文學的「起點」問題，中國現代文學的「包容度」問題，中國現代文學史寫作的價值立場問題等等。但「化解」並不等同於「解決」，當我們以「民國」的歷史來界分中國現代文學時，我們依舊需要追問「現代」的起源問題；當我們不在為中國現代文學的包容度而爭議時，如何將民國文學錯綜複雜的文學現象統攝在同一個學術平臺上，又成了新的問題；我們可以不為「現代」的本質而煩擾，但一代代中國現代知識份子的文化追求還是會引發我們思考：他們為什麼要這樣而不是那樣？

李怡：還有一個概念也很有意思，這就是秦弓先生提出的「民國史視角」，〔註5〕「視角」的思路與我們對其中「機制」的關注和考察有彼此溝通之處，

〔註4〕 李怡：《「民國文學史」框架與「大後方文學」》，《重慶師範大學學報》2009年1期。
〔註5〕 秦弓先後發表《從民國史的角度看魯迅》（《廣東社會科學》2006年4期）、《現代文學的歷史還原與民國史視角》（《湖南社會科學》2010年1期）。

我們都傾向於通過對特定歷史文化的具體分析為文學現象的解釋找到根據。在我們的研究中，有時也使用「視角」一詞，只是，我更願意用「機制」，因為，它指涉的歷史意義可能更豐富，研究文學現象不僅需要「觀察點」，需要「角度」，更需要有對文化和文學的內在「結構性」因素的總結，最終，讓二十世紀中國文學上下半葉各自區分的也不是「角度」而是一系列實在內涵。

周維東：「民國機制」的研究許多都涉及社會文化的制度問題，這與前些年出現的「中國現當代文學制度研究」有什麼差別呢？

李怡：最近一些年出現的「中國現當代文學制度研究」為中國文學的發生發展尋找到了豐富的來自社會體制的解釋，這對過去機械唯物主義的「社會反映論」研究具有根本的差異，我們今天對「民國機制」的思考，當然也包含著對這些成果的肯定，不過，我認為，在兩個大的方面上，我們的「機制」論與之有著不同。首先，這些「制度研究」的理論資源依然主要來自西方學術界，這固然不必指責，但顯然他們更願意將現代中國的各種「制度現象」納入到更普遍的「制度理論」中予以認識，「民國」歷史的特殊性和諸多細節還沒有成為更主動的和主要的關注對象，「民國視角」也不夠清晰和明確，而這恰恰是我們所要格外強調的；其次，我們所謂的「機制」並不僅是外在的社會體制，它同時也包括現代知識份子對各種體制包圍下的生存選擇與精神狀態。例如民國時期知識份子所具有的某種推動文學創造的個性、氣質與精神追求，這些人的精神特徵與國家社會的特定環境相關，與社會氛圍相關，但也不是來自後者的簡單「決定」與「反映」，有時它恰恰表現出對當時國家政治、社會制度、生存習俗的突破與抗擊，只是突破與抗擊本身也是源於這個國家社會文化的另外一些因素。特別是較之於後來極左年代的「殘酷鬥爭、無情打擊」，較之於「知識份子靈魂改造」後的精神扭曲，或者較之於中國式市場經濟時代的信仰淪喪與虛無主義，作為傳統文化式微、新興文明待建過程中的民國知識份子，的確是相對穩健地行走在這條歷史的過渡年代，其中的姿態值得我們認真總結。

周維東：經過您的闡述，我可不可以這樣理解：「民國機制」包含了一種全新的文學理解方式，「民國」是靜態的歷史時空，而「機制」則是文化參與者與歷史時空動態互動中形成的秩序，兩者結合在一起，強調的是在文學活動中「人」與「歷史時空」的豐富的聯繫，這種聯繫可以形成一種類似「場域」的空間，它既是外在的又是內在的。通過對「文學機制」的發現，文學

研究可以獲得更大的彈性空間，從而減少了因爲理論機械性而造成的文學阻隔。單純使用「民國」或「制度」等概念，往往會將文學置於「被決定」的地位，它值得警惕的地方在於，我們既無法窮盡對「民國」或「制度」全部內容的描述，也無法確定在一定的歷史時空下就必然出現一定的文學現象。

李怡：可以這樣理解。

爲什麼是「民國機制」

周維東：應該說，目前中國現代文學研究已經相當成熟了，各種研究模式、方法、框架都取得了引人注目的成就，在這個時候，爲什麼還要提出這個新的闡述方式呢？

李怡：很簡單，就是因爲目前的種種既有研究框架存在一些明顯的問題，對進一步的研究形成了相當的阻力。我們最早是有「新文學」的概念，這源於晚清「新學」，「新文學」也是「新」之一種，顯然這一術語感性色彩過強，我們必須追問：「新」旗幟的如何永遠打下去而內涵不變？「現代」一詞從移入中國之日起就內涵駁雜，有歐洲文明的「現代觀」，也有前蘇聯的十月革命「現代觀」，後者影響了中國，而中國又獨出心裁地劃出一「當代」，與前蘇聯有所區別，到了新時期，所謂「與世界接軌」也就是與歐美學術看齊，但是我們的「現代」概念卻與人家接不了軌！到 1990 年代，「現代性」知識登陸中國，一陣恍然大悟之後，我們「奮起直追」，「現代性」概念漫天飛舞，但是新的問題也來了：如何證明中國文學的「現代」就是歐美的「現代」？如果證明不了，那麼這個概念就是有問題的，如果眞的證明了，那麼中國文學的獨立性與獨創性還有沒有？我們的現代文學研究眞的很尷尬！提出「民國機制」其實就是努力返回到我們自己的歷史語境之中，發現中國人在特定歷史中的自主選擇，這才是中國文學在現代最值得闡述的內容，也是中國文學之所以成爲中國文學的理由，或者說是中國自己的眞正的「現代」。

周維東：我在想一個問題，「民國機制」的提出在很大程度上來自對目前「現代」概念的質疑和反思，這是不是意味著，我們從此就確立了與「現代」無關的概念，或者說應該把「現代」之說驅除出去呢？

李怡：當然不是。「現代」概念既然可以從其知識的來源上加以追問，借助「知識考古」的手段釐清其中的歐美意義，但是，在另外一方面，「現代」

從日本移入中國語彙的那一天起，就已經自然構成了中國人想像、調遣和自我感性表達的有機組成部分，也就是說，中國人已經逐步習慣於在自己理解的「現代」概念中完成自己和發展自己，今天，我們依然需要對這方面的經驗加以梳理和追蹤，我們需要重新摸索中國自己的「現代經驗」與「現代思想」，而這一切並不是 1990 年代以後自西方輸入的「現代性知識體系」能夠解釋的，怎麼解釋呢？我覺得還是需要我們的民國框架，在我們「民國機制」的格局中加以分析。

周維東：也就是說，只有在「民國機制」中，我們才可以真正發現什麼是自己的「現代」。

李怡：就是這個意思，「現代」並不是已經被我們闡述清楚了，恰恰相反，我覺得很多東西才剛剛開始。

周維東：「民國」一詞是中性的，這是不是更方便納入那些豐富的文學現象呢？例如舊體詩詞、通俗小說等等。提出「民國機制」是否更有利於現代文學史的「擴軍」？也就是說將民國時期的一切文化文學現象統統包括進去？

李怡：從字面上看似乎有這樣的可能，實際上已經有學者提出了這個問題。但是，對於這個問題，我卻有些不同的看法，實際上，一部文學史絕對不會不斷「擴容」的，不然，數千年歷史的中國古典文學今天就無法閱讀了，不斷「減縮」是文學史寫作的常態，文學經典化的過程就在減縮中完成。這就為我們提出了一個問題：一種新的文學闡釋模式的出現從根本上講是為了「照亮」他人所遮蔽的部分而不是簡單的範圍擴大，「民國」概念的強調是為了突出這一特定歷史情景下被人遺忘或扭曲的文學現象，舊體詩詞、通俗小說等等直到今天也依然存在，不能說是民國文學的獨有現象，而且能夠進入文學史研究的一定是那些在歷史上產生了獨立作用和創造性貢獻的現象，舊體詩詞與通俗小說等等能不能成為這樣的現象大可質疑，與唐宋詩詞比較，我們現代的舊體詩詞成就幾何？與新文學對現代人生的揭示和追求比較，通俗小說的深度怎樣？這都是可以探討的。實際上，一直都由學者提出舊體詩詞與通俗小說進入「現代文學史」，與新文學並駕齊驅的問題，呼籲了很多年，文學史著作也越出越多，但仍然沒有發現有這麼一種新舊雜糅、並駕齊驅的著作問世，為什麼呢？因為兩者實在很難放在同一個平臺上討論，基礎不一樣，判斷標準不一樣。我認為，提出文學的「民國機制」還是為了更好地解

釋那些富有獨創性的文學現象，而不是爲了擴大我們的敘述範圍。

周維東：文學史研究從根本上講，就不可能是「中性」的。

李怡：當然，任何一種闡述本身就包含了判斷。

「民國機制」何爲

周維東：在文學的「民國機制」論述中，有哪些內容可以加以考察？或者說，我們可以爲現代中國文學研究開拓哪些新空間呢？

李怡：大體上可以區分爲兩大類：一是對「民國」各種社會文化制度、生存方式之於文學的「結構性力量」的考察、分析，二是對現代作家之於種種社會格局的精神互動現象的挖掘。前者可以展開的論題相當豐富，例如民國經濟形態所造就的文學機制。從 1913 年張謇擔任農商務部總長起，在大多數情形下，鼓勵民營經濟的發展已經成了民國的基本國策，中國近現代的出版傳播業就是在這樣的格局中發展起來的，這賦予了文學發展較大的空間；至少在法制的表面形態上，民國政府表現出了一系列「法治」的努力，以「三民主義」和西方法治思想爲基礎民國法律同樣也建構著保障民權的最後一道防線，雖然它本身充滿動搖和脆弱。這表層的「法治」形式無疑給了知識份子莫大的鼓勵，鼓勵他們以法律爲武器，對抗獨裁、捍衛言論自由；多種形態的教育模式營造了較大的精神空間，對國民黨試圖推進的「黨化」教育形成抵制。後者則可以深入挖掘現代知識份子如何通過自己的努力、抗爭調整社會文化格局，使之有利於自己的精神創造。

周維東：這些研究表面上看屬於社會體制的考察，其實卻是「體制考察與人的精神剖析」相互結合，最終是爲了闡發現代文學的創造機能而展開的研究。

李怡：對，尋找外在的社會文化體制與人的內部精神追求的歷史作用，就是我所謂的「機制」的研究。

周維東：這樣看來，民國機制的研究也就帶有鮮明的立場：爲中國現代文學的創造力尋求解釋，深入展示我們文學曾經有過的歷史貢獻，當然，也爲未來中國文學的發展挖掘出某些啓示。所以說，「民國機制」不是重新劃範圍的研究，不是「標籤」與「牌照」的更迭，更不是貌似客觀中性的研究，它無比明確地承擔著回答現代文學創造性奧秘的使命。

李怡：這樣的研究一開始就建立在「提問」的基礎上，是未來回答現代文學的諸多問題我們才引入了「民國機制」這樣的概念，因為「提問」，我想我們的研究無論是在文學思潮運動還是在具體的作家作品現象方面都會有一系列新的思維、新的結論。例如一般認為1930年代左翼作家的現實揭弊都來源於他們生活的困窘，其實認真的民國生活史考察可以告訴我們，但凡在上海等地略有名氣的作家（包括左翼作家）都逐步走上了較為穩定的生活，他們之所以堅持抗爭在很大程度上還是來自理想與信念。再如目前的文學史認為茅盾的《子夜》揭示了民族資產階級在現代中國沒有前途，但問題是民國的制度設計並非如此，其實民營經濟是有自己的生存空間的，尤其1927～1937被稱作民國經濟的黃金時代，這怎麼理解？顯然，在這個時候，茅盾作為左翼作家的批判性佔據了主導地位，而引導他如此寫作的也不是什麼「按照生活本來面目加以反映」的19世紀歐洲的「現實主義」原則，而是新進引入的馬克思主義的階級觀念。民國體制與作家實際追求的兩相對照，我們看到的恰恰是民國文學的獨特景象：這裏不是什麼遵循現實主義原則的問題，而是作家努力尋找精神資源，完成對社會的反抗和拒斥的問題，在這裏，文學創作本身的「思潮屬性」是次要的，構建更大的精神反抗的要求是第一位的。在這方面，是不是存在一種「民國氣質」呢？

周維東：根據您的闡述，我理解到「民國機制」所要研究的問題。過去我們研究文學史，也注重了歷史語境的問題，但從某個單一視角出發，就可能出現「臆斷」和「失度」的現象，這也就是俗話中的「只知其一不知其二」。「民國機制」研究民國「社會文化制度、生存方式之於文學的『結構性力量』」，實際還強調了歷史現場的全景考察。其次，「現代作家之於種種社會格局的精神互動現象」在過去常常被認為作家的個體想像，您在這裏特別強調這種互動的集體性和有序性，並試圖將之作為結構文學史的重要基礎。

李怡：是這樣的。過去我們都習慣用階級對抗在解釋民國時代的「左」、「中」、「右」，好像現代文學就是在不同階級的作家的屬性衝突中發展起來的，其實，就這些作家本身而言，分歧和衝突是一方面，而彼此的包容和配合也是不容忽視的一面，更重要的是，他們意見和趣味的分歧往往又在對抗國家專制統治方面統一了，在面對獨裁壓制的時候，都能夠同仇敵愾，共同捍衛自己的利益。當整個知識份子階層形成共同形成精神的對抗之時，即便是專制統治者也不得不有所忌憚，例如擔任國民黨中宣部部長的張道藩就在

1940 年代的「文學政策」論爭中無法施展壓制之術。民國文學創作的自由空間就是不同思想取向的知識份子共同造成的。

周維東：這樣看來，「民國機制」還有很多課題值得挖掘。譬如民國時期知識份子與大眾傳媒關係問題，過去我們基本從「稿費」和「經濟」的角度理解這一現象，不過如果我們注意到這一時期的「零稿費」現象、「虧本經營」現象，以及稿件類型與稿酬水平的關係問題等等，就可以從單純的經濟問題擴展到民國文人、民國傳媒的趣味和風尚問題，進而還能擴展到民國知識份子生存空間的細枝末節。這樣研究文學史，真可謂「別有洞天」呀！

作為方法的「民國機制」

周維東：我覺得，提出文學的「民國機制」不僅可以為我們的學術研究開闢空間，同時它也具有方法論的價值。

李怡：我以為這種方法論的意義至少有三個方面：一是倡導我們的現代文學學術研究應該進一步回到民國歷史的現場，而不是抽象空洞的「現代」，即便是中國作家的「現代」理念，也有必要在我們自己的歷史語境中獲得具體的內容；二是史料考證與思想研究相互深入結合，近年來，對現代文學史料的重視漸成共識，不過，究竟如何認識「史料」卻已然存在不同的思路，有人認為提倡史料價值，就是從根本上排除思想研究，努力做到「客觀」和「中性」，其實，沒有一種研究可以是「客觀」的，從來也不存在絕對的「中性」，最有意義的研究還是能夠回答問題，是具有強烈的問題意識的研究。如何將史料的考證和辨析與解答民國時期文學創造的奧秘相互結合，這在當前還亟待大家努力。第三，正如前面我們所強調的那樣，我們也努力將外部研究（體制考察）與內部研究（精神闡釋）結合起來，以「機制」的框架深入把握推動文學發展的「綜合性力量」，這對過去「內外分裂」的研究模式也是一種突破。

周維東：最近幾年，中國出現了「民國熱」，談論民國，想像民國，出版民國讀物，蔚為大觀，有人擔心是否過於美化了那一段歷史？

李怡：這個問題也要分兩重意義來說，首先是為什麼會出現這樣的「熱」？顯然是我們的歷史存在某種需要反省的東西，或者將那個時候的一切統統斥之為「萬惡的舊社會」，從來沒有正視過歷史的應有經驗，或者是對我們今天──市場經濟下虛無主義盛行，知識份子喪失理想和信仰的某種比照，在這

樣兩種背景上開掘「民國資源」，我覺得都有明顯的積極意義，因爲它主要代表了我們的不滿足，求反思，重批判，至於是否「美化」那要具體分析，不過，在「民國」永遠不會「復辟」的前提下，某些美好的想像和誇張也無需過分擔憂，因爲，「民國」資源本身包含「多元」性，左翼批判精神也是民國精神之一，換句話說，真正進入和理解「民國」，就會引發對民國的批判，何況今天分明還具有太多的從新體制出發抨擊民國的思想資源，學術思想的整體健康來自不同思想的相互抵消，而不是每一種思想傾向都四平八穩。

周維東：的確是這樣。所謂「美化」的背後其實是缺失和批判。學術史上又太多類似的「美化」，屈原、陶淵明、李白、杜甫等文化名人形成的光輝形象，不正是研究者「美化」的結果嗎？魯迅也曾經「美化」過魏晉。在研究者「美化」歷史人物和歷史時期時，我想他（她）不是諂媚也不是褒貶，而是在更大的文化空間上，揭示我們還缺少什麼，我們如何可以過的更好。

李怡：還有，也是更主要的一點，我們的「民國機制」研究與目前的「民國熱」在本質上沒有關係。我們要回答的是民國時期現代文學的創造秘密，這與是否「美化」民國統治者完全是兩回事，我們從來嚴重關切民國歷史的黑暗面，無意爲它塗脂抹粉，恰恰相反，我們是要在正視這些黑暗的基礎上解答一個問題：現代知識份子如何通過自己的抗爭和奮鬥突破了思想的牢籠，贏得了民國時期的文學輝煌，我們把其中的創生力量歸結爲「民國機制」，但是顯而易見，民國機制並不屬於那些專制獨裁者，而是根植於近代以來成長起來的現代知識份子群體，根植於這一群體對共和國文化環境與國家體制的種種開創和建設，根植於孫中山等民主革命先賢的現代理想。

周維東：「民國機制」不是民國統治者的慈善，不是政治家的恩賜，而是以知識份子爲主體的社會力量主動爭取和奮鬥的結果，在這裏，需要自我反省的是知識份子自己。

李怡：「民國機制」的提出歸根結底是現代文學學術長期發展的結果，絕非當前的「風潮」鼓動（中國是一個充滿「風潮」的社會，實在值得警惕），近三十年來，中國現代文學研究一直在尋找一種更恰當的自我表達方式，從1980 年代「二十世紀中國文學」在「走向世界」中抵消政治意識形態的干預到1990 年代「現代性」旗幟的先廢後存，尷尷尬尬，我們的文學研究框架始終依靠外來文化賜予，那麼，我們研究的主體性何在？思想的主體性何在？我曾經倡導過文學研究的「生命體驗」，又集中梳理過中國現代文學批評的術

語演變，這一切的努力都不斷將我們牽引回中國歷史的本身，我們越來越眞切地感受到更完整地返回我們的歷史情境才有可能對文學的發展作進一步的追問。對於現代的中國文學而言，這一歷史情境就是「民國」，一個無所謂「美化」也無所謂「醜化」的實實在在的民國，回到民國，才是回到了現代中國作家的棲息之地，也才回到了中國文學自身。

周維東：最後一個問題，我們研究民國時期的文學，是否也應該考慮當時歷史狀況的複雜性，比如是不是民國時代的所有文學都從屬於「民國機制」？比如解放區文學、淪陷區文學？除了「民國機制」，當時還存在另外的文學機制沒有？

李怡：這樣的提問就將我們的問題引向深入了！我一向反對以本質主義的思維來概括歷史，社會文化的內在結構不會是一個而是多個，當然，在一定的歷史時期，肯定有主導性的也有非主導性的，有全局性的也有非全局性的。在「民國」的大框架中，也在特定條件下發展起了一些新的「機制」，但是民國沒有瓦解，這些「機制」的作用也還是局部的。延安文學機制是在蘇區文學機制的基礎上發展起來的，軍事性、鬥爭性和一元性是其主要特徵，但這一機制全面發揮作用是在「民國」瓦解之後，在民國當時，延安文學能夠在大的國家文化體系中存在，也與民國政治的特殊架構有關，在這個意義上，也可以說是民國機制在特殊的局部滋生了新的延安機制，並最終爲發展後的延安機制所取代。至於淪陷區則還應該仔細區分完全殖民地化的臺灣以及置身中國本土的東北淪陷區、華北淪陷區和上海孤島等，對於完全殖民地化的尚未光復的臺灣，可能基本置於「民國機制」之外，而對其他幾個地區，則可能是多種機制的摻雜，雖然摻雜的程度各不相同。但是，從總體上看，我並不主張抽象地籠統地地議論這些「機制」比例問題，我們提出「民國機制」最終還是爲了解決現代中國文學發生發展的若干具體問題，只有回到具體的文學現象當中，在分析解決具體的文學問題之時，「民國機制」才更能發揮「方法論」的作用，啓發我們如何在「體制與人」的交互聯繫中發掘創造的秘密。我們無需完成一部抽象的「民國機制發展史」，可能也完成不了，更迫切的任務是針對文學具體現象的新的符合中國歷史情境的闡述和分析。

周維東：對，我們的任務是進入具體的文學問題，將關注「民國機制」作爲內在的思想方法，引導對實際現象的感受和分析。

目次

緒　論

一、選題的意義

　　1930 年 8 月 19 日，《民國日報・覺悟》的文壇消息一欄刊登了一則出版信息：「《文藝月刊》創刊號出版宣傳已久之新興文藝運動，漸由理論而近於實際；《文藝月刊》創刊號已於本月十五日出版，要目有……」這條出版信息位於《覺悟》版面的左下角，其所佔篇幅狹小與本版「報屁股」上《火燒紅蓮寺》的影訊相當。風靡一時的「武俠巨片」終歸沉寂，而伴隨不起眼的文壇消息登上歷史舞臺的《文藝月刊》卻堅持十一年之久、並在抗戰的惡劣條件下轉戰三地〔註 1〕，於烽火硝煙中通過文藝的「達賴滿」發出自己的聲響。

　　友人筆下，王平陵對《文藝月刊》曾有如下回憶：「民國十九年，共產黨宣傳階級鬥爭的『普魯文藝』，氣焰囂張」，與之相對，「葉楚傖先生首先倡導『民族主義』的文藝運動，力圖挽救頹風。我在他的指導下」「創辦大型文藝刊物——《文藝月刊》，每期十五萬至廿萬字，如遇『專號』及『特輯』，常常擴大到三十至五十多萬字；我從十九年創刊號期，擔任總編輯，直到三十一年才辭去。」〔註 2〕同是 1930 年，《申報・書報介紹》欄目刊登了《文藝月刊》創刊的消息：「在普羅文學高唱入雲的中國文壇上，的確的

〔註 1〕　《文藝月刊》1930 年 8 月首創於南京，1938 年 1 月 1 日遷至漢口，同年 8 月
　　　　　16 日再遷重慶，直至 1941 年 11 月終刊。
〔註 2〕　袁道宏：《王平陵之文藝生活》，《王平陵先生紀念集》，正中書局，1975 年，
　　　　　第 162〜163 頁。

—1—

有許多觀眾是瞠目結舌了，他們好像在看著一臺全武行的戲，打、喊、罵，夾著震耳的破鑼聲音」，對抗左翼鑼鼓的是「一個小小的達賴滿」。敲鑼打鼓的提倡武鬥意在攫取「同胞的血液」，喇叭吹奏的同樣是戰歌但引領人們將槍口「瞄準壓迫我們全民族的敵人」〔註3〕，在介紹者眼中，那些「在黑暗中摸索著、為民族奮鬥著的」執號而歌者才無疑符合時代的要求。時至1932年，民族主義文藝刊物《矛盾月刊》在討論《文藝月刊》問題時，認為主要成員王平陵「從他歷來的理論文字來觀察，他是主張『民族主義文藝』的，他認為文藝根本就是一種工具，是一種武器，用這工具與武器來喚醒大眾的民族意識，乃是眼前必要的工作，且不容有絲毫懷疑之存在。」〔註4〕王平陵與國民政府不乏聯繫〔註5〕，《書報介紹》的宣傳方向掌控在同樣擁有官方身份的朱應鵬手中，他們針對左翼的敵對態度並不新鮮，重點在於當事人的回憶與同盟軍的鼓吹均反映出《文藝月刊》自籌備、誕生之時就已經具備了民族主義的「基因」。

　　得到《民國日報》與《申報》兩份重要報紙鼓吹的《文藝月刊》屬於中國文藝社，「中國文藝社，這是一個創辦得最早而且規模也最大的文藝社團，成立時期大概是1930年的七月間。其組織的系統與經濟之來源，完全和國民黨中央宣傳部有直接的關係。」「中國文藝社的組成分子，其比較最重要而又為一般所注目的是：王平陵、左恭、鍾天心、繆崇群等四人。」〔註6〕也有人說「中國文藝社成立於北伐戰爭之後，是南京中央大學幾位教授與王平陵、華林等組建的。1929年三民主義文藝政策制定、三民主義文藝口號提出，他就是成為這政策的執行者、這口號的營銷店。」〔註7〕兩種說法都透露出中國文藝社的官方背景。與國民黨中宣部的統屬關係似乎給《文藝月刊》貼上三

〔註3〕終一：《文藝月刊》，《申報·書報介紹》，1930年9月15日。（繆崇群有筆名「終一」，結合其與《中央日報》、《文藝月刊》的密切關係，此《書報介紹》中的終一極有可能就是繆崇群。）

〔註4〕辛予：《一九三一年南京文壇總結算（上）》，《矛盾月刊》，第二期，1932年5月。

〔註5〕1935年王平陵出任中宣部下屬「全國報紙副刊及社論指導室」主任，其1964年逝世時由蔣經國任治喪委員會主任委員高調至祭。

〔註6〕辛予：《一九三一年南京文壇總結算（上）》，《矛盾月刊》1932年5月25日第2期。

〔註7〕張大明：《主潮的那一面——三民主義文藝與民族主義文藝》，中國社會科學出版社，2010年，第59頁。

民主義文藝的標籤〔註8〕，而在有關此刊性質的表述中，王平陵與其友人的追憶更多提到「民族文藝」〔註9〕。即便當時國民黨中宣部提倡的三民主義文藝與其中央組織部陳氏兄弟的鐵杆民族主義文藝有所分歧〔註10〕，但通過文藝發揚民族精神、喚起民族意識卻屬二者一致之處，因此《文藝月刊》不論被戴上哪頂帽子，民族主義自然都會是其題中之義。

「達賴滿」第一次發出的聲音有「跑調」之嫌。激情澎湃的創刊詞絕非無懈可擊，針對左翼文學宣揚的階級論，它強調「一切古往今來的文藝創作家」不是「為著某一個階級，而寫作文藝」，「決不會滲入了故意和不自然的成分，默認自己為一個階級而創作文藝，是擁護某一階級的忠僕。」，「文藝家並不存心代表任何階級來說話」。與之相對，在中國文藝社同人的理解中：

> 文藝是人性自發的最天真的衝動，為愉快而創造，因創造而愉快。
> 文藝家是時代的預言者，是靈魂的冒險者，他具有純潔無暇的熱忱，超越一切的敏銳的感覺，透視一切的犀利的目光，熱烈的豐富的情緒和想像；他能深刻的瞭解自己的痛苦，同時又最沉摯的憐憫社會的沉淪；他有希求社會向上的一顆熱烈的心，但是，他沒有實行決鬥犧牲的強毅的力；他能很清楚的看透了「現在」，最明顯的預測了「將來」，但是，他對現在只是寫出了一篇供狀，對將來僅僅流露出一個期望。當一個社會的悲觀面，陰褐層還在朦朧的時候，文藝家已經感到異常不安了；當無量數的民眾，被蠱惑於撒旦的欺騙而不自覺，文藝家早就吹奏者闊大的號音驚醒了人們的迷夢了；當人們憔悴呻吟於暴君污吏的虐政之下，文藝家已代表許許多多被災難的同伴們，放聲嚎哭了；當人們正在絕望顛沛，悵惘於無邊的恐懼時，文藝家又替人們舉起了智慧的火炬，推開了禁錮的隔膜，預示著人道的曙光。

〔註8〕 倪偉曾舉例朱應鵬就認為「中國文藝社」提倡的是三民主義文學。倪偉：《「民族」想像與國家統制──1928～1949 年南京政府的文藝政策及文學運動》，上海教育出版社，2003 年，第 67 頁。

〔註9〕 對此，綠蒂、李德安、袁道宏等人的紀念文章屢有提及，詳見《王平陵先生紀念集》，正中書局，1975 年。

〔註10〕 思揚 1931 年 9 月 13 日發表在《文學導報》1 卷 4 期的《南京通訊》著重強調了國民黨中宣部與中組部在此問題上矛盾。倪偉則認為對此矛盾左聯看法有誇大之處，詳見倪偉《「民族」想像與國家統制──1928～1949 年南京政府的文藝政策及文學運動》，上海教育出版社，2003 年，第 68 頁。

文藝家「開始創作的時候，就決不會顧慮到後來的批評家，要把他們的作品，不憚煩的染上了紅的綠的顏色，歸入哪一類，哪一派，哪一個問題，哪一個時代」，「一切都是聽之於自然罷了，決不會摻入了故意和不自然的成分」〔註11〕。創刊詞駁斥了左翼文學以階級論主宰一切的強勢話語，認為文藝應是作家自然而然的表現，突出作家的主體性。授人以柄之處就在這裏，「一方面它強調文藝不能屈服於任何外在的目的，尤其是不能充當階級鬥爭的工具，因而極力聲稱文藝只能是文藝家個人真實人性的自然表現；但在另一方面，民族主義的論述本身又規定文藝不能僅僅是個人情性的宣泄，它要求文藝必須致力於創建一個想像的共同體」。「既要用文學的個人主體論打擊文學的階級論，同時又要把這種主體論統攝到民族主義的論述之中」，「雖然表面上肯定了主體的作用，但是對主體的抽象設定卻在實質上抽空了主體」〔註12〕。

看似悖論實則折射出《文藝月刊》自始就孕育的複雜性。30年代初左翼文學話語生機勃發，國民黨中宣部支持下的《文藝月刊》在此時問世自然包含對抗左翼爭奪話語權的目的。1931年，朱應鵬在回答記者關於民族主義文藝運動的問題時有如下說法：「所謂黨的文藝政策，又是由於共產黨有文藝政策而來的；假如共產黨沒有文藝政策，國民黨也許沒有文藝政策」〔註13〕。「以往論者均將這段話作為具有官方背景的民族主義文藝運動的興起是針對左聯成立而匆忙拼湊出來的鐵證」，但「朱應鵬的言論與其說是在強調官方文化統治的必要性，不如說是在表達某種無奈」〔註14〕。實際上，《文藝月刊》同人也未將大量精力消耗在對左翼文學的攻擊上。除去創刊詞，算得上批評文章的也只有王平陵《會見謝壽康先生的一點鐘》（創刊號）、繆崇群《亭子間的話》、徐子（左恭）《魯迅先生》（第一卷第二號）、克川《十年來的中國文壇》（第一卷第三號）。相對於《文藝月刊》每期十五至十七萬字前後多達一百二十五期的巨大容量來說，這些正面進攻的聲響實在微乎其微。

應對左翼文學，是民族主義文藝出現的推手，但並不是唯一的原因。民

〔註11〕 本社同人：《達賴滿 DYNAMO 的聲音》，《文藝月刊》，1930年8月第一卷第一號。
〔註12〕 倪偉：《「民族」想像與國家統制——1928～1949年南京政府的文藝政策及文學運動》，上海教育出版社，2003年，第69～70頁。
〔註13〕 《朱應鵬氏的民族主義文學談》，《文藝新聞》，1931年3月23日。
〔註14〕 冷川：《民族主義的窄化：從時代精神到文藝政策》，《中國社會科學院文學研究所學刊》，中國社會科學出版社，2009年，第311頁。

族國家話語並非 1930 年代突然出現的產物，「中國文學的愛國主義傳統源遠流長，隨著國家形態的嬗變而傳承演進。鴉片戰爭以來，在列強侵凌的逼促下，文學中表現出鮮明的國家話語，辛亥革命以後，更是具備了現代色彩。五四時期，文學中的國家話語並沒有因為個性高張而中止，而是隨著五四愛國運動以及五卅慘案、三一八慘案等事件的發生，有了新的進展，呈現出豐富多彩的形態」〔註15〕。1920 年代末至 1930 年代初，中國夾在列強中艱難求生的形勢並沒有因國民黨政府在南京定都而煥然一新。東亞近鄰日本在民國四年就提出了滅亡中國的「二十一條」，此後濟南慘案、皇姑屯事件、關東軍在中國東北地區的戰地踏查、萬寶山慘案等一系列事件都表明日本吞併中國的險惡用心日趨明朗化，籠罩在中國上空的滅亡陰雲愈積愈厚，風暴隨時降臨。《文藝月刊》帶有民族主義色彩更重要的原因是民族生存空間進一步惡化，這也是部分精英知識分子面臨內憂外患時的一種自然選擇。

民族主義文藝運動旗幟——鋒芒逼人的《民族主義文藝運動宣言》在《前鋒周報》、《開展》、《前鋒月刊》等民族主義文藝運動鐵杆兒擁躉中反覆亮相，同為「戰友」的《文藝月刊》卻無動於衷，文藝社同人沒有採用前鋒陣營如此霸氣外露的戰術而是呈現出相對獨立、溫和的姿態。《文藝月刊》日後的發展表明，刊物的「性情」與走向並不與激進的民族主義文藝運動之精神完全契合。「《文藝月刊》出版後，主編者以比較老成的態度從事，竭力拉攏文壇上三四流的中間份子作家；首先一筋斗跪上去的是被胡聖人與徐詩哲提拔的沈從文，其次是滅亡的安那其的巴金；寫性史的金滿成在前數期還發表作品，後來是被扔開了。」〔註16〕老成的編輯態度與「中間份子」的參與都使得刊物收斂鋒芒減少樹敵廣結人緣。「在南京所有的定期刊物之中，《文藝月刊》的內容是應該站在第一位的。從每期的目錄裏邊，我們以看見隨處堆滿著那些為一般讀者所熟諳的大家的作品。」原因之一就是「《文藝月刊》那種模棱灰暗的態度，尚可以使一些老成持重的大家不致有左右為難的痛苦」。對此，民族主義文藝陣營中的盟友頗有微詞，「我們對於這本內容豐富的刊物，卻又不能不有所非難」，「試翻遍十多期的《文藝月刊》，幾乎找不出幾篇是他們社員的作品，這現象，若非編輯者之過分崇拜偶像，則一定是刊物本身之

〔註15〕秦弓：《關於五四文學的「國家」話語問題》，《天津社會科學》，2010 年 4 期。
〔註16〕思揚：《南京通訊——三民主義的與民族主義的文學社團及刊物》，《文學導報》，1931 年 9 月 13 日，第一卷第四期。

側重於商業化。然而，以一本同人雜誌而如果染上了這兩種傾向之一，也已經是很可怕的病態了。」中國文藝社「卒因思想之沒落，態度之模棱的緣故，給予大眾的一切實在是太少了」〔註17〕。其實，某種主義的激進擁護者往往因其過激的言行使人望而生畏。在非黑即白的話語聲中，《文藝月刊》儘管擁有政府背景卻能爲一大批「老成持重」的作家提供適宜活動的舞臺，也藉此吸引更多的讀者使刊物持久生存，於不露聲色之中發出自己的聲音。

由此看來，創刊詞對文藝是作家自然表現的強調並不只是冠冕堂皇的高論，其中似乎包含了文藝社同人的微妙態度。王平陵創辦《文藝月刊》經過國民黨中宣部部長葉楚傖的「指導」，繆崇群與王平陵一樣編輯過南京政府的喉舌——《中央日報》，左恭曾任中國國民黨中央宣傳部總幹事〔註18〕，鍾天心也供職於立法院〔註19〕。與官方如此密切的關係，使得他們對左翼文學與民族主義文藝的態度不會與政府完全背道而馳。但自始至終《文藝月刊》甚少激烈的言辭也少有對某種主義的闡發，刊發內容中占絕對多數還是文藝作品，大致有：學術性質的文章如《樂曲創作之要點》、《現代美國文學之趨勢》等；趣味性濃厚的如《門外漢》、《死去的火星》等滑稽戲劇與科幻小說；魏爾倫、鍾天心等人體味愛情、親情的詩歌；《月亮上升》、《摸索》等鼓動民氣的翻譯與創作；《決絕》、《愛》等反映國民黨青年生活的作品；表現九一八、一二八等抗日戰事的《期待》、《灑鞋》等創作。抗戰全面爆發之前，《文藝月刊》的作者隊伍龐大有近二百人，包括巴金、臧克家、何其芳、王魯彥等進步人士，也「拉攏」了沈從文、戴望舒、施蟄存、李金髮、鍾憲民、王家棫等一大批「中間份子」。從參與作家身份與發表作品的性質反觀，《文藝月刊》及其編撰群體大致顯示出如下特點：左翼文學與激進的民族主義文藝都含有將作家完全視爲留聲機的工具論傾向，對文藝的執著使「中間份子」對兩方看法均有所保留；列強步步緊逼國際形勢緊張，愛國知識分子關心民族生存認同國家立場提倡民族主義；認同不等同於對官方完全附和，即使強敵環伺也不應強迫所有聲音一致，所以他們並不欣賞如前鋒社般的激進姿態。同時，

〔註17〕 辛子：《一九三一年南京文壇總結算（上）》，《矛盾月刊》，1932 年 5 月 25 日第 2 期。

〔註18〕 胡風回憶，左恭曾供職於中山文化教育館，「後來馮雪峰告訴我他是隱蔽的共產黨員」。《胡風回憶錄》，人民文學出版社，1997 年，第 31 頁。

〔註19〕 關於這幾位編者的履歷可參考張大明：《主潮的那一面——三民主義文藝與民族主義文藝》，中國社會科學出版社，2010 年，第 96～97 頁。

社會積弊叢生使作家對政府時有批評但不像左翼一樣要將其推翻。大批知識分子在來自「左、右」的尖銳攻伐聲中調整步伐艱難前行，歷史就是這樣複雜。

　　《文藝月刊》內容豐富，創刊初期曾從多角度言說民族主義。1930 年 3 月 2 日中國左翼作家聯盟成立，「群集上海的」「國民黨文人也在緊鑼密鼓地籌組一個文學社團，以對抗剛剛成立不久的中國左翼作家聯盟。1930 年 6 月 1 日，一群自稱爲『中國民族主義文藝運動者』的文人在上海集結，宣告成立上海『前鋒社』，並發表了《民族主義文藝運動宣言》，正式提倡民族主義文藝。」〔註20〕以言辭尖刻著稱的《前鋒周報》於 1930 年 6 月 22 日面世，6 月 29 日第二期刊載《民族主義文藝運動宣言》，攻擊左翼並闡發民族主義文藝理論。1930 年 8 月 8 日《開展》創刊同樣刊載《民族主義文藝運動宣言》，撻伐普羅文學，高調加入前鋒陣營。在這種氛圍之下，同樣具有官方背景的《文藝月刊》創刊。創刊詞以人性論反駁普羅階級論，並抓住左翼與蘇聯的密切關係進行攻擊：

> 我們決不應該喪心病狂，把金盧布掩蓋了天眞潔白的人格，不惜發掘自己的墳塋，把自己幾千年來，一大段民族的光榮史，輕輕地撕去，反而崇奉宰殺自己兄弟姊妹們的毒蛇猛獸，讓他們高踞在寶座之上。自己本來快要從白色帝國主義的鐵蹄下解放出來了，又來苦心孤詣造成一個變本加厲的赤色帝國主義者，讓他們擁盡世界上所有的財富，握盡人類間所有的權威，享盡社會上一切的幸福，而自己和自己的弟兄們，一個個都被踐踏在地獄的底層，聽他們如牛馬一般地役使，當豬羊一般地宰。

在文藝社同人眼中，蘇聯比之其他列強有過之而無不及，拋開在朝與「在野」的私人恩怨，從蘇聯對其在中國東北的一系列權益的態度上看，這段文字並非僅是栽贓與辱罵。此時，《文藝月刊》對民族主義的宣揚與對左翼的攻擊纏繞在一起，在第一卷第二號《通訊》一文中借攻擊蘇聯而批判左翼的情形再次出現：

> 但你須警戒，那些一面「臣該萬死，萬萬死」似地，雙膝跪在赤色帝國主義者的寶座下，拼命歌功頌德；一面又惺惺作態，對著勞苦

〔註20〕倪偉：《「民族」想像與國家統制——1928～1949 年南京政府的文藝政策及文學運動》，上海教育出版社，2003 年，第 51 頁。

的群眾，裝著「貓哭耗子」一般的大慈大悲的盧布先生們，是無論
如何不會輕易放你過去的。我想，他們有一天，有一刻，果然飛黃
騰達，大得民心之後，你我無疑的定會被他們提高到貴族階級，或
者皇帝階級，流成到西伯利亞去。

1927 年後國民政府與蘇聯交惡是不爭的事實，中東路事件我民族利益受損，
這足以令政府與國人蒙羞，左翼不計代價維護蘇聯的立場必然成為民族主義
文藝陣營的話柄。

　　《文藝月刊》並非只是借民族主義作為攻擊左翼的幌子，刊物強烈的民
族意識在許多方面得到體現。自創刊至 1930 年 12 月，短短幾個月時間，《文
藝月刊》刊登翻譯小說 13 篇，包括弱小民族作品 6 篇，比重占翻譯作品半數，
其中保加利亞 3 篇，南斯拉夫、瑞典、希臘各 1 篇，此外還有愛爾蘭格里高
利夫人表現民族解放運動的戲劇《月亮上升》1 篇。編者在創刊號《最後一頁》
中講到：

> 本刊所刊載的《環戲的一員》，係鍾憲民先生根據世界語譯出。係弱
> 小民族不可多得的代表作。我們要瞭解弱小民族被壓迫的厄運和艱
> 辛，以同在暴風雨裏拼命掙扎的同伴們，對鍾先生的這篇譯稿，尤
> 當怎樣的重視啊！

鍾憲民在譯者序言中明確表達了借文藝激勵國人以促成民族自強的用心：

> 弱小民族的文學，向為人們所不注意的，然而在他們文學的園地裏也
> 有美麗的花卉；更可注意者，它們的文學作品，比諸強大國家的，更
> 為真誠，含有更深刻的意義；民族的精神，民族的呼聲，也在它們的
> 文學中表現得更為偉大而動人。例如，波蘭的密克委茲，便是表現民
> 族精神最偉大的作家，波蘭的復興，不能說是與文學無關的。但可惜
> 弱小民族的文學作品，譯成他國文字者，比強大國家的少得多。我們
> 中國文壇上介紹的世界文學作品，多是幾個強國的；弱小民族文學，
> 竟為人民所藐視，這是不應該的。在文學的園地裏，國界是沒有的，
> 弱小民族自應有它們的地位。我們中國，更應該靠文學的媒介，認識
> 弱小民族的民族性和生活狀況，然後可以和她們聯合起來，共同努力
> 於謀世界大同的偉業。因此，我想多介紹些弱小民族的文學作品，俾
> 使國內文學者對於弱小民族的文學，發生興趣，在以文學表現民族精
> 神這一點上，和她們共同努力，完成文學的一種使命。

弱小民族文藝作品的翻譯五四時期已經出現，《文藝月刊》倚重翻譯文學宣揚民族主義可謂「有迹可循」。刊物草創，在稿源上也許需要翻譯作品支撐門面，但題材的選擇卻足以反映出編者振興民族的強烈願望。

　　作爲民族意識覺醒的表現之一，反帝不只是政治口號，它體現於現實生活各個方面。1930 年 6 月 1 日是個星期日，但周末並不輕鬆，《申報‧商業新聞》短短一條消息預示著國民經濟的巨大波動：「金價衝出四十四兩最高峰四十四兩九錢兩日間狂騰十一兩二今明日金交休業兩天停刊日金價大漲，五月三十日因逢慘案紀念，本報休刊一天，所有標金狀況竟有十三兩之曲折，惟潛伏高峰，已衝出五百四十兩大關，誠二十四史以來未有之。」《文藝月刊》在創刊號中就推出金滿成《金的價格》，其指向性一目了然：

> 從十九年六月份起，標金的價格，曾飛漲到六百兩以外過；後來的幾天，雖然低過二三十兩，然而與從前的金價比起來，最少也增了五分之二。於是一般實行金本位幣制的國家，如美國，英國，法國，德國，日本，最近的印度等，因爲他們輸出的貨品，都是以金本位定價的，所以金價高貨品便高了；從前三元買得到手的，現在非五元不行了。其所以如此吃虧的原因，是因爲中國的幣制是以銀爲單位；金價高了，銀價不消說是低了，經濟上所謂「外匯」的現象，眞是一落千丈，慘不可言。
>
> 於是中國人全體恐慌了，這恐慌叫做金貴銀賤的恐慌，如果不設法救濟，中國大部分的工商業都非破產不可。因爲事實上，中國各工廠所用的機器和許多自己沒有的原料，無一不是仰給於外人；如果因了金貴而買不起這所需要的東西，工廠必會關門，商業更不用說了。
>
> 一切的辦法都是無效的，因爲根本的原因是帝國主義者壟斷了中國的各大商場；金價的漲縮，就是直接操縱在他們的手裏，至少是間接操縱他們手裏。尤其痛心的，是中國的工業不發達，簡單的機械，也非購用帝國主義者不可。同時租界內能通商自由，帝國主義者可以任意推銷他的豐富的出產，可以任意購買我們寶貴的原料；總之，以租界作了根據地的各大強國，是任意可以吸取我們的膏血了。〔註21〕

〔註21〕金滿成：《金的價格》，《文藝月刊》，1930 年 8 月 15 日創刊號，第 19～20 頁。

直觀地說明之後，金滿成用形象的故事加以詮釋，表現帝國主義對金價之操縱及對我國之危害，反帝呼聲貫穿始終。經濟是社會生活的重要內容，倘金融命脈握於他人之手，我民族必為魚肉，在此，帝國主義經濟侵略取代階級剝削成為國困民窮的一種解釋。經濟命題之外，《文藝月刊》還關注了基督教來華之是非。列強與清政府所訂不平等條約或有宗教條款，無論宗教教義如何，其與強權政治之關聯必傷害我民族感情，對基督教及其中國教眾等問題的探討不論褒貶都牽涉民族話語，帝國主義槍炮聲中，我民族身份日顯清晰。

　　1930 年代至 1940 年代初，國際國內形勢由紛繁漸趨明朗，日本對中國的侵略由遮遮掩掩的蠶食終至發動全面侵華戰爭；列強對日態度由壓制中國對日讓步到忍無可忍結盟反法西斯；中國與列強不斷博弈，有拉攏有強硬並逐漸形成反法西斯同盟集中力量抗擊日本侵略。中國國內，國民黨內、外各方政治力量不斷角逐、整合，最終國共攜手槍口對外形成抗日民族統一戰線。據此形勢變化，《文藝月刊》的反帝聲響演變為抗日號角。抗戰全面爆發前，《文藝月刊》重視「九一八」、「一二八」等侵華事變，揭露日本野心，為民族危機預警。七七事變後，《文藝月刊》更將精力集中於鼓舞軍民堅持抗戰。此時，對刊物主編王平陵，胡風評論道：「和他打交道有一個省力處：他糊塗，無論什麼問題，只要不是明顯地反對國民黨的，一說服他就會表示同意和敬佩；國民黨有什麼不利於團結的企圖，我們一批駁他也就馬上撤銷了」〔註22〕。紅色作家眼中的「糊塗」，或許能解釋王平陵手中刊物的包容性。《文藝月刊》創刊之初即強調文學性，政治色彩淡薄，因而作家群體龐大，作品內容多樣；抗戰時期，刊物盡力繞開國共分歧，王平陵還積極促成中華全國文藝界抗敵協會，凝聚作家「為這神聖的戰爭而效勞」〔註 23〕，將焦點對準民族浩劫，表現國民苦難，描寫正面戰場與敵後戰場，全力記錄這場民族對決。戰爭中，出於對祖國的熱愛與忠誠，無數中華兒女挺身而出以生命捍衛民族尊嚴，他們拋灑熱血守護的首先是民族、家園，畢竟，民族危亡，黨派之爭對普通民眾來說已不那麼重要。王平陵等編纂同人與國民政府關係融洽，但他們始終是文人學者而非政客，《文藝月刊》對當局沒有言辭激切的指責批判，同樣力避毫無判斷的隨聲附和，刊物以相對獨立的姿態言說社會、人生，記錄民族的掙扎、奮起，那些因衛國而舍生的萬千同胞，在此也得到祭奠。

〔註22〕胡風：《胡風回憶錄》，人民文學出版社，1997 年，第 94 頁。
〔註23〕《發刊詞》，《文藝月刊‧戰時特刊》，1937 年 10 月 21 日，第一卷第一期。

　　歷史複雜，文壇聲音也不止一種。1930 年 3 月 2 日，中國左翼作家聯盟成立，普羅文學勢力不斷壯大。但由於國共意識形態差異，加之部分作家對以階級論爲指導的文學創作模式持保留態度，左翼的發展受到限制。左翼 30 年代創辦的刊物如《萌芽》、《拓荒者》、《巴爾底山》、《文學導報》等由於種種制約存在不過一年，影響了其在文壇上的成績。20 世紀 30 年代，列強尤其是日本對我國採取了一系列的侵略活動致使我民族危機加劇。國民黨政府定都南京後，黨內派系鬥爭頻繁激烈，軍事衝突時有發生，衝擊了政局穩定性。國民政府有改善形象樹立權威的要求，更兼之民族危亡、左翼話語強勢，諸多條件助瀾之下民族情緒高漲，民族主義文藝運動趁勢而起。最初誕生的「前鋒」陣營針對左翼文藝態度強硬，文藝工具化色彩較強。稍後成立的中國文藝社同人創辦《文藝月刊》，雖對普羅文學不滿但姿態遠較「前鋒」和緩。主編王平陵學者身份勝於其政府背景，刊物在他主持之下態度溫和。《文藝月刊》注重文藝性，刊發大量文學作品，它鼓吹民族主義但並未藉此一統文壇，自始至終極少參加論戰、標榜某種主義。刊物以其溫和的姿態吸引了大批對左翼及激進民族主義者持保留意見的作家，他們重視作家個性，對官方亦有批評，在民族危機面前認同國家立場。在編輯、作者、讀者及政府等各方支持下，《文藝月刊》站穩腳跟，雖經歷炮火但前後仍堅持十一年。刊物中的作品保留了 1930 年代至 1940 年代初政治、經濟、文化等社會生活各方面信息，反映了「九一八」、「一二八」及全面抗戰等重大歷史事件，爲我們瞭解當時的社會狀況提供了足資借鑒的珍貴資料。海量的內容裏，民族話語貫穿刊物始終，言說三十年代的風風雨雨，是文壇中一股不可忽視的力量。隨著大陸兩岸關係的緩和，《文藝月刊》以其創作實績應當受到全面的考察與評價。

二、研究思路與方法

　　民國自成立以來步履蹣跚，但還是在政治、經濟、文化等各方面做出不少成績。僅就南京政府存在的 22 年來看，「儘管其間曾有大動干戈的派系鬥爭，一黨專政、個人獨裁趨勢逐漸加劇，最後政治嚴重腐敗，民主共和功能變質，因而理所當然的被新中國取而代之；但是，不能否認，在長達 22 年的歷史進程中，南京政府對於中國的進步也並非無所作爲」〔註24〕。截至 1930

─────────────

〔註24〕秦弓：《現代文學的歷史還原與民國史視角》，《湖南社會科學》，2010 年第 1 期。

年代上半期，中國的政治、經濟、文化等事業都有了長足的發展，這就爲現代文學的成長提供了動力。《文藝月刊》貫穿 1930 年代，對此時期民國社會的方方面面都有生動表現。政治層面，《文藝月刊》同人提倡民族話語冷卻階級矛盾，但並不迴避民生疾苦，態度客觀；刊物也關注經濟生活，抨擊外國資本控制中國金融命脈、批評軍閥混戰導致市場蕭條；文藝方面，刊物聚焦文學發展，對音樂、美術等也有涉及。民國歷史、社會的變遷，在《文藝月刊》這面鏡子中顯露出豐富的面相。

近代以來，中國屢遭外敵重創，進入民國，外患頻仍。五卅慘案、濟南慘案、中東路事件、九一八事變、淞滬抗戰等接二連三，外人肆意踐踏中國主權。民族危機刺激民族話語蜂起，現代文學對國難予以密切關注，相關作品迭出。以《文藝月刊》爲例，萬寶山事件、九一八事變、一二八事變、僞滿洲國成立、長城抗戰等敏感事件或作爲主題或列爲背景，均在刊物中展現，除此，像丁丁、姚蘇鳳等一批熱血青年的九一八詩歌，張恨水通俗小說《太平花》及各地出現的抗日戲劇等均將矛頭指向民族危機，亡國無日，表現民族話語已經成爲愛國作家的主動選擇。但是，「現代文學研究對此缺少足夠的關注」，出現了諸如「歷史敘述不準確」、「曲解或遮蔽」〔註 25〕等種種問題。如此怪象何以出現？「一個很重要的原因就在於不是從歷史出發，而是先入爲主地以某種概念去剪裁與評斷。譬如，當人們要用新民主主義理論來燭照文學史之時，排斥非新民主主義的成分自不必說，就連本來屬於新民主主義革命力量、但並非處於核心地位的成分也加以排斥，過分誇大 1930 年代左翼文學的權重，誇大《在延安文藝座談會上的講話》對國統區的影響」〔註 26〕。

民國文壇並非階級話語一統天下，執著於文藝的作家也不止左翼人士。伴隨國勢危殆，民族話語日漸響亮。清末，中國遭人瓜分，「俄羅斯，自北方，包我三面；英吉利，假通商，毒計中藏；法蘭西，占廣州，窺伺黔桂；德意志，膠州領，虎視東方；新日本，取臺灣，再圖福建，美利堅，也想要，割土分疆」，中華「奄奄將絕」〔註 27〕。民國草創，國家飄搖依舊，列強繼續盤

〔註 25〕秦弓：《現代文學的歷史還原與民國史視角》，《湖南社會科學》，2010 年第 1 期。

〔註 26〕秦弓：《三論現代文學與民國史視角》，《文藝爭鳴》，2012 年第 1 期。

〔註 27〕陳天華：《猛回頭》，《陳天華集》，劉晴波、彭國興編校，湖南人民出版社，1982 年，第 35、36 頁。

踞中華，爲攫取更多利益不斷窺伺、試探；見微知著，愛國知識分子時刻警惕奮力振響警鐘。當年「取臺灣」、「圖福建」的「新日本」此時早已吞併三韓，並欲以臺灣、朝鮮爲跳板鯨呑中華。聚焦朝鮮提防日本，事關我民族生死，北洋、南京政府均曾因朝鮮問題與日本引發交涉。1931 年，日本借朝鮮僑民挑起萬寶山事件，製造侵華輿論，兩個月後，日本再次造謠生事直接出兵東北，九一八事變爆發，中日關係陡然緊張。

　　自民國初立至九一八，列強在華試圖維持均勢，日本未能坐大，由此，中日雖屢生摩擦卻未公然刀兵相見。在此期間，侵華勢力不止日本一家，英、法乃至蘇聯均有既得利益。尤其英國，曾爲侵華先鋒，晚清時期，英、法以炮艦「護航」將鴉片塞給中國，「物質饋贈」外還有「精神盛宴」，基督教亦隨槍炮來華。救贖世人的教誨，背後卻有強權陰影，國人側目在所難免。除割占香港，英人還長期覬覦西藏，甚至出兵支持叛亂。民國歷任政府或因國家孱弱力有不逮，但均堅持中國對西藏的主權，中英之間時見齟齬。宣揚民族話語的《文藝月刊》，承接 1920 年代反帝聲浪中非宗教運動餘緒，借諷刺高傲的傳教士，敲打英人野心，但鑒於中日矛盾逐步上升的國際形勢，刊物對英國侵華惡行點而不破。九一八事變後，日本亡我之心愈甚，加快侵略腳步，開始在侵華行列中「一枝獨秀」。爲警醒國人保持國難意識、防範日本，《文藝月刊》自 1931 年起，大致在每年 9、10 月份推出九一八紀念作品，這些作品均以「九一八」爲背景描寫中日兩國民眾反應，其抗日聲音隨國內外形勢變化，由隱忍漸至高亢，直至抗戰全面爆發。

　　七七事變後，全民族投入生死之戰。在國民政府領導的正面戰場上，國民革命軍三軍將士浴血抗戰，參加大型會戰 22 次，以傷亡三百多萬人的巨大代價，消耗日偽軍二百八十五萬人，與中共組織的敵後戰場一同爲抗戰勝利做出巨大貢獻。然而，有些文學史著作在談到正面戰場時，往往一筆帶過，「要提及也是對部隊軍閥作風、軍紀廢弛、作戰潰敗的憤懣與抨擊」〔註 28〕。正面戰場有陰暗面，更有愛國將士的視死如歸、前仆後繼，「文學以新聞似的敏感追蹤前線的戰況與戰局的發展，如實地表現出戰爭的慘烈，讓人爲之震撼，在血與火的交迸中熱情謳歌抗戰將士的愛國情懷與犧牲精神，表現正面戰場的廣闊場景與各個側面」〔註 29〕。《文藝月刊》同人於抗戰期間「改出半月刊，

〔註 28〕秦弓：《三論現代文學與民國史視角》，《文藝爭鳴》，2012 年第 1 期。
〔註 29〕秦弓：《三論現代文學與民國史視角》，《文藝爭鳴》，2012 年第 1 期。

全部刊載抗日愛國的作品，特別注意描寫前線戰鬥的報告文學」〔註30〕，其中涉及各兵種之英勇戰鬥、傷殘軍人救助、戰地孤兒收容、戰時民眾教育、戰區宣傳策略及戰爭中民眾生活等多個方面，戰時中國社會生活的面影由此顯露一斑。在《文藝月刊》刻錄的紛繁影像裏，淞滬、南京、徐州、武漢等幾次會戰的廝殺聲至今震顫人心，愛國將士的鮮血從未冷卻，硝煙彌漫中，英勇的中華兒女慷慨捐軀用生命捍衛民族尊嚴，借參加臺兒莊戰役的原27師師長仟德厚老人一句話：中華民族有這樣的兒女，中國亡不了！

正面戰場，將士奮不顧身，敵後游擊，也有國軍身影。國民政府在抗戰初期就曾制定游擊戰略，相持階段後，對游擊戰愈加重視，大量正規軍部署敵後牽制日寇。遺憾的是，國民政府為防範民眾武裝，主要依靠正規軍作戰，游擊策略僵化，動作不夠靈活，部隊易被敵人各個擊破，游擊效力有限。儘管如此，仍有大批將士在敵後戰場獻出生命，今天，借助《文藝月刊》我們得以走近那段崢嶸歲月。

伴隨時代進步，我們逐步正視民國往事，緬懷挽救家國危亡的先烈。本文引入民國史視角，採取歷史還原、比較研究與文本細讀等方式，以《文藝月刊》為主，參照同時期相關刊物，通過作品分析，就朝鮮問題、基督教來華、九一八事變、全面抗戰、敵後游擊等幾個在1930年代相對突出的社會、歷史熱點進行討論，在保家衛國的吶喊聲中勾勒中華民族反抗侵略爭取自由的時代煙雲。

三、以往研究成果

由於刊物的官方背景及左翼對民族主義文藝運動的否定性評價，在現代文學研究中，《文藝月刊》少人問津，國內學界對其關注較少，未發現以此為題的研究專著。在相關研究中，倪偉《「民族」想像與國家統制──1928～1948年南京政府的文藝政策及文學運動》（上海教育出版社，2003年）在第二章第二節「南京：『中國文藝社』·《開展》·《流露》」中，對中國文藝社基本情況作了介紹，對《文藝月刊》創刊詞及第一卷攻擊左翼的三篇文章及沈從文的兩篇批評文字作了分析，評價不高，對刊物大量的文學作品沒有涉及。張大明《主潮的那一面──三民主義文藝與民族主義文藝》（中國社會科學出版

〔註30〕 袁道宏：《王平陵之文藝生活》，《王平陵先生紀念集》，王平陵先生遺著編輯委員會編輯，正中書局印行，1975年，第164頁。

社，2010 年），在「三民主義文藝」標題下將「中國文藝社」、《文藝月刊》列為專節，介紹了中國文藝社的基本組成情況，對《文藝月刊》的「作者隊伍」、「特輯和專號」、「編者及其創作」等情況進行了整理，沒有涉及文學作品分析。論文方面，古遠清的《爲右翼文運鞠躬盡瘁的王平陵──從南京到重慶的文藝鬥士》（涪陵師範學院學報，2002 年 4 期）比較詳細的介紹了王平陵在「民族主義文藝運動」、中華全國文藝界抗敵協會及抗戰勝利初期的主要活動並給予肯定。論文還介紹了王平陵去臺後的主要活動，展示了這位作家貧寒清苦的後半生。錢振綱的《民族主義文藝運動社團與報刊考辨》（《新文學史料》，2003 年 2 期）認爲中國文藝社與《文藝月刊》雖然支持民族主義文藝運動，但還是「非民族主義文藝的右派社團和報刊」，與民族主義文藝同屬於「國民黨右翼文藝陣營」。本來，《文藝月刊》同人並未公開聲稱自己屬於哪個派系，無論從屬，其響亮的民族話語則是顯而易見的。錢振綱的另一篇論文《論三民主義文藝政策民族主義文藝運動的矛盾及其政治原因》（《江西社會科學》，2003 年 4 期）又將三民主義文藝政策與民族主義文藝運動做出區分，認爲民族主義文藝運動單純地提倡民族主義，是蔣介石與其親信陳氏兄弟授意下的產物，而三民主義文藝政策則是孫中山遺教的體現。論文指出國民黨最高當局並不重視民生、民權，因而出現「公開制定三民主義文藝政策」而實際上則發動、支持「民族主義文藝運動」。畢艷、左文的《「左聯」時期國民黨文藝期刊淺探》（中國文學研究，2006 年 1 期）以左聯爲文壇正統，認爲三民主義文藝政策、民族主義文藝政策及中國文藝社、《文藝月刊》等均因國民黨對左聯的「文化圍剿」而產生，這支拼湊的文學隊伍完全依靠政府支持才出現「曇花一現的虛假繁榮」，本身創作也乏善可陳。該論文有值得推敲之處，左翼不少刊物存在時間同樣短暫，是否也屬「曇花一現」？僅以左、「右」政治傾向作爲文藝評判標準，有欠妥當。王晶的《〈文藝月刊〉遺補》（《新文學史料》，2009 年 3 期）屬於史料補正，作者發現了被忽略的《文藝月刊》第十一卷第三期。韓雪林的《張力與縫隙民族話語中的文學表達──對《文藝月刊》（1930～1937）話語分析》（《文藝爭鳴》，2010 年 7 期）主要論述《文藝月刊》如何在階級論與民族主義的對抗中努力堅持文學自足性。該文認爲，《文藝月刊》雖然鼓吹民族主義但刊物秉持多樣的文學觀念，雖是意識形態體制內的刊物，但「編輯們作爲新文化運動孕育起來的『新文化』人，更多表現出『探索』的氣質，雖然這些探索性並沒有找到一個合適的平衡點，但卻使

之在民族話語和階級話語之間的對抗中存留了一定的間隙，爲『文藝』留下了必要的空間。」論文對《文藝月刊》爲何及如何堅持人性論、尋求自身特色作了論述。博士學位論文中，錢振綱《民族主義文藝研究》（2001 年）、周雲鵬「民族主義文學」論（1930～1937）》等對民族主義文藝的理論、社團、作家進行了詳細的考察，但寫作重點並非《文藝月刊》個案的研究。碩士學位論文中，鄭蕾的《〈文藝月刊〉研究》（2009 年）將《文藝月刊》「置入 30 年代大型文藝刊物的場域中進行比較、考察」，突出刊物在文藝方面的建樹。該論文從具體文本入手，對金滿成、老舍、沈從文、袁牧之、馬彥祥、歐陽予倩等人的作品進行分析，考察《文藝月刊》對 30 年代流行的「革命」、「鄉土」、「都市」等話題的反映，總結刊物在戲劇方面的貢獻，肯定了刊物所體現的社會責任感及文藝品格，此文通過文本分析反映出《文藝月刊》內容的多樣性，但對《文藝月刊・戰時特刊》未作考察。與之相對，王美花《〈文藝月刊・戰時特刊〉研究》（2010 年）則專門對《戰時特刊》進行分析。論文從《戰時特刊》服務抗戰的宗旨出發，探討了中國文藝社同人在組織中華全國文藝界抗敵協會中的積極作用，作者還重點分析了刊物關於文學評論方面的文章，介紹了《戰時特刊》在「抗戰文藝運動」、「抗戰文藝通俗化」、「抗戰文學藝術性」等方面的努力。以上研究成果，充分說明《文藝月刊》的複雜性、豐富性及其廣闊的研究空間。

　　考察 1930 年代至 1940 年初民族主義話語在《文藝月刊》中的表現，往往牽涉到中日之間那場曠日持久的戰爭，畢竟，在國破家亡的關口，團結禦侮才是中華民族的首要任務。不過，舊事重提「並不是爲了呼喚戰爭，更不是呼喚復仇，而是希望以此喚醒我們對這些中國的脊梁的回憶。在那樣苦難的時刻，依然有那樣多的人爲了這個國家義無反顧，捍衛這片生我們，養我們的土地。從他們身上，我們可以看到一個民族的尊嚴」〔註31〕。

　　1930 年 8 月 15 日《文藝月刊》在南京創刊發行，反映歷史影像的「長片」於當日揭開大幕。

〔註31〕薩蘇：《國破山河在——從日本史料揭秘中國抗戰》，山東畫報出版社，2007年，第 320 頁。

第一章　1930 年代朝鮮問題在 《文藝月刊》中的表現

第一節　《文藝月刊》對朝鮮問題的選擇

　　孫中山在關於民族主義的講演中曾提到,「亞洲除日本以外,所有的弱小民族,都是被強暴的壓制,受種種痛苦。他們同病相憐,將來一定聯合起來,去抵抗強暴的國家。」可見,重視弱小民族的抗爭是民族主義的應有之義。《民族主義文藝運動宣言》關於「最近像中國的國民革命,土耳其共和國的建立,愛爾蘭的自治運動,菲律賓的獨立運動,朝鮮,印度,越南的獨立運動,更充滿了民族運動的記錄」的論述表明,展現弱小民族的抗爭也是民族主義文藝重要的表現範圍,但重點側重哪個民族,則見仁見智。

　　翻看 1930 年的《申報》,甘地、尼赫魯領導的爭取印度民族獨立的抗英運動成爲熱點事件。尤其 1930 年 3 月至 7 月,印度民族獨立運動的消息幾乎每天都出現在國際電訊欄目。其中 4、5、6 月份,每個月約有 26～28 天在報導此事。輿論的追蹤報導,客觀上爲致力於民族主義文藝的作家營造了適宜的社會氛圍,或許還會爲創作提供一些線索。

　　1930 年 8 月,《開展》創刊號刊登了王沉予《清涼的月夜》。文章通過流亡中國的印度民族運動志士,回憶印度民族抗爭,表達反抗決心。《前鋒月刊》創刊號及第二期刊登了甘地、奈都夫人的畫像,同時發表文章介紹近期印度民族革命運動的情況〔註1〕。詩歌《婆羅門的姑娘》〔註2〕,通過姑娘吟唱,

---

〔註 1〕 鄭行巽:《最近印度民族革命運動》,《前鋒月刊》創刊號,1930 年 10 月。易
　　　　康:《印度民族革命領袖女詩人奈都》,關立根:《甘地運動》,《前鋒月刊》,
　　　　第二期,1930 年 11 月。

悲憤地追問「大印度何時擡頭」。《印捕之死》〔註3〕類似英國的《月亮上升》，鼓吹犧牲個人，保存民族抵抗力量。

　　同樣關注弱小民族，《文藝月刊》在 1930 年代的卻將目光集中於朝鮮。印度與朝鮮同爲中國鄰邦，歷史命運與中國相似，但鬥爭指向一爲英國一爲日本。1929 年，南京國民政府通過中美寧案，與美、英等列強和解，以求盡快站穩腳跟。1930 年後，日本侵華步伐加快，中日矛盾激化，衝突不斷升級，英、美等國反而成爲可爭取的力量。在此時期，國民黨喉舌《民國日報》在報導印度民族運動時，文字簡短，態度低調，想必有爭取外援之意。「前鋒」、《開展》，在民族主義文藝陣營中姿態激進，對列強不加區別，務必掃除而後快。他們高調宣揚印度抗英鬥爭，似乎沒有考慮國民政府對列強輕重緩急的外交策略。《文藝月刊》立場溫和，相對理性，主編王平陵與葉楚傖的過從，有可能使《文藝月刊》較多顧及政府立場，縮小打擊範圍，側重與日本有關的題材，從而選擇表現朝鮮民族運動。九一八、一二八事變後，《文藝月刊》鎖定日本，引導抗敵，更加關注朝鮮問題。

　　基於中華民族自身處境，朝鮮民族獨立運動一直爲我國有誌之士所關注。1906 年，作爲革命黨喉舌的《民報》，刊發譯稿《日韓保護條約締結之顚末》，暴露日本亡韓行徑，中韓唇亡齒寒，我東北門戶洞開的隱憂不言而喻。1920 年，國民黨機關報《民國日報》刊載《韓國獨立運動記》，除介紹「韓軍戰績」外，更發布了韓國流亡政府軍務部「鐵血救國」之抗敵檄文：

> 告於我忠勇大韓男女，血戰之時與光復之秋已至矣。前進且前進，爲正義爲自由爲民族以鐵血救祖國，非此時歟。有魂有血之我大韓男女爲先祖爲後孫爲彼虐殺於無道□〔註4〕敵之父母兄弟姊妹，供最後之犧牲非此時歟。神聖民族大韓男女，我四千餘年祖國，一朝爲充島夷之野心，十年之間，受奇酷之壓迫，當恥辱之苦痛。然唯含血淚苟存殘命者，非待今日而然歟。仗半萬年歷史之權威，合二千萬民族應二十世紀今日之時代的要求，闡明人道而前，何懼也，何憂也。自由獨立在前而已，以吾人之忠勇熱血神聖權威，欲作戰且勝戰養成軍人編成軍隊，爲戰鬥基礎之第一急務。資金爲次，武

〔註 2〕何懼：《婆羅門的姑娘》，《前鋒周報》，第二十五期，1930 年 12 月。
〔註 3〕潘子農：《印捕之死》，《開展》，第五期，1930 年 12 月。
〔註 4〕此處原文爲衍文——引者注。

器爲次，此爲吾人正當之要求，必然之事實，完全之自覺也。勿爲
躊躇勿爲顧慮，一起爲大韓民國之軍人，兩千萬男女團成統一的光
復軍。軍務總長盧伯麟〔註5〕

鐵血檄文道盡三韓艱辛，中韓均受日辱，檄文所至同樣刺激華夏兒女。

　　1920 年代後，中日衝突頻繁，面對民族隱憂，愛國人士對中、朝、日糾
葛的思考更加深入。朝鮮與「我中國各有數百年乃至千年以上歷史的關係，
若者興，若者亡，亦足以供國人考鑒矣。」〔註6〕日朝故轍對中日關係走向足
資借鏡，「莫問彼欲朝鮮我否，且自審我視朝鮮如何；則朝鮮誠我之寶鏡也。
更觀彼所施於朝鮮者何如，所施於朝鮮人者又何如，則今日之朝鮮，猶今日
我之寶鏡也。」〔註7〕中國自古與朝鮮聯繫密切，朝鮮之於中國不止是物傷其
類的弱小民族。十九世紀後半期，日本對中、朝的侵略往往連帶而生，「考日
本的侵略我國，其動機不是發生於一朝一夕，是發生於三十餘年前的滿清政
府時代，那時日本乘甲午戰勝的餘威，訂立了《馬關條約》，其中最重要的，
就是承認朝鮮爲獨立國，割讓臺灣和澎湖諸島，以及其他種種苛刻的條件。」
雖不像臺灣乃我固有領土，但「朝鮮是我國的藩屬」「屏蔽於東北」，其意義
不亞於臺灣之於大陸的「保障於東南」。日本佔領朝鮮，可謂一石二鳥，不僅
魚肉三韓，且憑此可「征服我整個的中華民國即所謂歷來日人上下所縈於腦
際的大陸政策」，因爲「要想插足大陸」必假道於朝鮮，「現在東三省和熱河，
日人又自朝鮮長驅直入而被侵佔了，恐日本人不僅以東三省和熱河爲滿足，
將從此以奪取華北，在進而壓服中華全境。」〔註8〕

　　1930 年代，日本侵華野心由蠶食變鯨吞，此時朝鮮問題的考察，對中國來
說，更具現實意義。「吾人研究朝鮮的滅亡，更可知日本人的滅亡他國，必先用
種種的陰謀，令其獨立，到了獨立以後，再進而把他滅亡，像朝鮮的滅亡經過，
就可曉得日本人用心的深遠計劃的刻毒。現在日本人復進而奪我東三省和熱
河，假意擁出傀儡的溥儀，設立了僞滿洲國，以圖一手遮盡世界各國人的耳目，
可笑這乳臭未乾的溥儀和一群漢奸，竟中其計，甘做傀儡，行見不久日本必以
亡韓的故智，施之於僞滿洲國，這是我們應當猛省的！」〔註9〕輔車相依，三

〔註5〕　《民國日報》，《韓國獨立運動記》，1920 年 3 月 28 日。
〔註6〕　黃炎培：《朝鮮》，商務印書館，1929 年，《序言》第 1 頁。
〔註7〕　同上書，《開卷語》第 2 頁。
〔註8〕　葛綏成：《朝鮮和臺灣》，中華書局，1935 年，《自序》。
〔註9〕　葛綏成：《朝鮮和臺灣》，中華書局，1935 年，《緒論》，第 3 頁。

韓命運與中華民族的生死存亡纏繞在一起，關注、支持朝鮮民族主義運動，既是弱小民族攜手抗爭的題中之義，同時符合中朝兩國民族獨立、民主建國的共同追求。

中國對於朝鮮民族獨立運動，不僅有道義上的同情更有實質的援助。支持民族主義文藝運動的《文藝月刊》，在三十年代中日矛盾漸趨激化的風口浪尖，將目光投向與我國關係密切的朝鮮，陸續刊登幾篇涉及朝鮮問題的文學作品，記錄邊境抗日、刺殺敵酋、中韓摩擦等歷史細節，表現朝鮮民族獨立運動的曲折，展示中、日、朝、俄等複雜的鬥爭、聯合關係，藉此宣揚民族主義，引導民眾抗日。

需要指出的是，民族主義文藝陣營中，涉及朝鮮問題的作品，並非除《文藝月刊》而外別無分號。《前鋒周報》刊載有李翼之的《異國的青年》及署名管理的《安金姑娘》，這兩篇作品內容淺顯，其中的朝鮮革命者形象類似，無不英勇、激烈，「打倒日本帝國主義」的高呼反覆出現，有標語文學之嫌。《前鋒月刊》上的《朝鮮男女》〔註 10〕，描寫較為細膩，但側重表現朝鮮青年堅韌的革命情懷。此文行文中，突兀的插入了朝鮮青年對中國三民主義的膜拜，對蘇俄、共產黨的仇視，宣傳迹象過於明顯。《矛盾》中的《戰壕中》、《突變》，涉及到韓民隨日軍對華作戰問題。正像題目「突變」一樣，這些本來與我敵對的韓民，均通過一次民族悲慘遭遇的哭訴便立即醒悟，與我化敵為友，過程實在突然，很難令人信服。以上作品均出現於民族主義文藝激進派刊物，作者們宣揚民族主義、對抗左翼，心情急切，創作的宣傳色彩濃厚，留下的只有民族主義口號的喊叫。

或許與淡化黨派色彩，強調文學性的刊物定位有關，《文藝月刊》的相關作品，同樣提倡民族主義，但很少出現標語似的叫喊，敘述從容，包裹較多歷史信息，顯露出朝鮮民族運動的複雜性。

第二節　《文藝月刊》對朝鮮問題的表現

1931 年 1 月，《文藝月刊》第 2 卷 1 號發表了楊昌溪《山鷹的咆哮》。在此之前，1929 年 10 月 30 日，朝鮮光州爆發學生運動。隨後，《民國日報》、《申報》等均予以關注。1930 年 2 月 7 日，《申報》刊發《韓民獨立運動之真相》，

〔註 10〕蘇靈：《朝鮮男女》，《前鋒月刊》，第一卷第三期，1930 年 12 月。

報告事件始末，「暴露日本帝國主義之罪惡」。針對此事，國民黨發出援韓抗日的聲音。2 月 12 日，《民國日報》、《申報》同時刊發國民黨江蘇省黨務整理委員會致韓國民黨電，支持韓國獨立運動，「本黨同志誓爲後援」。此後，國民黨上海特別市第六區執行委員會、國民黨山西省黨部、江西省南昌市黨部、漢口特別市黨務整理委員會、青島特別市指導委員會、中央政治學校區黨部先後發表通電，認爲「此次朝鮮革命，爲民族自決之眞精神，希望全民族，予以同情之援助」〔註11〕。1929 年年末到 1930 年上半年，《申報》的《藝術界》欄目已有楊昌溪的身影出現，6 月份朱應鵬借《藝術界》介紹民族主義文藝，楊昌溪更加活躍。當年楊昌溪掌握國內外大量文壇信息，應對各種報刊均有涉獵，如此，之前《申報》、《民國日報》中有關朝鮮光州學生運動及國民黨聲援的信息，或成爲影響楊昌溪創作及《文藝月刊》刊載此作品的潛在因素，當然，這些只是推測。

　　作品以 1920 年代爲時間背景，講述了在中、朝、俄邊境堅持武裝抗日之朝鮮游擊隊的故事，歷史的複雜性在作品的文學敘述中逐漸顯露。

一、特殊的日本皇民

　　朝鮮被日本吞併，鮮民自動具備日、韓雙重國籍，部分鮮民進入中國境內併入籍。民衆國籍的選擇，暗含對民族國家的認同問題。《山鷹的咆哮》中，抗日游擊隊司令黎蘊聲被士兵咒罵，「一切日本人都是流氓」，由此引出日吞鮮後，朝鮮民衆的國籍轉換問題。

　　朝鮮被日吞併，鮮人成爲「天皇子民」。黎蘊聲一度希望憑藉自己的努力成爲名符其實的日本皇民，並試圖通過改換國籍來重獲新生。「黎蘊聲是曾改入日本籍的朝鮮人，在軍事學上他是完全接受了日本式的教訓」，他「曾經是想獲得一個道地日本人所享受的一切權利而改入了日本籍」。實質上，國籍的更改並未改變他亡國奴的身份，也不能給他帶來應有的尊嚴，「他感覺到改入日本籍後仍然免不掉日本人對朝鮮人的歧視」。匍匐於異族腳下難有擡頭之日，民族獨立，個人乃有尊嚴之說；投身革命，民族、國家才有一線生機。由此「他便毅然地棄置了他在軍事學的研究上所企圖的希望而加入了朝鮮人民族革命的隊伍裏。」黎蘊聲「是一個典型的軍人，他把朝鮮民族的痛苦爲

〔註11〕　《民國日報》，1930 年 2 月 13 日。

痛苦。所以，他在統轄這一批因革命而集合起來的同志時也時常把這種意見指示他們。」黎蘊聲有知識有思想，尚且加入日籍對侵略者抱有幻想，其他民眾面對民族淪亡，又「沒有一種獨特的知識去瞭解」，做出反抗的抉擇更其曲折。

李宣廷對日作戰勇敢，誓不退縮，但在投身民族解放運動之前，對殖民統治的覺醒卻頗費周折。他的家族長期受日本人壓迫：「他的祖父，他的昏庸愚蠢而被神和人所侮辱而麻醉的祖父，雖然受著日本人的壓迫，卻把一切苦痛歸之於天命，仍然在田裏不絕地耕種著」；他的父親是一個「馴服於工作的奴隸」，每天只知道「笨拙的穿上滿著可怕的炭渣的油布防水短褂做工」；至於他本人，很長一段時間裏都在重複著上一代的麻木，「李宣廷在十二歲的時候已經知道在汽笛叫著的當兒起來，拉著重貨矮車，說著不需要的話句，和卑污的話句，也是，飲著麥酒。至少在羅家灣礦山臨近的酒店的數目是不下於零落而卑陋的茅屋。在這種生存中，李宣廷不能尋著新出路，僅僅隨著許多年他所走的當前的平安的道路罷了。但做工的時間到來，他帶著一件布的汗衫和皮的長靴去了；在假期中，便向著平原的村莊走去。在那兒，伴著別的匍匐在日本人統治下的青年們，拉著手風琴，同朋友們戰鬥，唱著淫猥的歌，引誘著鄉村的姑娘們」。李宣廷祖孫三代生活於日本人的壓榨之下可謂「苦大仇深」，可三代的苦難並沒有激起反抗意識。一直以來，李宣廷安於異族鐵蹄下的生活，稱得上是「消極的好人」，直到他被捲入支持朝鮮民族運動的罷工風潮中：

> 但是，莫名其妙的，他被放入了一個散發著污穢的襪子和臭蟲氣的齷齪的拘留所中。這本是忽的在某年四月反抗日本在漢城槍殺朝鮮民族革命青年戰士而罷工援助的激烈點時發生的。那時李宣廷還沒有一種正確的意識使他鼓動著什麼，他只不過堅守著罷工的信條罷了。他被囚禁起來不完全是因為他做了任何軌外的事，僅為了他是一個全廠著名的多舌者；他們希望威嚇他，好從他得著為援助民族革命者而煽動罷工的首領們的名字。

他的參與並「沒有一種正確的意識使他鼓動著什麼，他只不過堅守著罷工的信條罷了」，換言之，此時李宣廷心中更多的是有難同當的「義氣」而非為民族爭生存的抗爭信念。李宣廷「被炭廠開除」之後，竟由被壓迫者變為侵略工具，被「日本徵兵去到騎兵隊」，為日軍「幾次同俄國人和中國征戰」，成為「皇軍」一員。

　　作家筆下，即使對華作戰，日軍韓籍士兵往往也不被視爲中國的敵人。在此，爲宣揚抗日，作家們暗自設置了一個前提，即朝鮮人應該痛恨日本，他們不願做日本皇民。《矛盾》月刊發表的《戰壕中》〔註12〕，與馬占山部作戰的日軍中有韓人士兵。本來他們「幫助日本人來打中國，來搶東三」，對中國來說，這與「完全純粹的日本人」無異，但作者強調朝鮮亡國破家的遭際，將韓籍士兵一概視爲受日人強迫的炮灰。這些士兵與國軍交戰被俘，作者將此設計爲韓人投誠，意在抗日，情節設置有「一廂情願」之感。《突變》〔註13〕中隨日軍追殺中國人的鮮人，並未被日人視爲同類，作者借日兵之口，說中國人同朝鮮人「還不是一樣」，以此宣揚中韓聯合。兩篇作品中，鮮人與我化敵爲友的轉變均顯突兀，與其說鮮人醒悟，不如說作家苦心，由此，也顯示出作家要求被壓迫民族聯合抗日的迫切心情。在抗日的大背景下，《戰壕中》與《突變》均將日軍中鮮人侵華活動淡化，有意忽略鮮人個體眞實意願，強化中、朝攜手抗敵的主旨。在解釋鮮人與中國作戰的原因時，作家均強調此乃日人脅迫，非鮮人所願，使他們成爲「身在曹營心在漢」的特殊群體。作家基於中、朝民族國家遭際的相似，忽略不和諧甚至敵對的聲音，強調民族整體利益的一致，彰顯民族聯手抗日的願景。

　　面對暴日，中朝民衆確應聯合抗敵，但事實並不盡然，鮮人中不乏對日本皇民身份甘之如飴者。日本佔領者在朝鮮進行愚民宣傳。朝鮮普通學校修身書卷首有所謂日皇明治四十四年（1911年）十月二十四日教育敕語「……我臣民克忠克孝，億兆一心世濟厥美。……如是不獨爲朕忠良之臣民，亦足以顯彰爾祖先之遺風。……」〔註14〕1931年後日人在鮮推行「『日鮮一體的『皇民化』運動』，頒布所謂『皇國民誓詞』令所有韓人小學生每朝集會朗誦：『吾等乃大日本帝國臣民；吾等盡忠義於天皇陛下……』對於中等以上之韓人學校及一般民衆則每利用集會，強令朗誦：『吾等乃皇國臣民，誓以忠誠報效君國』。」〔註15〕在佔領者愚民政策的薰染下，墮落、附逆者不乏其人。《皓月當空》講述了幾個「高麗鬼」利用日本臣民身份，在中國走私現銀藐視民國政府挑戰我國法律，並以欺詐的手段強佔民宅組織朝鮮女性賣淫。他們認準了「支那官兵不敢

〔註12〕趙光濤：《戰壕中》，《矛盾》，第一卷第三、四期合刊，1932年12月。
〔註13〕胡春冰：《突變》，《矛盾》，第一卷第五、六期合刊，1933年3月。
〔註14〕黃炎培：《朝鮮》，商務印書館，1929年，第229頁。
〔註15〕陳水逢編譯：《日本合併朝鮮史略》，臺灣商務印書館，1972年，第235頁。

單獨來干涉我們」，他們的事業「一點危險也沒有」，日本的強橫使他們有恃無恐，橫行無忌的背後是民族尊嚴的自我踐踏。〔註16〕這並非文學虛構，有人回憶「從前的上海人提到朝鮮人，就覺得頭痛，因為戰亂時期，日本軍人的翻譯必然是朝鮮人，他們常常仗著日本的勢力，為非作歹，欺壓華人。打起架來，中國人不敢回手，他們走私販毒，連租界上的警察當局都不敢過問，好多次破獲的嗎啡案、紅丸案，捉到了朝鮮人，第二天就由日本領事館出面擔保出去」〔註17〕到 1938 年，日人還在朝鮮招募志願兵，前往中國作戰。這些人自願淪為「皇國臣民」，堂而皇之的與日人沆瀣一氣為所欲為，民族精神蕩然無存。

這種「忠良之臣民」並非個別。八一三事變時，部分僑居上海的朝鮮人「表現出向祖國日本服務的姿態」，「在炮轟槍擊、彈落如雨的情況下，或率先搬運軍需品與陸上，或參加構築臨時飛機場和急設陣地」，「更有的擔任臨時翻譯、駕駛員，或者搜集敵方之情報」，「在當時形勢下，彼等表現之勇敢的服務性活動，即或是日本內地人也不易做到。」「彼等朝鮮人如此致力於祖國日本之獻身的活動，均為當時之軍部、其他各方面所承認，並且受到熱烈稱讚。當時之廣田外務大臣、朝鮮南總督都向彼等頒發了感謝信和獎金，並激勵彼等將來以皇國臣民之自覺做出更大的努力。」〔註18〕由此可見，鮮人對日本皇民身份，並非盡是棄之如蔽履。

與墮落者爭當「大日本帝國臣民」相對，在中日全面開戰前，一些堅貞的朝鮮人士，為借中國庇護開展民族解放事業，加入中國籍，由日本臣民轉為中華民國公民。《一羽》中，投身民族革命的朝鮮少女胡澄子及其同志即加入中國籍，藉此身份掩護其反日活動。當其被日本人逮捕時，「我」在報上看到如下報導：

> 朝鮮少女胡澄子被捕（中央社）上月東京發生炸彈案後，據審查結果，係韓國革命黨在上海所主使，故首腦部即派特種警探來滬偵探，半月來，已偵得端倪。今日下午二時半，日警探五人闖入法租界戈登里八號，韓人徐興楊宅，捕去朝鮮少女胡澄子一名：聞胡女士新從外埠返滬，徐宅為其友寓，寄蹤該處尚不滿五小時云。並聞二韓

〔註16〕鄂鵑：《皓月當空》，《文藝月刊》，第九卷第二期，1936 年 8 月。
〔註17〕陳存仁：《銀元時代生活史》，廣西師範大學出版社，2007 年，第 423 頁。
〔註18〕朝鮮總督府警務局：《華中、華南、北中美洲居住之朝鮮人概況》，1940 年。轉引自楊昭全等編《關內地區朝鮮人反日獨立運動資料彙編》上冊，遼寧民族出版社，1987 年，第 3 頁。

人俱已入中國籍，且逮捕前並未通知我方官廳與法工部局，按國際
私法，實有損主權，外交當局，不容坐視也。〔註19〕

胡澄子加入中國籍屬於我國公民，日警探私自將其逮捕，「並未通知我方官廳與法工部局，按國際私法，實有損主權，外交當局，不容坐視也。」「我」所想到的營救方式也是「連夜去找一位在『外交部駐滬辦事處』的朋友，請他設法去。」司法問題牽扯國際關係，外交交涉成為營救渠道。

1930年代的中國雖未如朝鮮喪國，但局勢也危若累卵。《一羽》中，面對驕橫的日本，我「外交抗當局的抗議，只得到一個強辯的狡猾的答覆：『朝鮮人民未得到本國政府許可，不得入其他國籍，故能自由逮捕』。」按照當時《中國國籍法》的規定，「凡外國人加入中國籍者，即脫離其本國國籍。1910年，日本於吞併朝鮮後，即將朝鮮人規定為日本國民。所以，朝僑加入中國國籍，成為中國公民，就喪失日本國籍。」與之對應，《日本國籍法》規定日本國民「依自己之志願取得外國國籍者，喪失日本國籍。」〔註20〕像胡澄子一樣的朝鮮革命者試圖利用此種法規，以中國公民的身份掩護朝鮮民族主義運動並保存自我。朝鮮獨立運動志士安昌浩就曾於1922年加入中國籍，當其被日本捕獲時，營救者指出安氏「既於中華民國十一年取得中國國籍，其為中華民國國民毫無疑義」，且他的「現在住址與被捕場所俱在中國領土之內，應受中國法律管轄」，但卻「被上海法租界巡捕會同在滬日本軍當局逮捕，不依協定解送法院，徑將該民引渡日本軍隊」。〔註21〕安昌浩的遭遇就是胡澄子被捕事件的現實翻版。《一羽》中「我」寄希望於外交途徑搭救胡澄子，替安昌浩辯護的上海律師公會同樣「致函國民政府司法行政部和外交部」，「呈請鈞部立予查明，提出抗議，嚴重交涉，以保國權」。〔註22〕正如作品中我外交當局收到的答覆，現實中，日本政府同樣聲稱《日本國籍法》「不適用於朝鮮人」「朝僑即使加入中國國籍成為中國公民，仍具有日本國籍，仍為日本國民」〔註23〕。日方解釋

〔註19〕謝挺宇：《一羽》，《文藝月刊》，第五卷第五期，1934年5月。

〔註20〕楊昭全：《中朝關係史論文集》，世界知識出版社，1988年，第319～321頁。
此處所引《中國國籍法》為1929年頒布之版本，《日本國籍法》為1924年12月1日頒布之版本。

〔註21〕石源華：《韓國反日獨立運動史論》，中國社會科學出版社，1998年，第240頁。

〔註22〕石源華：《韓國反日獨立運動史論》，中國社會科學出版社，1998年，第240頁。

〔註23〕楊昭全：《中朝關係史論文集》，世界知識出版社，1988年，第321頁。

顯係強詞奪理別有用心，但弱肉強食，胡澄子與安昌浩只能聽憑日軍處置。弱國尚無外交，何況亡國之裔，民族自強、獨立的呼聲慘痛悲壯。

黎蘊聲與李宣廷有過積極爭取或麻木服從「皇民」身份的歧路徬徨，國家、民衆的屈辱促使他們回歸本民族身份並爲之而戰。《一羽》裏的少女與現實中的鬥士，都曾改換國籍轉換身份，但最終指向乃同胞的自由，捨命爲之奮鬥的是朝鮮民族的獨立與尊嚴。那些「致力於祖國日本之獻身的活動」的朝鮮裔「帝國之忠良」，與爭取解放追求自由的民族戰士生活在同一片土地上，不同的選擇同樣令人慨歎。

二、1920 年代邊境線上的朝鮮反日活動

中、朝、俄接壤，邊民往來有道，日本蠶食朝鮮之初已有鮮民流落中俄。《蒙邊鳴築記》中，朝鮮俠女李朝陽其父爲日人所害，甲午戰亂，朝陽即與其母「從漢衣冠，避地于吉林郊外」〔註24〕，日後協助江南生芟滅日本奸細，邊境抗敵實有淵源。

《山鷹的咆哮》中黎蘊聲帶領的「黃陵縣游擊隊」是一支活躍在朝鮮北部「鄰近西伯利亞的鴨綠江流域」的朝鮮抗日武裝力量。作品不時點明附近幾支游擊隊活動範圍的地理特徵：「在滿著榛樹的鮮綠的小山後隱流著鴨綠江河，國民義勇隊是在那裏紮營。」；羅伯生的隊伍與日軍激戰發生在「在鴨綠江的別一邊」；戰地醫院「是在兩條河的交結處。在村子的邊際，啄木鳥叮叮著，染著紫紅色的滿洲楓樹微弱的窺語著；下面，在泥水潭的腳下，兩條河流銀洋般的，不停的潺湲著。」；游擊隊戰士張俠魂在「這爲西伯利亞碩大的林子的靜穆包蔽的環境下」養傷。地理環境的選擇透露出戰略的考量，「鄰近西伯利亞的鴨綠江流域」山高林密地勢複雜，靠近中、俄邊境進可攻退可守，「自日本侵入朝鮮以後，便有許多朝鮮人流亡到與朝鮮毗鄰的中國東三省和俄國的西伯利亞。1910 年朝鮮亡國後，一部分革命志士也逃亡到中國東北和西伯利亞，繼續從事革命活動，有的做暗殺工作，有的組織軍隊，直接與日軍作戰，如洪範圖、白三圭、金佐鎮、玄河竹等」〔註25〕。由此可見，作品

〔註24〕葉小鳳：《蒙邊鳴築記》，葉元編《葉楚傖詩文集》，上海三聯書店，1988 年，第 168 頁。
〔註25〕沐濤、孫志科著：《大韓民國臨時政府在中國》，上海人民出版社，1992 年，第 9～10 頁。

中地理位置的設置並非作家向壁虛構，確有歷史影像圖畫在前。

在朝鮮北部邊境活動的「這種游擊隊是仿傚著軍隊組織，雖然同志們都是爲朝鮮獨立和自由而集合起來的，但是在行動上不得不受著軍隊式的制裁。」這樣的抗日武裝力量不止一支，黎蘊聲帶領的這支武裝「算是全個游擊隊和別動隊中最有組織而有鐵的紀律的隊伍了」，在退守西伯利亞前，隊伍「還現存有三四百人」。這裏並非想通過文學作品坐實抗日力量的規模，不過，通過作家的描述卻也能窺探出這些抗日組織曾一度壯大的歷史信息。中、朝、俄邊境，鮮人抗日武裝發展、活躍期大致在1919年至1921年。「『三一』革命後，長期在中、朝、俄邊境活動的韓國獨立黨人頓時活躍起來，不僅在中國邊境襲擊日本領事館及各種機關，給東北境內的日軍以重創，而且屢向韓國境內進攻，猛烈衝擊這日本對於朝鮮的殖民統治。」〔註26〕「這一時期，絕大多數朝鮮民族主義團體和獨立軍都把開展反日武裝鬥爭，回國作戰，打擊日本侵略軍作爲中心任務。儘管它們組織大小不一，人員多寡不同，但大都開展武裝鬥爭，進入國內作戰。」〔註27〕朝鮮獨立運動的發展勢必引起日軍鎮壓，於是李宜廷看到了日寇對羅伯生抗日隊伍的圍剿：「嗒～嗒～嗒～機關槍正在山後叫著，宛如用炮火之線把震耳的炮聲河槍聲縫在一塊兒，日本人的來福槍的清澈的炸裂聲可以聽到。」日本人企圖掃清邊境抗日力量，病癒歸隊的張俠魂從游擊隊哨兵處得知「目前的情勢是一天一天的險惡，日本人想要把在鴨綠江臨近潛伏的勢力全部消滅，雖然臨近的同志們不少，但是，現在能做抵抗的只有七八百人了。他們又告訴他幾個游擊隊完全在對日本人的征戰中犧牲了。他們又告訴他朝鮮京城漢城又有三千男女學生爲朝鮮革命而與日本警察血戰，結果死亡了五六百人，逮捕了三四百人。他們又告訴他，在臨近幾縣的同志的集議，決定縮小範圍，集中勢力來抵抗日本人的進攻；在必要時退到西伯利亞，滿洲，朝鮮三交界的地方去，以便借著國際的卵翼可以保存現存的勢力」。日軍的瘋狂報復使朝鮮抗日力量元氣大傷，「在五日後黎蘊聲的隊伍被日本人襲擊了。差幸他在事前早已料到日本人是必定採取迅雷不及掩耳的手段來撲滅這朝鮮民族革命中唯一的具有強大勢力的部隊，而且更兼著他自己在軍事學上有著深切的研究，所以，還不至於好像羅伯生和他的隊伍那樣的覆滅。雖然在戰線上是犧牲了好幾十個

〔註26〕石源華：《韓國反日獨立運動史論》，中國社會科學出版社，1998年，第7頁。
〔註27〕楊昭全：《中朝關係史論文集》，世界知識出版社，1988年，第330頁。

同志，但是那殘留的勢力便算是他們再起的基本。」這支拼死保留下來的有
生力量按照既定決議撤退，「又過了兩三日後，黎蘊聲和他的隊伍到對岸去
扼守了。日本人沒有再衝過西伯利亞區域的可能，而且，俄國也因爲白俄的
潛伏，也沒有拒絕朝鮮革命者的退入。因此，在『國際』兩字的卵翼下他們
在那兒培養著革命的再興。」歷史上，在邊境活躍一時的韓國獨立軍在日軍
打擊下遭受重大挫折，「鑒於蘇聯遠東地區居有朝僑 50 萬，反日獨立運動甚
是蓬勃，既有舊日反日義兵，又有衆多反日團體，而且蘇聯政府聲稱奉行支
持弱小民族政策」〔註28〕因此，獨立軍各部「經遠東共和國許諾，進入西伯
利亞南部休整。」〔註29〕「在西伯利亞林子的風拂蕩的一些茅屋內棲息著三
四百爲朝鮮自由和獨立而流戍在異域的戰士。」爲堅定抗敵決心，作家在結
尾描繪了一幅飽含民族鬥爭豪情的圖畫：「北國常有的山鷹們在蔚藍而深邃
的天空中高高地，耐心地，強烈地畫著大圈，發著驚天的咆哮。他底大翅昭
示著人們無限的偉力。他們懷抱著偉大的思想，漸漸地愈旋愈高了，好像要
飛到那遼遠的日球那兒。在山鷹的咆哮中，全朝鮮的流戍在西伯利亞的戰士
們都在心中興奮著，宛如山鷹們在爲他們奏著攻渡鴨綠江的前進曲。」有著
共同敵人的弱小民族的抗爭同樣激勵著中國人的民族精神，攜手抗敵的前景
隱約可見。

　　《山鷹的咆哮》重在激勵民族情緒而非實錄歷史，作品中的細節也不可
能與歷史事件完全對應。按圖索驥難免徒勞，蛛絲雖微卻也有迹可循，這段
爭取民族解放的歷史還是隱約殘存在了對黎蘊聲等武裝團體活動的描寫之
中，鼓動中韓民族奮發圖強。

三、1930 年代大韓民國臨時政府對日刺殺活動

　　創作於九一八事變之前的《山鷹的咆哮》，朦朧地承載了 1920 年代朝鮮
獨立運動的部分歷史信息。九一八事變之後出現的《一羽》則清晰的指向了
1930 年代朝鮮獨立運動的重大歷史事件。

　　1932 年 1 月 9 日，上海《民國日報》出現如下報導：

　　《韓人刺日皇未中日皇閱兵畢返京突遭狙擊不幸僅炸副車兇手即被

〔註28〕楊昭全：《中朝關係史論文集》，世界知識出版社，1988 年，第 335 頁。
〔註29〕石源華：《韓國反日獨立運動史論》，中國社會科學出版社，1998 年，第 11
　　　　頁。

逮犬養毅內閣全體引咎辭職》八日東京電今晨日皇由新年校閱回宮時，將近宮前之櫻花門，忽有一韓人向擲炸彈，中其副車，炸聲甚烈，眾為大驚，幸未傷一人，僅馬一匹受微傷。兇手當場就逮，查知為韓人，託名淺山，年三十二歲。押至警署後，檢查其身，衣袋中尚藏有炸彈一枚，行兇目的未經宣露。大約乃受印度自主運動復興之感動。警務當局之意，週來報紙紛載印度非武力反抗運動消息，該韓人或因一時衝動而為此。內閣因暴徒驚犯御驛，特於今日午後引咎辭職，嗣由日皇命首相犬養毅照常供職，以待後命。眾意日皇俟商諸顧問後，或將接受內閣之辭職文。聞兇手經研訓後，知其炸彈兩枚，由上海高麗臨時政府供給，並贈以日幣三百元。

八日東京電日本內閣傾以韓人謀狙日皇事，已由首相犬養毅領銜引咎辭職。犬養今日下午五時餘入宮覲見日皇面遞內閣辭呈，表示政友會對於此次變亂負有全責。此種辭呈，實不過形式上之舉動，蓋非藉此不足以表示日本國民對於皇室之尊敬也。至謀刺日皇之韓民，係國家主義分子，漢城人，名李鳳章（譯音）今晨十一時三刻乘日皇閱兵畢返宮時，以手榴彈遙擲日皇之汽車，但未能中日皇之車，僅炸裂於第三隨車之旁，車稍受損，亦無受傷者，日皇安然返宮，而韓人則當場被逮，現正在嚴重監視中，不久恐將就死刑。自日軍侵入中國東省後，印度國民革命運動即隨之而發生。因此高麗境內之復國運動，即顯蓬勃之勢。警察當局事前曾受命嚴加防範，故此次事變發生後，當局即嚴密偵查有無同謀之人。〔註30〕

報導位於本版頭條，標題醒目。同日《申報》有標題為《韓國志士狙擊日皇未成手榴彈誤中隨車李鳳章當場就逮犬養毅內閣引咎辭職未准》〔註31〕的報導，內容與《民國日報》相差無幾。《一羽》以此事件為背景，講述事件發生前後，為三韓命運奔走的朝鮮少女胡澄子的故事。

作品選擇上海為胡澄子活動的主要的地點，繁華的都市中，少女卻琴聲哀怨，「徐徐地彈起來了，那麼憂鬱的。慢慢地奏到顫音，誰想到哪，一種異域的音調，淒淒切切的從那張沉默的嘴裏滑出來。」，「悽楚的歌聲依依地繞著琴音。遲遲地引到高音，悄悄的又拉到低音去了，一種幽咽的情緒散佈著

〔註30〕上海《民國日報》，1932年1月9日，人民出版社，1981年影印版。
〔註31〕《申報》，《國外要電》，1932年1月9日，上海書店，1984年影印版。

四周。」。亡國之音哀以思，一曲《故國行》無限淒切，唱盡少女身世：「一個未滿十九歲生日的姑娘，倒飽嘗了人世間淒慘的命運」，「十一歲的時候，就離開家庭，離開了漢城，到了繁華的東京。五年內，在長崎，在橫濱各大都市中，負著恢復祖國的使命，到處跑著；終於做了幾個月的牢獄，放逐似的到了哈爾濱。此後，避了偵探的追隨，像浪人一樣的漂流到天津，又像一張秋葉似地，被殘暴的風吹到蔥鬱的椰樹下——新加坡。」四方輾轉後「到了上海——這建築在地獄上的天堂，還不滿半年哪。」「這兒那兒漂遊，這兒那兒奮鬥，多麼堅忍的姑娘呵！」

堅忍的胡澄子背負復國使命轉戰多方，落腳上海後繼續秘密工作。上海有許多同胡澄子一樣「流浪在這兒」的革命志士，大韓民國臨時政府此時也寄身於此。為何選址上海，大韓民國臨時政府領導人之一的趙琬九曾有如下解釋：「在內地（韓國）未有片土之占據，以在外者而言之，中領之東三省，俄領之西比亞，為吾韓僑最繁之區域，而現居日本屯駐之衝，非安全地也。在美領之各地之要點，雖非十分安全，而比他處為勝。」〔註32〕「事實上，上海不僅是僅次於中國東北的韓僑聚居之地，而且也是韓國反日獨立運動志士雲集之地，有著韓民族開展反日復國的光榮傳統和厚實基礎。日本對於韓國反日獨立運動的控制和鎮壓的能力相對比較薄弱，加上當時上海法租界當局對於韓國反日獨立運動抱同情態度」，基於以上考慮，大韓民國臨時政府客座上海。

小說中，作家將胡澄子與李奉昌刺殺日皇事件相關聯，「在無線電播音裏，聽到了韓國某少年在東京擲炸彈行刺 XX 不中而被捕的消息。她緊緊地咬著下唇，胸脯一起一伏的好像聽見她的肺葉張翕聲，臉色蒼白，眼中閃爍著憤怒的鬱結的光芒，跺著腳，恨恨的說：『你們這批混蛋等著，有的是人哪！』」。被捕後，晚報之報導也暗示她與刺殺事件似有瓜葛：「上月東京發生炸彈案後，據審查結果，係韓國革命黨在上海所主使，故首腦部即派特種警探來滬偵探，半月來，已偵得端倪。今日下午二時半，日警探五人闖入法租界戈登里八號，韓人徐興楊宅，捕去朝鮮少女胡澄子一名」。胡澄子無懼無畏的奔走與犧牲，體現了作品所要宣揚的抗爭精神，現實社會中，更引人注目的則是李奉昌刺殺事件。

1931 年九一八事變爆發後，我東三省遭日軍蹂躪。在中國反日情緒高漲、

〔註32〕 【韓】趙琬九：《韓國臨時政府奮鬥史》，《韓民》第 1 卷，第 5 期。轉引自石源華：《韓國反日獨立運動史論》，中國社會科學出版社，1998 年，第 105 頁。

中日關係緊張之際，大韓民國臨時政府欲藉此機與中國政府攜手抗日壯大聲勢，發表《告東三省同胞書》，「號召建立中韓兩民族之共同戰線，要求『擔任密偵之同胞採取直接行動，努力於最短期間內對敵人作根本消滅之計劃，在上海方面者則作最後決死之努力，為東三省同胞之後援，以全力剿滅敵人之主力』。」1931年12月，大韓民國臨時政府在上海組織以金九為首的「韓人愛國團」，專事刺殺日本軍政要人，「以這種特殊的方式，擴大臨時政府的影響，振奮韓民族的反日精神，開創韓國反日獨立運動的新局面。」〔註33〕李奉昌刺殺活動即在「韓人愛國團」策劃下進行。正如《民國日報》、《申報》等報導，日皇突遭狙擊內閣引咎辭職，日本朝野震動可想而知。事件發生後，上海《民國日報》副刊《閒話》刊登編輯蘇鳳的詩歌《傷義士荊軻——獻給鄰國一位英雄》悼念義士：

> 「風蕭蕭兮易水寒，壯士一去兮不復還。」弱者的一把匕首，寒了秦王的膽，事情雖然沒有成功，壯志永垂於千載。
>
> 彷彿想起「箕踞以罵」的時候，那種粗暴的雄壯的吶喊；彷彿還想起秦王殿上的銅柱，留著不可磨滅的憤慨。
>
> 太史公曰：「……此其義……或不成，皎然不欺其志。……」
>
> 義士荊軻呵！我又何必為你流淚！瞧著吧！一朝，終有一把匕首報了深仇如海。〔註34〕

詩歌視李奉昌為反抗強權的荊軻，「事情雖然沒有成功，壯志永垂於千載。」在義士的鼓舞下，被日本侵略的民族終將挺身抗爭，「瞧著吧！一朝，終有一把匕首報了深仇如海。」弱小民族壓抑已久的怒火在悲痛中即將噴發。繼此之後，《尚志周刊》以《李奉昌》為題，刊登大韓民國臨時政府領導人金九先生文，「詳述此案顛末，及李之歷史」，「字裏行間，虎虎有生氣，讀之令人起敬。」作者由刺殺事件慨歎「亡國之民，尤多義勇」，然我華夏「堂堂大族，徒事蝸爭」〔註35〕，九一八事變後日人在我東北逞兇，亡國韓人且為之玉碎，我民族更應停止內耗一致對外。

〔註33〕石源華：《韓國反日獨立運動史論》，中國社會科學出版社，1998年，第250頁。

〔註34〕蘇鳳：《傷義士荊軻——獻給鄰國一位英雄》，上海《民國日報》，1932年1月15日。

〔註35〕《李奉昌》（未署作者），《尚志周刊》，第二卷第四、五兩期合刊，1932年12月。

　　李奉昌刺殺事件「撼天動地」，但此荊軻刺秦之舉既非空前也未絕後。《蒙邊鳴築記》之俠女李朝陽甲午戰後東渡日本，於東京託身歌姬，刺殺曾在朝鮮主兵大佐以報國仇家恨，此文學中女版荊軻。現實中，1909 年 10 月 26 日韓國義士安重根在哈爾濱車站刺死日本侵朝先鋒伊藤博文。「安重根的壯舉使韓國人對日本的不滿和痛恨暴露於光天化日之下，使日人的欺騙輿論不攻自破。」「是對侵略成性的日本帝國主義的一個嚴重警告和懲罰。」〔註36〕安重根犧牲後，梁啓超悲吟《秋風斷藤曲》悼念義士：「……不識時務誰家子，乃學范文祈速死。萬里窮追豫讓橋，千金深襲夫人匕。黃沙卷地風怒號，黑龍江外雪如刀。流血五步大事畢，狂笑一聲山月高。前路馬聲聲特特，天邊望氣皆成墨。闔門已失武元衡，博浪始驚滄海客。萬人攢首看荊卿，從容對簿如平生。男兒死耳安足道，國恥未雪名何成……一曲悲歌動鬼神，殷殷霜葉照黃昏。側身西望淚如雨，空見危樓袖手人。」〔註37〕詩歌頌揚了「荊卿」氣壯山河的事迹與從容不迫的氣度，但大廈將傾獨木難支，國恥未雪英雄已逝，只剩袖手者冷眼旁觀，想望民族前途不禁淚如雨下。梁啓超一生探索民族自強之路，《秋風斷藤曲》同情、頌揚弱小民族的拼死抗爭，我與朝鮮唇亡齒寒，朝鮮命運乃我殷鑒，慷慨悲歌的背後似也飽含了任公對中華民族前途的隱憂。飲冰室頌揚義士之後，又有《小說新報》爲之立傳。李定夷的《小說新報》刊載文言《安重根外傳》冠以「愛國小說」之名。文章介紹安氏生平及刺殺經過，文末以頗傳統的「異史氏曰」作結：「重根一布衣也，其所爲能驚天駭地，如於深夜好夢中驟鳴雷霆，使聞者能不變色。較之閔泳煥、趙秉世、洪萬植、宋秉璿諸人，或受國恩或承使命，先後立節者亦足多矣。我國今日，江河日下，外侮頻乘，安得有重根其人者出，一爲我國民雪此大恥乎。」〔註38〕小說褒揚朝鮮義士壯舉，立足之處仍在激勵我族勿忘復仇雪恥。此外，于右任「在他在上海所創辦的《民籲日報》上發表了近百篇文章和報導」「大力宣傳了安重根志士的英勇業績，熱情頌揚了韓國志士的愛國狹義，憤怒駁斥了日本侵略者的種種謬論。」〔註39〕

〔註36〕石源華：《韓國反日獨立運動史論》，中國社會科學出版社，1998 年，第 218 頁。

〔註37〕梁啓超：《秋風斷藤曲》，《飲冰室合集》第 5 冊《飲冰室文集之四十五》（下），中華書局，1989 年，第 37～38 頁。

〔註38〕資弼：《安重根外傳》，《小說新報》，第五年第一期，1919 年。

〔註39〕石源華：《韓國反日獨立運動史論》，中國社會科學出版社，1998 年，第 221～222 頁。

或許安重根揮灑熱血之舉感染到後來者，使得韓國「荊卿」一再「刺秦」。
《一羽》中，刺殺案事發後，胡澄子詛咒日人「你們這批混蛋等著，有的是
人哪！」。時隔不久，針對日寇，上海灘果然發生了更加轟動的襲擊事件。這
次義無反顧的刺殺，加快了中、韓聯合抗日的步伐。1932年4月30日，《申
報》有如下報導：

> 《日本要人昨午被炸》：虹口閱兵臺上飛來炸彈，野村、重光、村井、
> 河端重傷，白川、植田、友野均受輕傷，當場拘一韓人傳係兇手。
> 〔註40〕

這天的《申報》動用一整版篇幅，報導前一日發生在虹口公園的炸彈襲擊事
件，事後表明此係韓人尹奉吉謀求民族獨立的「刺秦」之舉，侵華日軍總司
令白川義則傷重不治。民族主義文藝陣營的潘子農從「世界被壓迫的弱小民
族底聯合反抗」角度出發，講述尹奉吉在中韓兩國從事的抗敵活動，揭露日
本帝國主義對弱小民族的殘害，虹口血拼令「這偉大的韓國青年有一個偉大
的印象留在世界上每個人之內心。他用熱血來燃燒了全世界被壓迫的弱小民
族的鬥爭情緒，他放了一把火。」〔註41〕英烈浩氣長存，反抗之火蔓延，時
人目尹奉吉為「抱了亡國的慘痛而不願終為亡國的慘痛所侵蝕的新英雄」〔註
42〕，以之鼓勵中國青年為民族獨立奉行「愛生的死強毅的死」的抗爭精神。「虹
口公園事件也使中韓關係出現了重大的轉折和變化，唇齒相依的中韓兩國人
民在反對日本帝國主義侵略的鬥爭中更加相互支持，共同奮鬥」〔註43〕。烈
士亡命相拼實因日寇暴虐，中韓風雨同舟只為還我山河，抗戰勝利67年後，
《一羽》中的擲彈少年依然鮮活。

〔註40〕引文標點為引用時所加。
〔註41〕潘子農：《尹奉吉》，《矛盾》，第一卷第三、四合期，1932年12月。
〔註42〕君度：《由尹奉吉想到青年應該怎樣死》，《大陸》雜誌，1932年7月，第一卷
　　　　第一期。此《大陸》於1932年7月在上海創刊，撰稿人有謝壽康、巴金、徐
　　　　悲鴻等人。據上海市民陳存仁回憶，八一三事變後，日本勢力曾強迫市民訂
　　　　閱一種叫《大陸雜誌》的日本式大型書刊，此刊與本論文所引非同一刊物。
　　　　陳存仁回憶見其所著《抗戰時代生活史》，廣西師範大學出版社，2007年，第
　　　　141頁。
〔註43〕石源華：《韓國反日獨立運動史論》，中國社會科學出版社，1998年，第252
　　　　頁。

四、1920年代至1930年代中、朝、日關係的微妙變化

　　《山鷹的咆哮》與《一羽》均將弱小民族引爲同調，對朝鮮民族對立運動表示同情與肯定，藉此鼓舞中華民族精神與士氣，但兩者反日聲音高下有別。《文藝月刊》與國民黨中宣部頗有聯繫，基於作品反日姿態的顯隱，我們或可感知政府立場，進而捕捉1920年代至1930年代中、朝、日三者關係的微妙變化。

　　1920年代，中、朝、俄邊境的朝鮮反日活動在《山鷹的咆哮》中隱約呈現，文章對朝鮮民眾反日活動表現出同情與肯定的態度，但中國官方姿態在作品中並未明確表露。創作於1930年代的《一羽》則直接以李奉昌刺殺事件爲線索，高調反日，同時出現中國官方聲音。小說中我外交當局對日警違反「國際私法」擅自捕人的行爲明確表示抗議，交涉無果後，作爲中國人的「我」開始醒悟：對於外來壓迫「忍耐只有死」，「這不是一個人的仇恨和悲哀，也不是一個人的被壓迫。而是一大群得人們喲！」最終「我」投身抵抗運動。

　　時代背景或爲創作添色。《山鷹的咆哮》發表於1931年1月，故事時間選定在1920年代。1927年南京國民政府定鼎之前，我東北邊境處於北洋政府控制之下，「東北地方當局對待韓國獨立運動的態度也經歷了一個變化的過程。」〔註44〕朝鮮「三一」運動至1920年，中、朝、俄邊境朝鮮抗日活動活躍，日本對中方屢次施壓要求鎮壓朝鮮抗日活動。在此情況下，吉林督軍鮑貴卿主張對朝獨立運動採取「寬嚴相濟主義」實際採取同情與默許的態度。其後，由於日本步步緊逼，1925年6月與1927年9月中國奉天當局與日本先後簽署《取締韓人辦法大綱》、《取締東三省韓人協定》，「使東北境內的韓國獨立反日運動受到了沉重的打擊。」〔註45〕國民政府定都南京後，「在法理上繼承了孫中山關於扶助弱小民族的政策」，同情朝鮮民族獨立運動，但「日本當局採取種種外交訛詐和軍事威脅手段，逼迫國民黨當局取締在華韓國反日獨立運動」，在中日關係未進一步惡化前，國民政府採取靈活政策，暗中支持朝鮮民族主義運動。政府旗幟變換，外交關係複雜，在此大環境下，《山鷹的咆哮》表現出對弱小民族抗爭的理解與肯定，但並未凸顯中國官方立場也沒有呈現激烈的反日情緒。時移世易，《一羽》涉李奉昌事且於1934年5月刊出，創作時間應在1932至1934

〔註44〕石源華：《韓國反日獨立運動史論》，中國社會科學出版社，1998年，第7頁。
〔註45〕北洋時期中國與朝鮮獨立運動關係的論述詳見石源華：《韓國反日獨立運動史論》，中國社會科學出版社，1998年，第5～12頁。

年間。隨著九一八事變、一二八事變、僞滿洲國成立、華北危急等重大變故，中日關係日趨白熱化，民衆反日情緒不斷高漲，我官方抗戰立場漸趨明朗。中朝方面，九一八事變後「中國國民黨與韓國反日獨立運動之關係發生了重大變化」，「尤其在 1932 年 4 月 29 日上海虹口公園發生韓國志士尹奉吉擲彈事件後，國民黨最高當局開始直接關注韓國反日獨立運動，採用各種公開或秘密的方式，支持旅華韓僑的反日復國鬥爭。」〔註46〕《一羽》中，鮮民入我國籍的策略、我外交當局以理抗爭、「我」對侵略的覺醒等細節，表明當時中國上下對朝鮮反日的態度已從不公開表態的同情漸變爲實質性的扶持與聯合，這或許就是文學創作對國際生態環境變化的一種體認。從《山鷹的咆哮》到《一羽》，中、日、朝三者關係微妙轉變的歷史身影留在了文學之中。

　　中朝同屬被宰割民族，民族獨立的道路上日本帝國主義是我們共同的敵人，《山鷹的咆哮》與《一羽》或隱或顯的表達了中朝面對敵手日本時的同袍之誼。另一方面，中朝交往雖久，但國家利益複雜，日本又從中作梗極力阻撓中朝聯手，挑撥之下同袍或有齟齬。

　　《山鷹的咆哮》中革命青年張俠魂與當地百姓皮嘉善曾有過一段對話：

　　　　（皮嘉善）「唉，你，張先生，我想中國人比日本人好。……你說怎樣？」老人似乎急待著張俠魂的回覆。

　　　　（張俠魂）「這，老先生，日本人加給我們的痛苦，在這幾千年來眞是非語言和文字能夠形容的……但是，我們只是在中國人的統治下當一個進貢的蠻夷，那時我們哪曉得在亡國後有如此痛苦？……但是，老先生，還是感激日本人，他們使朝鮮有受教育的機會，誰個管它的奴隸教育，卻是與他們的初心相反，在日本人學校出身的知識青年都成了反叛的人們，一走出了他們的學校便咆哮著朝鮮的自由和獨立。……唉，老先生，你的大少爺也是這樣有爲的青年。……」

面對中國與日本哪個對朝鮮更好的問題張俠魂沒有正面回答，在他看來，日本之於朝鮮固有亡國之恨，然中國治下的朝鮮也僅是「一個進貢的蠻夷」。朝鮮民衆追求本民族自由、獨立，日本殖民地的標籤誠屬極大的屈辱，而中國藩屬的定位恐也實非所願，中朝芥蒂或許由此潛伏。我境內鮮民品流複雜，有胡澄子、李奉昌等令中國民衆肅然起敬奉爲榜樣的革命志士，也不乏《皓

〔註46〕石源華：《韓國反日獨立運動史論》，中國社會科學出版社，1998 年，第 24 頁。

月當空》中仗勢欺人胡作非為的流氓無賴。上海為大韓民國臨時政府所在地彙聚不少民族精英，但也有韓人借日人勢力欺壓華人為非作歹，當地市民對其印象極差。中朝感情本身既非鐵板一塊，又普通民衆之間彼此隔膜兼之生存壓力，為日後受人利用，引起摩擦埋下隱患。

　　19 世紀中葉朝僑移民我國東北者漸多，1910 年日本吞併朝鮮後，我東北境內朝僑激增，「1910 年東北地區朝僑人口僅為 109000 人，到 1931 年九一八事變前，激增為 630982 人。」〔註47〕鮮民入境既有躲避日寇迫害的考量，又與日本「日人殖鮮，鮮人殖滿」的殖民政策有關：「1927 年臭名昭著的《田中奏摺》，對這一政策說得十分露骨：『朝鮮民移住東三省之衆，可為母國（指日本）民而開拓滿蒙處女地，以便母國民進取。』『按在滿蒙之朝鮮人如擴張至二百五十萬以上者，待有事之秋，則以朝鮮人為原子，而作軍事活動，更借取締〔註48〕為名，而援助其行動。』」〔註49〕以上種種，鮮民大量湧入，中國民衆雖有疑慮但並非皆以「非我族類其心必異」的激烈態度對之，對於熱誠抗敵者我們引為戰友，勤勞善良者我們和平待之，但對受人蒙蔽無理尋釁者我們定會據理力爭。

　　為入侵東北，1931 年 7 月日本利用朝鮮移民製造萬寶山事件。「1931 年 4 月，朝鮮移民與中國當地農民為爭水奪地產生糾紛。5 月底經中國當地縣政府出面調解，已有和平解決的可能。然而，在日本駐長春領事館的干涉下，中國地方當局的交涉受到阻撓，朝鮮僑農與中國農民的矛盾進一步激化。7 月初，日本駐長春領事館警署主任中川義治郎率日警，荷槍實彈趕到事發地馬家哨口，欲鎮壓來此平渠的中國農民。中國農民代表孫榮卿與中川義治郎進行了激烈的爭辯。」「日警理屈詞窮，惱羞成怒，當下鳴槍傷人，濫捕中國農民。接著又增派日警數十名，並攜帶山炮、槍支等武器來到現場，挑唆朝鮮僑農重新挖渠築壩，強行引水灌田。」〔註50〕與此同時，日本在韓進行虛假宣傳，致使韓民暴動排華，給我華僑造成難以估量的生命、財產損失。中國輿論對此事嚴重關切，積極曝光事件真相，譴責暴民排華，呼籲國人以大局為重，忍痛聯合抗日。《民國日報》接連發表社論，分析「日縱韓民排華之背

〔註47〕楊昭全：《中朝關係史論文集》，世界知識出版社，1988 年，第 308 頁。

〔註48〕日語「取締」應譯為漢語「管理」。——引者注。

〔註49〕楊昭全：《中朝關係史論文集》，世界知識出版社，1988 年，第 311 頁。

〔註50〕張憲文等著：《中華民國史》（第二卷），南京大學出版社，2006 年，第 245 頁。

景」,提醒當局注意「東北的危機」,要求「中央調查損害確數」懲膺罪魁,但最終指向仍在聯韓反日。

《關東人家》〔註 51〕以此事件爲背景,描寫日本挑唆下,朝鮮僑農與中國農民之間的衝突,控訴日本侵略行徑,引導民眾顧全大局團結抗戰。作品通過雲山老人的心理活動表現中朝農民摩擦:「他靠在河邊地畝的盡頭的那條曲折的小道,一點也不敢停息的走著……走到那裏去,連他自己也莫名其妙,他心裏只直覺的感到這裏是不好站住的,因爲近來這些地方,已一再被東洋人指揮的高麗棒子搶殺過了。在這裏,常常埋伏著高麗人,他們只要一看到那些背著鋤鏟的莊稼人上地來,便就偷偷的一下。不是殺了你,便是給你個管教你一生也不曾忘的教訓。這樣半年來,河兩岸已不知死傷了多少的好人,尤其是在六月裏的那次反抗高麗人橫伊通河築壩的事,不是一次就叫東洋人開槍打死了兩千好百姓嗎!」高麗橫行實爲東洋操控,日人槍炮前我百姓無辜受辱,「雖然這些好百姓都是無辜的,誰也沒有犯過什麽錯,可是,結果是白死了。」國民遭難政府抗議,奈何力不如人境遇尷尬,「事後政府也曾提出抗議過。但還有什麽用處呢?政府不也和無力的老百姓般的受著鬼子們的欺凌嗎!沒有力量的人有什麽話好說呢?」外敵當前,國、民榮辱與共。日本辱我家國意在製造事端,占我山河,「高麗棒子、鬼子兵,在關東滿洲越鬧越不像話了,中國人簡直已求豬狗的待遇不可得了。但是,就這樣他們還不滿意,結果,雲山爺他們連兩個月也未得拖,關東軍便在九月十八號的半夜工夫佔了瀋陽,到第二天黃昏的時候,又把靠著伊通河的公主領、長春和南嶺等地方,抓在東洋鬼子的黑爪下了。」《關東人家》創作於九一八事變七週年之際,在中朝攜手抗敵的大環境下,作品沒有迴避中朝民眾的矛盾,但將禍根歸結爲日寇的陰謀、挑唆,矛頭所指仍是日本侵略者,這也頗和當日輿論基調。面對共同的敵人,中國民眾最終顧全大局「決不爲土地的依戀所羈絆,而一致和他們起先仇視的人們,爲了抗日反帝這一新任務而拉了兄弟的手。」作品由此回歸團結抗戰的主旨。

《關東人家》從民族、國家立場出發,目的在鼓勵全民堅持抗戰。同樣以萬寶山事件爲題材,李輝英創作的特點在於將階級話語與反帝結合。作者借李竟平之口分析朝鮮僑農何以落戶萬寶山:

日本子頭道溝領事收納了中川警部的建議,實行開闢萬寶山水田,

〔註 51〕沙雁:《關東人家》,《文藝月刊・戰時特刊》,第二卷第三期,1938 年 9 月。

中川警部是專門到咱們各屯探查虛實的壞東西！他看到萬寶山一帶
地方很好，一片荒地可以開荒種稻。萬寶山有些好風景，萬寶山地
位好，想借種水田爲名，招來些高麗人，然後用高麗人霸佔咱們人
的田地，引起來交涉，日本人好派兵佔領萬寶山這地方……知道了
麼？可是這都因爲郝永德名下的「長農稻田公司」是日本人背地裏
拿錢開的，背地搗亂，這是最重要的一點！日本子佔了萬寶山之後，
就和頭道溝打成一片，劃成租界，要不也做了頭道溝附近避暑地，
屏障，好一好，從這向北可以侵佔哈爾濱，向西到扶餘過江可以占
江省，你們看這就是日本子的詭計！〔註52〕

日人利用朝僑圖我領土，這與《關東人家》見解相當，但事情似乎沒有這麼
簡單，李竟平認爲日人最終意圖乃「一二年後占去吉林和江省交界地，然後
同大鼻子〔註53〕開仗，大鼻子是 XX 國，人人做活人人有飯吃，日本子人怕
他們本國沒錢人起來鬧事，所以要打大鼻子；大鼻子要是打敗了，誰也不會
相信大鼻子的主義，那麼就沒有人附和了，他們多凶啊！」〔註54〕作者一再
強調日人的「險惡用心」：「至於日本子一定要占萬寶山，像我上次說的，他
重要的地方是想和大鼻子開火！帝國主義的官，都是有錢人，怕窮人起來推
到他們，怕大鼻子宣傳窮人幫助窮人打倒他們，他們要拼命消滅大鼻子，要
不他們自己就做不成官！因爲帝國主義國家裏也有很多窮人，大鼻子這幾年
人人都好，沒有大富的，也沒有太窮的，別國窮人見到都想照這樣學，帝國
主義怕這一點，所以用兩種方法來制止：一種是對國內大多數窮人極力壓迫，
一種是對大鼻子共同監視，有機會就進攻。」〔註55〕說到底，日本人圖謀萬
寶山、進攻東三省皆因害怕蘇俄共產旋風威脅日本統治階級利益，日本亡我
的家國恨轉變爲世界無產者與剝削者的階級仇。《關東人家》裏的中朝農民相
互仇視，在階級話語中被無產者天然聯合所取代：「高麗人有些比咱們人明白
的多，他們因爲吃不了日本子的苦處，時時有想去反抗日本子，咱們老百姓
和他們都是一樣吃日本子的苦，受官家的氣，爲什麼不快反抗呢！想法和他
們都聯到一起，和他們往來，探尋些他們的日常情形，又同是被帝國主義壓

〔註52〕 李輝英：《萬寶山》，上海湖風書局出版，1933 年，第 125～126 頁。
〔註53〕 大鼻子是東三省人對俄國人的通稱，作者原注，第 134 頁。
〔註54〕 李輝英：《萬寶山》，上海湖風書局出版，1933 年，第 126 頁。
〔註55〕 李輝英：《萬寶山》，上海湖風書局出版，1933 年，第 217～218 頁。

迫的人，大家定要緊緊的連在一處才行；這樣一來，力量雄厚，就可以和帝國主義做持久鬥爭啦，做打倒帝國主義的工作啦！」〔註56〕《萬寶山》顯示，欺壓中國百姓的不包括朝鮮僑農而是「奸商，官家，日本子」，中國當局與漢奸、日寇俱成禍首，「中國官都有錢，他們不管日本人來也好，英國人來也好，美國人來也好，滅亡了國家由它，反正有錢哪裏都有福享。因爲他們和帝國主義勾結在一塊的，他們可以靠帝國主義勢力來刮老百姓錢，只是苦了老百姓，沒錢人處處轉不動。」〔註57〕看來，萬寶山一帶的村民不止肩負打倒帝國主義、保護「大鼻子」的重任，推翻本國統治階級同樣時不我待。

　　1931年7月7日，中、日、朝三國共產黨中央，就萬寶山案聯合發表《告中、日、朝三國勞苦大衆的檄文》。檄文認爲日本造成此事意在製造中朝仇恨，同時「進一步實現其滿蒙政策，進攻蘇維埃聯邦，殘酷地屠殺中國的革命大衆，殘酷地鎮壓國內的無產階級運動」。文章指責國民黨「投降帝國主義，出賣中國民衆的利益，屠殺中國國民的殺人魁首國民黨，對其他帝國主義者凡是屠殺中國民衆的一切事件都有責任。同樣，對這次的事件也是主要的責任者。」同時認爲「國民黨利用萬寶山事變進行反對朝鮮人、日本人的狹隘民族主義」。最後，號召「中國、日本、朝鮮的工人、農民及一切勞苦大衆，對帝國主義和國民黨的這種欺騙的唯一回答，就是我們無論是什麽民族，團結一致打倒帝國主義及地主資產階級的國民黨，擁護蘇維埃聯邦，擁護中國蘇維埃政府，擁護紅軍。只有鬥爭，才能從帝國主義鐵蹄下解放日本、朝鮮及中國的廣大工農勞苦大衆。」《萬寶山》中的許多觀點與黨的政策暗合。東北作家李輝英三十年代在上海參加左聯，與丁玲頗有過從，《萬寶山》經由丁玲修改〔註58〕。由此，《萬寶山》觀點與檄文大致相同，也許就「事出有因」了。

〔註56〕李輝英：《萬寶山》，上海湖風書局出版，1933年，第131～132頁。

〔註57〕李輝英：《萬寶山》，上海湖風書局出版，1933年，第218頁。

〔註58〕李輝英與丁玲交往及參加左聯事，見柳蘇《東北雪、東方珠——李輝英週年祭》，《讀書》，1992年7期。實際上，在1931年11月，丁玲主編的《北斗》（第一卷第三期）上就曾刊登周裕之《奸細》，借曾報導、煽動萬寶山事件的朝鮮記者金利生之死揭露日本刻意製造萬寶山事件，藉此引發中韓爭端的陰謀，與李輝英《萬寶山》相比，此文較少涉及階級話語，重點在敘述事情經過。本期還刊登沈起子《蓬萊夜話》，講述因參加革命活動被捕留日中國學生在日本監獄的見聞，作品最後號召「日本、中國、朝鮮的被壓迫民衆聯合起來！」「打倒日本帝國主義！」這兩篇作品的出現，表明左翼作家此時已關注萬寶山事件，關注中、日、朝問題。

　　《萬寶山》1933 年面世，其時，日本揮刀在前，國共紛爭未已。左翼立場使李輝英對國民政府難有好感，反帝之外不忘階級鬥爭〔註 59〕。《關東人家》出於《文藝月刊》，對當局姿態不會太過激進，1938 年處於堅持抗戰的關鍵時刻，團結抗戰即是官方口徑又屬大勢所趨，凸顯一致對外的民族話語恰逢其時。儘管《萬寶山》夾雜階級話語，《關東人家》突出民族主義，但二者都透露出中朝確有摩擦，民族大義面前又攜手抗敵的歷史事實。

小　結

　　國家多事之秋，《文藝月刊》支持民族主義文藝運動，30 年代初，宣揚民族精神，關注弱小民族奮鬥，朝鮮似我縮影，抗爭種種引我同情，但考慮政府立場聲音尚屬溫和，故山鷹咆哮尚在盤旋。30 年代中期，日寇亡我益甚，《一羽》圖窮匕見，暴日之前，表我抗敵決心。抗戰爆發後，團結力量共抗外敵才是當務之急，大局之下，《關東人家》最終擱置分歧攜手拒賊。幾篇作品在一貫的民族反抗精神中透露出不同的歷史信息，鮮民不同的身份表達，戰士多樣的抗爭方式，中、朝、日微妙的歷史關聯，點點滴滴一同勾勒繁複的歷史煙雲。

〔註 59〕另一位持左翼立場的作家胡風，1930 年代翻譯過張赫宙、李北鳴、鄭遇尚三位朝鮮作家的四篇小說，張赫宙的《上墳去的男子》主要表現了朝鮮國內的民族主義運動，另外一篇《山靈》，與李北鳴《初陣》、鄭遇尚《聲》將工人反抗廠主、農民反抗地主的階級鬥爭與反日活動相結合，民族與階級話語共生。胡風譯作參見《胡風譯文集》，人民文學出版社，1986 年。

第二章 《文藝月刊》關於 1930 年代 基督教問題的探討

第一節 基督教問題的引入

　　自創刊始，《文藝月刊》就強調刊物的文學性，力圖淡化黨派色彩，透過作品表達對某些問題的關注，委婉的反映出刊物的傾向性，於潛移默化之中引導民眾。統觀《文藝月刊》的整體內容，文學作品的確占據了大量篇幅，這其中也包含翻譯文學。英國的哈代與法國的莫泊桑是《文藝月刊》初期比較關注的兩位作家，不僅有《哈代傳記》、《論莫泊桑》〔註1〕這樣的介紹性文章，更直接引入兩位作家的作品，其中，哈代《一個變了的人》與莫泊桑《那一場洗禮》〔註2〕次第登場，兩篇作品均以傳教士及其從事的宗教活動為表現對象，在《文藝月刊》所記錄的歷史畫面中，傳教士的身影開始出現。

　　傳教士來華活動，可上溯至明朝，自此到民國成立，傳教士的足迹在中國國土上日益蔓延，自沿海至內地，從城市到鄉村。至「二十世紀的頭二十年，在華各教會的傳教事業的推進之迅速，是歷史上所未有的」，「教會史著

〔註1〕 O.Burdett 著、銘之譯：《哈代傳記》，《文藝月刊》，第三卷第三期，1932 年 3 月。托爾斯泰著、東聲譯：《論莫泊桑》，第一卷第五期，1930 年 12 月。

〔註2〕 《一個變了的人》，陳心純譯，《文藝月刊》，第一卷第四期，1930 年 11 月。《那一場洗禮》，李青崖譯，《文藝月刊》，第一卷第五期，1930 年 12 月。李青崖曾就讀與法國教會創辦的震旦學院，後支持愛國教徒馬相伯創辦復旦公學。

述上常將此稱爲黃金時代」〔註3〕。傳教士的不懈努力，曾爲上帝爭取到不少具有較高社會身份的中國選民。孫中山就是虔誠的基督徒，「民國成立以後，國會議員中的基督徒達六十餘人。政府中如駐德公使顏惠慶、農林總長陳振先、海軍次長李和、參政院次長王正廷、政事堂參議長林長民，亦爲信徒。」〔註4〕憑藉與高層人士的關係，基督教的影響力大大增強。1912年，《臨時約法》頒布，其中第五款條文爲：中華民國人民一律平等，無種族、階級、宗教之區別。第六條第七款條文爲：人民有信教之自由。法理上的肯定，必然有利傳教事業的發展。到1930年代，不止蔣介石受洗成爲基督徒，及至「偏僻縣份，也有民衆轉向信仰天主教、耶穌教等外來宗教。」。江蘇溧水「境內的河南人、湖北人〔註5〕崇奉耶教和天主教。」，「銅山縣境內的宗教有佛、道、回、耶穌、天主教五種。天主教有禮拜堂，傳教的神父多屬法籍，教徒人數頗多；耶穌教也有禮拜堂，牧師多屬美籍，教徒不在少數。」〔註6〕在傳教事業的重要組成部分，教會大學方面，「多數學校的實力得以加強。教會學校的學生增加了，教師中持有研究生學位的比例也提高了。」，「有些學校還與省級或中央當局建立了眞誠的關係。」〔註7〕從以上情況來看，基督教事業在民衆中間頗有市場。

　　《文藝月刊》刊發的幾篇涉及傳教士形象的譯作，表現了部分西方人對傳教士的印象。在《一個變了的人》與《那一場洗禮》中，作爲主要表現對象的傳教士，示人以仁愛、善良。《那一場洗禮》中，神甫在洗禮過後，對新生命流露出的愛，恰如赤子般純潔，聖潔的愛，本就是基督精神的一種詮釋。《一個變了的人》通過主人公前後生活態度的轉變，宣揚了基督教的犧牲精神。英俊的軍官孟勃雷本是一個追求世俗快樂的年輕人，大家把他看作「全城的驕子，本地社交界的靈魂」。但經牧師生威先生的感召，孟勃雷決定「服從內心的詔示」，「捨棄打仗的職業而走進禮拜堂去」。爲此，他放棄了原本令

〔註3〕 顧衛民：《基督教與近代中國社會》，上海人民出版社，2010年，第272頁。

〔註4〕 顧衛民：《基督教與近代中國社會》，上海人民出版社，2010年，第275頁。

〔註5〕 太平天國以後，由於蘇南人口大量減少，政府在河南、湖北等地招徠大批人口到這一帶生產生活。張憲文等著：《中華民國史》第二卷，南京大學出版社，2006年，第495頁。

〔註6〕 張憲文等著：《中華民國史》第二卷，南京大學出版社，2006年，第495頁。

〔註7〕 【美】盧茨：《中國教會大學史1850～1950》，浙江教育出版社，1987年，第260～261頁。

人稱羨的生活,「在本城的下區,在那時是滿住著貧苦的百姓,正需求一個牧師。孟勃雷先生就慷慨自效,願意做那種絕沒有多大的成效,又沒有人來感謝,而且沒有信用和報酬的苦工。」更大的考驗降臨了,孟勃雷的教區出現了霍亂,「病疫蔓延的非常快,人們都離開了城」,「孟勃雷先生的屋子,正近著流疫最猖獗的那條街。他自己呢,忙個不了,早上中午晚間,鎮日設法去撲滅這惡疫和減少病者的苦惱」。當孟勃雷的妻子去看望丈夫時,孟勃雷正在「霍亂症最凶險的所在」救助民眾。她「走到一處,有一隻巨大的釜子,安放在露天。那些睡具,放在裏面煎熬著消毒。在籠燈光中,勞雷發見她的丈夫立在釜邊。翻倒貨車而將裏面的東西浸入釜中的,正是他呀!夜色是這樣的安靜和蒸溽,能使釜旁的談話,傳到她的耳朵。

『今晚還有許多要裝的東西麼?』

『還有今天死的人的衣服。先生!但是不妨留待明天,因為你一定辛苦透了。』『我們要立刻趕完,因為我不能央別人來擔任這個。倒翻這些貨物在草地上,再去裝別的來。』

那人依著話做了,帶著推車走開了。孟勃雷歇息了一會兒,拂拭一下他的臉,又恢復他的下賤的苦役,在這污穢發臭的場所;用一根看似很舊的麥棒,掀著攪著釜裏面的東西。從裏面發出來的蒸汽,含著病菌,裊裊的低浮在草地上面。」霍亂結束,但「孟勃雷先生在此次賑災中,過勞了自己,終於做了那殺人無算的時疫的最後一個犧牲者」。作品由牧師孟勃雷的行動,闡釋了基督教導人向善、舍己愛人的教義。除以上作品,史特林堡《良心的責備》〔註 8〕中,也有一個不畏強權、斥責不義戰爭的牧師閃現。這三篇譯作在《文藝月刊》上集中出現,其所涉傳教士均為正面形象,作品通過他們的言行,宣揚了基督教愛人、奉獻、向善的宗教精神,基督教的正面意義不言而喻。值得思考的是,就在刊發《那一場洗禮》的同一期,《文藝月刊》還登載了署名凌英的《毒》〔註 9〕,這篇同樣關注基督教問題的創作,通過種種事例,對傳教士及其代表的宗教表達了諷刺與不滿,與之前幾篇譯作的觀點形成對比。此時,對於基督教,《文藝月刊》上出現了兩種截然相反的認識。

〔註 8〕 史特林堡:《良心的責備》,銘之譯,《文藝月刊》,第一卷第五期,1930 年 12月。

〔註 9〕 凌英:《毒》,《文藝月刊》,第一卷第五期,1930 年 12 月。

第二節　基督教來華的是是非非

基督教來華後，其事業幾度沉浮，牽涉多種社會勢力，幾次引起中外紛爭，彙聚了教內外人士複雜的情感。刊物此時集中編發這樣幾篇作品，是否表露了《文藝月刊》對待基督教的某種態度？《文藝月刊》接受官方資助，觀點表達自然要顧及當局立場，借助它對基督教的態度，或可推測其行爲背後的歷史信息。

1869 年，曾任英國駐上海領事的阿禮國回憶，恭親王有過如下表述：「倘若英國能把我們從鴉片和傳教士中解救出來，我們同英國就不會再有什麼困難了」〔註 10〕。鴉片貿易與宗教輸出，幾度引發中外爭端，牽動晚清政局，恭親王感慨或在於此。《矛盾月刊》的《大沽口炮臺》〔註 11〕認爲，洋人傳教，使國人「信外國人，聽外國人的話」，最終奪我土地，與鴉片貿易之謀財害命並無二致。凌英的《毒》指出，無論用意如何，基督教終趁列強武裝侵略之勢闖入中國，刺傷我民族自尊，民族主義語境下，基督教成我國家之痛。

清末，傳教士隨列強炮艦強行闖入中國，加之個人素質良莠不齊，時有傳教士不明事理，憑藉政治特權，包攬詞訟，袒護不良教民，引發民教衝突，且動輒要挾政府，儼然一股特殊的政治勢力，令人側目。另外，中外習俗不同，「加以當時中國各階層人們對西方宗教和社會禮俗缺乏瞭解，遂因教會和教士所作所爲與中國常情不和，而生種種憤激之心。」〔註 12〕國人對基督教懷有敵對情緒，有誤會與情緒化的因素，但積怨日久，卻也事出有因。

一、宗教自由與強權政治的關係

基督教在中國獲得宗教自由，依託於強權政治施加給我的不平等條約。《毒》中提到，教堂「借了庚子那年的八國聯軍的槍炮的威力」而留存，十字架是「因爲聯軍武力的緣故才來到中國的」，凡此種種，皆是強權政治的饋贈。1900 年，八國聯軍侵華，清廷戰敗，《辛丑條約》被強加於中國，「《辛丑條約》規定中國向列強十一國賠款達四億五千萬兩，這筆鉅款雖然不能確定有多少給予教會和教士，但此外所謂地方賠款根據不完全統計有二千萬兩，

〔註 10〕方殿華：《南京今昔》，第 179 頁。轉引自【法】史式徽：《江南傳教史》第二卷，上海譯文出版社，1983 年，第 201 頁。

〔註 11〕周匡民：《大沽口炮臺》，《矛盾月刊》，發動號，1932 年 4 月。

〔註 12〕顧衛民：《基督教與近代中國社會》，上海人民出版社，2010 年，第 170 頁。

其中大部分是賠償給教會、教士和教民」。〔註 13〕傳教士借炮艦之威，在中國開拓傳教事業，這已不是首創。在此之前，傳教士借兩次鴉片戰爭，參與外交活動，將與傳教相關的條款塞進不平等條約。1843 年中美簽訂《望廈條約》，第十七款規定：「『合眾國民人在新開商埠均應准其租賃房屋，或租地自行建樓，並設立醫館、禮拜堂及殯葬之處』，這保證了傳教士可以居住在五口中間」。〔註 14〕1844 年，中法簽訂《黃埔條約》，其中三款與天主教有關，憑藉軍事實力，法國使臣拉萼尼還爭取到了清政府關於天主教馳禁與發還天主堂舊址的上諭，這些權益不久之後同樣惠及基督教新教。第二次鴉片戰爭後，清政府又被迫與列強簽訂《天津條約》、《北京條約》，條約「對於傳教權利，不僅有明文規定，而且佔有相當重要的位置」〔註 15〕。不平等條約本就在槍炮壓迫下簽訂，標誌著中華民族所遭受的外來屈辱，傳教士以西方武力為後盾，積極尋求條約庇護，享受侵略成果，取得各種在華權益，在凌英看來，基督教作為列強武裝侵略的直接受益者，同為我民族寇讎。強權面前，被壓迫民族只有暫時忍耐，哪會甘心屈服，由此，侵略硝煙還未盡散，仇恨種子早已悄然埋下。文壇中涉及基督教問題的不止《文藝月刊》，1930 年代，蕭乾創作《皈依》、《鵬程》等「揭露傳教士和他們那些信男信女」的作品。回想對基督教的認識，作家講到，「沒有不平等條約，洋牧師能進來傳教嗎？」，「洋牧師們歸根結蒂是跟在洋槍洋炮後頭進來的。」，「傳教的牧師同被傳教的男女信徒之間」，根本是「強者與弱者的關係」〔註 16〕。可以說「政治上的欺壓」〔註 17〕，是蕭乾厭惡基督教的原因之一。不過，與凌英完全基於民族立場的譴責不同，「宗教對我幼時的心靈給予的」「壓迫、凌辱和創傷」，是激起蕭乾對宗教「反感、懷疑和反抗」〔註 18〕的又一因素。

自鴉片戰爭至庚子事變，基督教與強權政治如影隨形，難免被國人視為侵略勢力之一種。凌英的創作揉合了這段歷史記憶，畫影圖形，作家筆下，

〔註 13〕顧衛民：《基督教與近代中國社會》，上海人民出版社，2010 年，第 269 頁。
〔註 14〕顧衛民：《基督教與近代中國社會》，上海人民出版社，2010 年，第 99 頁。
〔註 15〕顧衛民：《基督教與近代中國社會》，上海人民出版社，2010 年，第 103 頁。
〔註 16〕蕭乾：《一本褪色的相冊》，《蕭乾短篇小說選》，人民文學出版社，1982 年，第 37 頁。
〔註 17〕蕭乾：《一本褪色的相冊》，《蕭乾短篇小說選》，人民文學出版社，1982 年，第 35 頁。
〔註 18〕蕭乾：《一本褪色的相冊》，《蕭乾短篇小說選》，人民文學出版社，1982 年，第 31 頁。

那座堂皇的教堂也成為侵略的象徵：「許多尖頂朝著天空，如同帝國主義的十三生的大炮的炮口朝著中國的海岸一樣，帶著很嚴重的驕傲的神氣。可是英格蘭種的牧師們，卻對於這些尖頂懷著特別的幻覺，稱譽它們是純潔的靈魂飛向上帝的象徵。」。炮口之下只有冤魂，純潔的靈魂只是幻覺，基督曾教誨：「凡動刀者，必死於刀下。」，強權換來的宗教寬容，後患無窮。

《毒》事涉聯軍侵華。庚子國難因民教衝突而起，事後，教會、教民憑《辛丑條約》獲得補償，然民教衝突更加深刻，慘痛記憶揮之不去。《文藝月刊》之外，李劼人曾描述庚子事變中部分教徒心態，面對國難，教徒曾師母轉述洋牧師史先生的話，「清朝是該滅了，惹下了這種滔天大禍」，「外國大兵已經在路上了，只要一到北京，中國全是外國人的了！」。更令曾師母得意的是，到時候，史先生可能成為四川制臺，「如其史先生做了制臺，我們全是他的人，不再是清朝的百姓」，「我們教會裏的人，全是官，做了官，要什麼有什麼，要怎麼樣便怎麼樣」〔註19〕。仇恨與愚昧使中國教民喜盼聯軍到來，喪失民族尊嚴。而凌英旨在宣揚民族主義共禦外辱，矛頭所向，在「白種」的「上帝的子孫」：

> 在中國南部的 F 省的省城裏，有一座佔地二十畝的基督教的教堂，是那些白種的「上帝的子孫」——那些教徒們——借了庚子那年的八國聯軍的槍炮的威力，而留下來的一個侵略東方的聖迹。無論在教徒們的口中是怎樣地讚歎上帝是和平之主，可是那釘在十字架上的耶穌卻是結結實實地，因為聯軍武力的緣故才來到中國的。
>
> 走進這樹木的綠蔭的地方，使一切人們都舉起眼睛的，是一塊石碑，刻著中英合璧的紀念文，並且第一眼就會使人見到牧師們最得意的文句：「得八國聯軍之力，中國人民才脫離罪惡之淵，而開始看見上帝……」如同八國聯軍是解除中國人民的痛苦才打進來的。
>
> ……
>
> 因為聖誕節的日子，這個教堂開放了，才允許那些中國的教徒們走到這聖地來。平常，這禮拜堂的大門是只許高貴的歐洲人進出的。為的主教保羅認為中國人地靈魂還滯留著許多罪惡，上帝不允許他

〔註19〕 李劼人：《死水微瀾》，《李劼人選集》（第一卷），四川人民出版社，1980 年，第 229 頁。

們走到這聖地來。所以，那許多中國的奉教者，都在福音堂做禮拜。
無論這些教徒們是怎樣的虔誠，怎樣的投身到上帝的治下，怎樣的
把《舊約》和《新約》的書本子都念破了，仍然一年只有一天才有
資格走進那莊嚴的聖地。

庚子國難後，列強恃武力占我領土，修建平常「只許高貴的歐洲人進出的」
教堂，因為「主教保羅認為中國人的靈魂還滯留著許多罪惡，上帝不允許他
們走到這聖地來。」，愛心飽滿的宗教，竟懷種族偏見。張資平對公然侵略、
歧視我民族的行為亦有表現，「禮拜堂屋頂竪立著的十字架遠遠的望見了」，
「人種上有優越權的白人住的幾列洋樓遠遠的望見了。在中國領土內只許白
人遊耍，不准中國人進去的牧師們私設的果園中的塔也遠遠的望見了」〔註
20〕。歧視已使國人憤慨，侵略更令同胞切齒。八國聯軍的「紀功碑」，記錄的
不止庚子國難，它已成為自鴉片戰爭以來，基督教隨政治強權入境的罪證。F
省的教堂與石碑或已湮沒，但十字架大規模來華，以武力開道的不爭事實，
令中華民族刻骨銘心。

　　鴉片戰爭的炮聲剛剛停歇，傳教士與商人就開始在中國國土上大踏步地
行進了，迫切的宏教心願，使牧者沒有耐心再等到二十世紀了。與之相比，
八國聯軍帶給 F 城的這座聖迹只能算做「陳迹」了。碑文「得八國聯軍之力，
中國人民才脫離罪惡之淵，而開始看見上帝……」，令牧師們頗為自得，「還
有比石碑更妙的使幾個牧師驕傲的東西，就是在人們走向禮拜堂去的寬大走
道的墻上，掛著幾張叫花子和麻風者的照片，在照片底下寫著：『身軀充滿罪
惡，靈魂已依附於上帝矣！』並且當外國領事及遊歷者來參觀的時候，牧師
們總是自詡地指著那些照片，說著中國人民是拖在魔鬼的鐵輪子下面的，現
在都被上帝救拔了，而他們的罪惡都被上帝的手洗乾淨了」。不止《文藝月
刊》，老舍在《二馬》中曾寫到，在華傳教的英籍伊牧師，「總是禱告上帝快
快的叫中國變成英國的屬國；他含著熱淚告訴上帝：中國人要不叫英國人管
起來，這群黃臉黑頭髮的東西，怎麼也升不了天堂！」〔註 21〕，荒謬論調，
異曲同工。這種得意並未凝固在石碑上，現實中亦不罕見。早在鴉片戰爭之

〔註20〕張資平：《梅嶺之春》，《張資平選集》，上海萬象書屋，1935 年，第 117 頁。
〔註21〕老舍：《二馬》，《老舍文集》（第一卷），人民文學出版社，1980 年，第 407
　　　　頁。老舍對歧視國人的傳教士不滿，表現出愛國教徒的民族尊嚴，但對伊牧
　　　　師其他行為的諷刺，更像虔誠的基督徒在純潔自己的隊伍，而非出於政治因
　　　　素的考量。

際，一位身處澳門的傳教士就叫囂，「大炮在天朝呼嘯，……城市在征服者面前一座接著一座陷落。……這是政治提出的要求，是大炮迫令其實現的。」，「時候已經到來，我們已沉默到今天，現在是可以到中國城市的大街上，提高我們的嗓門大喊大叫的日子了。」〔註 22〕言語之間，難掩傲慢。傳教士倪維思明確的說，「不管這場戰爭正當、不正當，它是按照上帝的意志被用來開闢我們同這個巨大的帝國關係的新紀元的。」〔註 23〕。或許傳教士的目的只在傳播教義，但為此不擇手段，動用武力殺傷無辜，只會玷污基督精神，遭我國人不恥，郭沫若就調侃道：「自從鴉片戰爭以來的我們中國人，自生下地來已經便是基督徒，而且一輩子都是實行著基督教義的。譬如，基督說：「你要愛你的鄰人，甚至愛你的敵人。」、「這些愛的教義，我們中國人一直都不假言說地是實行著的。怎見得呢？有人割去了香港，我們索性便讓他租借九龍。有人奪去了越南，我們索性送他一條滇越公路。有人佔領了朝鮮，我們索性奉送以滿蒙。我們中國人真真是比任何基督徒還要基督徒」〔註 24〕。蕭乾同樣質疑槍炮送來的愛心，「基督教教義的中心是一個『愛』字」，「倘若這樣，十九世紀那些信奉基督教的國家為什麼逼中國賠款割地呢？他們報復起來要兇狠多少倍啊！」〔註 25〕。基督教憑強權取得宗教自由，愛心滿溢的教義背後是鮮血淋漓的國仇家恨。

　　十九世紀中期以後，基督教步帝國主義侵略後塵而來的劣迹，在淩英的創作中顯露冰山一角。基督教事業在中國的發展離不開傳教士的活動，由此，傳教士的言行往往成為影響人們對基督教觀感的重要因素。從整體上看，淩英作品表達了對基督教的反感、調侃，但文中的老牧師辛浦生，卻並未有惡略行徑，只是一位傳統、執著的傳教士。據此，淩英只是借歷史事實，提醒民眾勿忘列強侵略，而非煽動民族情緒盲目反教，這與《文藝月刊》堅持立場但不偏激的姿態暗合。同一時期，對於基督教，《前鋒月刊》呈現出與《文藝月刊》相同的批判立場，不同的是，作為民族主義文藝運動先鋒，《前鋒月

〔註 22〕卡里・埃爾維斯：《中國與十字架》，第 189 頁。轉引自顧長聲：《傳教士與近代中國》，上海人民出版社，1981 年，第 47 頁。

〔註 23〕J.W.Foster：American Diplamacy in the Orient. P.73.轉引自顧衛民：《基督教與近代中國社會》，上海人民出版社，2010 年，第 99 頁。

〔註 24〕郭沫若：《雙簧》，《郭沫若全集》文學編第十卷，人民文學出版社，1985 年，第 95～96 頁。

〔註 25〕蕭乾：《一本褪色的相冊》，《蕭乾短篇小說選》，人民文學出版社，1982 年，第 37 頁。

刊》宣揚民族主義更加直接，指基督教爲帝國主義侵華工具，突顯民族矛盾，作品情節、人物的設置緊扣反帝主題，創作的宣傳性突出。

二、對傳教士參與侵略活動的指責

　　淩英的《毒》在《文藝月刊》推出之際，《前鋒月刊》接連刊登了易康的系列作品《陰謀》、《盜寶器的牧師》〔註26〕。《毒》中，基督教與帝國主義的密切聯繫，借無言的教堂與石碑點出。所謂「毒」，主要體現爲基督教借侵華勢力謀取宗教寬容的「前科」，至於傳教士對信徒的「欺騙」，僅表現爲宣教時對上帝萬能的傳揚，並沒有其它「利益的誘惑」。易康則不然，在作家看來，基督教不止有強行闖入的歷史污點，且「賊心不死」，仍時刻醞釀盜我寶器的陰謀。作家筆下，基督教、傳教士已成爲帝國主義操縱下，對中國實施侵略的工具。分析作品，基督教、傳教士的「罪狀」，大致有以下幾點：

　　其一，以傳教爲名，行侵略之實。易康系列作品第一篇《勝利的死》，雖與基督教無關，但爲後兩篇作品留下線索並定下感情基調。清末，日俄戰爭之時，英國欲借機侵吞西藏，「1903年冬，派軍侵入西藏；次年8月，攻陷拉薩，並強迫西藏地方官員簽訂《拉薩條約》」，「至1906年4月在北京重開談判，並於4月27日簽訂《中英續訂印藏條約》」〔註27〕，企圖劃西藏爲英國勢力範圍。「辛亥革命爆發後，流亡印度的十三世達賴喇嘛在英國支持下，獲得軍火援助，遂派親信達桑占東回藏，組織一支萬餘人的藏軍，從1912年3月開始圍攻駐紮江孜、日喀則、拉薩等地的清軍。」「與此同時，藏軍亦在川藏邊界攻城掠地，先後攻陷里塘、河口、鹽井等地，巴塘、昌都都被包圍。袁世凱乃命令四川都督兼川邊鎮守使尹昌衡率川軍出打箭爐平亂，雲南都督蔡鍔亦派滇軍入川助剿。1912年7、8月間，川滇兩軍打敗藏兵，先後收復河口、里塘、鹽井等地，解昌都、巴塘之圍」〔註28〕。《勝利的死》即以此爲背景，作家寫到，民國初立，「英國和藏軍煽動甘孜縣的蠻族造反」，蠻族「後面有藏軍和英國人和大金寺的和尙，他們根本便是要推翻漢人的統治，根本便是要把甘孜縣一帶的幾千里內的土地落在英國人的統治下。那樣，英國人

〔註26〕　易康：《陰謀》，《前鋒月刊》，第一卷第三期，1930年12月。《盜寶器的牧師》，第一卷第四期，1931年1月。易康此系列的第一篇《勝利的死》，與傳教士沒有直接關係，刊登於《前鋒月刊》創刊號，1930年10月。
〔註27〕　張憲文等著：《中華民國史》第一卷，南京大學出版社，2006年，第23頁。
〔註28〕　張憲文等著：《中華民國史》第一卷，南京大學出版社，2006年，第251頁。

在政治上是代替了漢人，而他們在那兒可以盡量開發金銀銅鐵的礦產，漸漸的把西康全部作成了與西藏一樣的殖民地。」「那時四川省一定也危險了！」。「我」父親爲捍衛領土完整，率軍平叛，爲國捐軀。小說揭露了英國煽動川藏叛亂，覬覦我領土、礦藏的圖謀，在抵抗侵略、趕走英人的呼喊聲中，幾位傳教士陸續登場，「陰謀」就此展開。就在「父親到前線去後的五六天」，英國傳教士斯蒂文孫出現在朔卜爾牧師的教堂內，那時「西康的人民在腦海中正存留這忌恨英國人的印象」，因爲「英國是在想蠻子的金山銀山，英國人是在極力的煽動蠻子來驅逐漢人和屠殺漢人」。作家借斯蒂文孫出現的時機，暗示讀者，此人與英國的侵略活動將有不清不楚的關係，之後，進一步認定他是「爲帝國主義獵食的探險家」。斯蒂文孫之前，已有兩位「陰謀」「盜寶器的牧師」夏琴戈與利弗登被當地人殺死。前不久，人們又察覺了朔卜爾牧師的陰謀，這四位牧師的侵略活動基本一致，即傳教途中，還「全力傾注在地形的考察礦產的探究」，「除了把重要的地方用手照相攝影外」，「還把經過的地方所有的地形和礦產全部的繪成一個圖。又另外把土人所講述的關於地形的險要，礦產的豐富等在另一本冊子上用英文記下。」，「把經過的地方的政治，商業，礦產，人民，種族，險隘，河流，山嶺等加以詳細的記載」，這些資料均被寄回省城教會。爲了坐實罪狀，作家讓朔卜爾不經意間道出深意，「西康的礦產眞正可惜了，假如中國不這樣亂。英國人開採特權的條約早實行了。」前有搜集資料之行動，後見開礦盜寶之計劃，教士謀我，遂成「定案」。《陰謀》並非個例，《矛盾月刊》的《大沽口炮臺》同樣認爲，傳教士在我國設立教堂，最終乃「設法來害我們的，來奪我們的土地」，與八國聯軍直接侵華沒有兩樣。洋教從事侵略活動的指責，在民族主義文藝陣營的激進派中，此呼彼應。

其二，依仗政治特權，引誘民眾信教，包庇不良教民。根據不平等條約，傳教士享受治外法權，不受中國法律約束，朔卜爾牧師的教堂即此象徵，不管是誰，「只要一走到朔卜爾先生的教堂中，他便有了一種特殊的保障」。爲增加信眾，牧師宣教之外，或會雜以其它手段，「只要你信教，你一家每個月可以去領米錢。而且那時外國人的勢力很大，中國人在打過幾次敗仗後，不知道外國人的神通有好大，簡直沒有人敢惹他們。所以，一人入了教，便等於替你請了個保險的鏢客樣。」不良教民依仗牧師勢力，有恃無恐，「甚至犯了殺人，盜匪、姦淫，等類的案件時，只要有牧師擔保，他便沒有生命的危

險。因爲縣官懼怕著外國人」。對此，時人早有論及，教民以「進教爲護符」，「或強佔人妻，或橫侵人產，或租項應交業主延不清償，或錢糧應繳公庭抗不完納，或因公事而藉端推諉，或因小忿而毆斃平民。」，「傳教者又往往不知底細，受其瞞聳，反以先入之言爲之私心袒護，出面扛幫。」〔註 29〕

其三，中外習俗不同，民衆誤會恐慌。面對朔卜爾牧師與耶穌教，西康民衆頗有疑慮，不僅「時常謠傳著洋人吃人的故事」，且一旦「受了洗禮便像受了魔一樣，以後他便任意的挖你的心，取你的錢財，強姦你的妻子你也願意了。在事實上雖沒有證明過，但在做禮拜的人中，總有半人相信這種邪說。」。這項「指控」也不新鮮，1870 年 6 月天津教案之前，「天津一帶社會上就流傳一些謠言，說傳教士買通了中國教徒誘拐嬰孩至天主堂，修女們將他們害死，挖眼剖心，製作各種迷魂藥」〔註 30〕，後經曾國藩調查，此均爲謠言，是「根深蒂固的文化誤解和民族誤解」〔註 31〕，導致謠言紛飛。

易康對基督教的指責，後兩項早有時人述及，作品沿襲前說，且非重心所在。只有第一點，傳教士與英國圖謀川藏的關聯，被反覆渲染，值得探究。朔卜爾等人被指替帝國主義從事侵略中國的活動，原因在於，他們傳教而外，還對當地各種社會情況進行調查、匯總。但作家自始至終也沒有提及牧師們與英國殖民當局的直接聯繫，則朔卜爾等成爲「案犯」，可能由作家根據當時種種迹象推測而來。關於傳教士的調查活動，有學者指出，「傳教士熱衷於介紹和研究中國社會和文化並非因爲他們對此有特殊的興趣，而是傳教事業的需要。」，「派到海外的傳教士定期向國內彙報所在地的情況是其工作職責的一部分。其彙報或是通過書信，採取書面形式，或是傳教士親自回國述職。」，「除儒學外，中國各地的民俗、人口、地理都是傳教士調查的對象，因爲這些都是傳教士開闢教區、設立教堂、發展信徒時必須瞭解的情況。」〔註 32〕。傳教士的調查成果或被政府利用，但憑此斷定朔卜爾與基督教乃侵略工具，「證據」稍顯單薄。

易康作品的第一篇《勝利的死》，完全沒有涉及基督教問題，只是反覆強

〔註 29〕鄭觀應：《論傳教》，夏東元編《鄭觀應集》上冊，上海人民出版社，1982 年，第 121～122 頁。
〔註 30〕顧衛民：《基督教與近代中國社會》，上海人民出版社，2010 年，第 156 頁。
〔註 31〕顧衛民：《基督教與近代中國社會》，上海人民出版社，2010 年，第 158 頁。
〔註 32〕王立新：《美國傳教士與晚清中國現代化》，天津人民出版社，2008 年，第 46～47 頁。

調英國對川藏的侵擾，《陰謀》、《盜寶器的牧師》在此背景下展開，描寫牧師
的行動，也只是在凸顯英國的侵略野心。也許，易康重點不在反教，而是藉
此反對其背後的帝國主義，尤其是英國，要知道，淩英作品中的傳教士也是
「英格蘭種」。英國恃強淩弱，中外衝突，英國屢有蠢動。兩次鴉片戰爭與八
國聯軍侵華，致使中國遭受沉重打擊，基督教趁機謀得宗教寬容政策，此間
侵華活動，英國乃重要角色。1900 年，義和團運動爆發，團民仇殺教民，庚
子事變後，教民趁勢報復，大量無辜民眾慘死，此一事件，帝國主義與基督
教雙雙出現。英人覬覦西藏，始自十九世紀中葉，「1888 年和 1903～1904 年，
英國發動兩次侵藏戰爭，逼迫清政府簽署了一系列不平等條約」〔註33〕，辛
亥革命之時，又支持西藏分裂活動，藏軍失敗後，英國直接出手干預，炮製
所謂《西姆拉條約》。五四運動後，各種新思潮傳入中國，國人漸醒，1922 年
爆發反基督教運動，1925 年，五卅慘案發生，英人乃罪魁之一，反基督教運
動再次高漲，民族主義面前，基督教又一次成為列強入侵的標誌。之後，沙
基慘案，英國再度肇事，不良記錄一再增加。帝國主義侵華，中華民族創傷
難愈，基督教傳播，列強身影時隱時現，面對「新仇舊恨」，作家將基督教與
帝國主義特別是英國「聯合審判」，可謂有迹可循。

　　針對基督教，義和團運動「只是一次對外國列強侵略的鬱憤情緒的爆發，
多少帶有盲目排外的色彩」。1920 年代的非基督教運動，「是中國近代思想史上
一次重要的啟蒙運動。它是新文化運動的繼續，又是新文化運動在新的歷史條
件下的深化。」，「由於基督教在近代與資本主義列強結下的特殊關係，這場運
動又具有濃厚的民族主義色彩。中國非基督教運動的核心人物無一例外都是民
族主義者，但他們的反基督教思想與傳統主義沒有什麼瓜葛，恰恰相反，他們
幾乎都是到歐美及日本的無神論思想家那裏尋找反對基督教的武器」，「正因為
如此，非基督教運動才使自己與中國近代史上諸如天津教案、義和團運動等帶
有盲目排外色彩的反教鬥爭區別開來」〔註34〕。以上運動，無論情緒化的衝動，
還是理性的批判，對基督教本身，實有誤會與不滿，雖最終皆指向反帝，反教
卻仍是目的之一。之後，教會人士反思，而國人對基督教的認識也漸趨全面。
1930 年代初，淩英與易康的作品，對傳教士的指責並沒有多少新意，反教更像
是反帝的手段，宗教本身已不重要。淩英對基督教的批評，更多的是其歷史的

〔註33〕 石源華：《中華民國外交史》，上海人民出版社，1994 年，第 55 頁。
〔註34〕 楊天宏：《中國非基督教運動（1922～1927）》，《歷史研究》，1993 年第 6 期。

「不清白」，在對基督教的調侃中，提醒民眾勿忘民族身份。易康作品高調鼓吹民族主義，矛頭直指英國，對傳教士盜我寶器的指控，用意還在譴責英國處心積慮的侵略活動，與其說這些外來和尚是帝國主義的侵略工具，不如說是他們是作家用來譴責英國侵略的道具。義和團運動、非基督教運動等，多指向寬泛的帝國主義，易康則目標明確的指向英國，姿態高調、激進。但侵華非英國一家所為，高調反英，可能引發列強連鎖反應，《前鋒月刊》一向犀利，宣揚民族主義無所顧忌，相比之下，《文藝月刊》屬於民族主義文藝陣營中的溫和派，發言立意比較周全，凌英作品對基督教，有防範之心，無肆意攻擊，對英國雖有指認，只旁敲側擊，一筆帶過。清末以來，英人屢生事端，中英摩擦不斷，尤其西藏問題，長期懸而未決，雙方心存芥蒂，但 1930 年代，中日矛盾快速升級，中日一旦開戰，列強態度至關重要，在此情境下，我與英人雖有爭端，卻要力避激化，否則，為淵驅魚，形勢於我更加不利。《文藝月刊》接受官方資助，「食君之祿」，不能無視當局之憂，對列強及其宗教可批評，但點到為止，編者選擇刊登凌英作品，或有此考慮。上層人士對英、法等列強，既有不滿卻又有所期待的矛盾心態，或許就在《前鋒月刊》與《文藝月刊》這一高一低的聲音中，有所體現。

三、教會大學的功過

　　為擴大影響，來華基督教重視開辦教育事業。1920 年代，張資平的《梅嶺之春》描述過民眾對教會教育的看法，「基督教本來信不得的，但有時不能不利用。聽說能信奉他們教會的教條的學生們不單可以免學費，還可望教會的津貼。你看多少學生借信奉耶教為名博教會的資助求學。」，「他們心目中只知道白燦燦的銀，教會資助他們的銀，所以不惜昧著自己的良心做偽善者。其實哪一個真知有基督的」〔註35〕。蔣廷黻 1906 年轉入益智中學時，其伯父同樣「囑咐我們努力讀書，但對教士所講的上帝和耶穌要留心」〔註36〕。民眾看重教會教育在博取資助或學習新知，對基督教義並不認可，教會教育處境尷尬。

　　教會教育中，對中國社會影響較大的是教會大學。1930 年 9 月，《文藝月刊》刊發了沈從文《平凡故事》〔註 37〕，故事發生在上海的一所教會大學，

〔註35〕張資平：《梅嶺之春》，《張資平選集》，上海萬象書屋，1935 年，第 116 頁。
〔註36〕蔣廷黻：《蔣廷黻回憶錄》，嶽麓書社，2003 年，第 37 頁。
〔註37〕沈從文：《平凡故事》，《文藝月刊》，第一卷第二期，1930 年 9 月。

學校學生爲此中主角，主題是常見的男女之戀，但日常生活也有微妙之處，就是這個平凡故事，給我們瞭解當時的教會大學提供了線索。

「1924 年，一場新的反基督教運動發動起來了。」，「領袖們集中注意於教會學校，並提出了『收回教育權』的口號。由學生和青年知識分子發起的運動自然地會轉向教育的問題；事實上，在 1922 年，已有許多文章和演說開始譴責教會學校侵犯國家主權與妨礙宗教自由。」〔註 38〕，運動引發多方關注，後經五卅慘案，反響更加強烈。1923 年 8 月下旬至 1927 年底，沈從文寓居北京，期間曾到北大旁聽，並結交了不少燕京大學的朋友〔註 39〕，對引發京滬兩地學生熱情的非基督教運動，不會一無所知，《平凡故事》既以教會大學爲活動背景，則此前社會運動對學校的影響、學校的辦學情況，不經意間展露筆端。

與中國公立大學有所不同，「教會大學領導人不像公立學校的領導人那樣受到強大的政治壓力，他們一般比較容易維持學校紀律」，且「堅決主張學生的首要任務是學習而不是政治，他們對政治問題往往保持中立」〔註 40〕。1921 年，以巴敦教授爲首的中國基督教教育調查團，仍認定教會教育的目標「是建立強大的基督教社區」，「教會學校將在宗教的氣氛中進行教學；將不會受到政治壓力，並能進行教學方法和課程的實驗。」〔註 41〕。儘管沈從文意在諷刺，但教會大學重視宗教與教學的辦學宗旨，在《平凡故事》中，依然得到體現。關於宗教傳播，學生們須到「禮拜堂中唱讚美詩」，這只是一方面，在非基督教運動之前，教會大學關於宗教活動的要求相當嚴格，「所有學生，不論是否基督徒都必須接受基督教教義和禮儀的強烈薰陶。大多數學校要求學生每年起碼修習一門宗教課程；在許多情況下，學生被迫每天參加一、二次崇拜儀式，每周中參加一次祈禱會」〔註 42〕，強制灌輸宗教信仰的做法，

〔註 38〕【美】盧茨著、曾巨生譯：《中國教會大學史（1850～1950）》，浙江教育出版社，1987 年，第 217 頁。

〔註 39〕沈從文此時段交遊情況，可參見吳世勇編：《沈從文年譜（1902～1988）》，天津人民出版社，2006 年，第 17～18 頁。

〔註 40〕【美】盧茨著、曾巨生譯：《中國教會大學史（1850～1950）》，浙江教育出版社，1987 年，第 202 頁。

〔註 41〕【美】盧茨著、曾巨生譯：《中國教會大學史（1850～1950）》，浙江教育出版社，1987 年，第 219 頁。

〔註 42〕【美】盧茨著、曾巨生譯：《中國教會大學史（1850～1950）》，浙江教育出版社，1987 年，第 64 頁。

並非所有學生都能接受，這就導致後來反教運動中，出現要求宗教自由的呼聲。在職業選擇上，女子畢業後，有人「到青年會一類地方做事」，男子有「一派是基督教徒」，「外表樸素而又謙恭，預備把神學課程念完時節去做牧師」，這部分人多「出身教會」，親屬不少是「小牧師」、「醫院執事、「青年會司帳」等，這些「基督徒家長把入教會學校讀書看作是為孩子謀求一個教會職務的投資」，而「教會大學的通才教育也常常成為教會工作人員的職業準備」〔註43〕。有學者根據統計數據指出，自 1900 年至 1929 年，教會大學畢業生從事宗教性職業的人數，不斷衰減〔註44〕，但考慮到經歷了義和團、非基督教運動的衝擊，仍有知識青年選擇牧師等職業，基督教的影響不可謂小。教學方面，「近年來學校辦理的認眞，使外國出錢的商人，慷慨的把錢送來，使中國有身份的紳士更信託的交給了許多兒女」，女生們的功課，「都因為學校規則嚴格，做到完全及格」，男生們「服飾整潔，語言流暢，會作一切的娛樂，英語演說會記名」。與中國學校不同，「教會大學是移植到中國來的西式學校，西式的管理、西方的資助和西方的課程以及學校的氣氛，使教會大學成為西方文明的傳遞者」〔註45〕，男生們「服飾整潔」有學校氛圍的薰陶，「會作一切的娛樂」也不代表不務正業，教會大會「管理比較嚴格」「體育比較發達」〔註46〕，傳教士「非常重視課外活動」，「在外國教師的參加和監督下，學生要進行射箭、體操與軍事訓練」。此外，「教師積極創辦俱樂部、辯論會、合唱隊、青年會」〔註47〕等等，這些可能都是沈從文所說的「娛樂」。至於「語言流暢」、參加「英語演說會」等語言訓練，更是教會大學優勢所在。教會大學提倡英語授課，「許多教會學校從小學就開始教英語，並隨著學生的年級升高越來越強調英語」，長期訓練，使「教會大學的學生佔有英語的便宜，往往在獎學金考試中名列前茅，並且容易找到理想的工作」〔註48〕。1930 年 2 月，

〔註43〕 【美】盧茨著、曾巨生譯：《中國教會大學史（1850～1950）》，浙江教育出版社，1987 年，第 67 頁。

〔註44〕 顧衛民：《基督教與近代中國社會》，上海人民出版社，2010 年，第 297 頁。

〔註45〕 【美】盧茨著、曾巨生譯：《中國教會大學史（1850～1950）》，浙江教育出版社，1987 年，第 466 頁。

〔註46〕 胡適：《從私立學校談到燕京大學》，《獨立評論》，第一百零八期，1934 年 7 月。

〔註47〕 【美】盧茨著、曾巨生譯：《中國教會大學史（1850～1950）》，浙江教育出版社，1987 年，第 65 頁。

〔註48〕 【美】盧茨著、曾巨生譯：《中國教會大學史（1850～1950）》，浙江教育出版社，1987 年，第 163～164 頁。

沈從文在給友人的信中說道，「我說了六年要學一點英文，六年來許多人都養了小孩子，我的英文還是沒有開始。」，如果「能在一種方便中離開中國，到了法國或美國，兩三年會把一種文字學好，也是意料中事。我是一面知道我無資格到美國，但也並不把這夢放下的」〔註49〕。當看到那些語言流暢，又嘲笑其他人「說英語發音不正」的學生時，懷揣美國夢的沈從文，不知做何感想。或許，沈從文的教育背景與社會經歷，使他很難接受這些科班出身，頗有西洋紳士派頭的大學生，對充滿洋氣的教會大學也不以爲然，但話裏話外，教會大學在傳播宗教及知識上的努力，明滅可睹。

伴隨五四運動、非基督教運動、北伐戰爭的發生，教會學生逐漸被民族主義調動起熱情，參加反帝活動包括反對教會大學當局，教會學校已非不受窗外事干擾的桃花園。故事主角勻波與同學在課餘，「把政治社會各問題提出來，肆無所忌的批評一陣，各以自己所看過的幾本書作爲根據，每人有一個不同的主張，爲了擁護自己的主張，到某問題上，理性的語言已顯得毫無用處時，就互相帶一點感情，用許多術語罵對方一頓，如像『落伍』，『醉生夢死』，『帝國主義走狗』……，差不多都是從上海方面印行的刊物上默記下來的」。勻波等人的討論話題顯示，教會學生也關注社會政治問題，並批評時政，主張各有不同，這些在校學生或許幼稚，但不乏熱情，在民族主義的鼓吹聲中，教會大學的政治中立原則已無法規範所有學生。勻波等人所用的「術語」，帶有明顯的時代與政治色彩。在非基督教運動中，「1924 年末至 1925 年初發表的許多宣言和文章說明學生中的積極分子非常熟悉列寧關於帝國主義及其與民族主義的關係的論述，非常熟悉馬克思主義關於基督教與資產階級、資本主義的關係的論述。」〔註50〕同時，左翼文化也在上海集散，思想來源或有不同，但學生對「術語」的「運用」至少說明，各種社會思潮開始滲入教會大學曾經緊閉的校門，影響學生。教會學校要求學生參加宗教儀式的規定，在非基督教運動中受到批評，在傳教士看來，教會教育興起，灌輸信仰乃是初衷，更令教會困惑的是，受惠於教會大學的學生，也參與到反對活動中，勻波等人「出學校時還得用 XX 學校出身的資格炫耀世人」，卻「在學校反基

〔註49〕吳世勇編：《沈從文年譜（1902～1988）》，天津人民出版社，2006 年，第 83 頁。

〔註50〕【美】盧茨著、曾巨生譯：《中國教會大學史（1850～1950）》，浙江教育出版社，1987 年，第 227 頁。

督教」,「他們在教會學校念書,卻不大談上帝」。五卅慘案後,學生再次掀起示威、罷課的學潮,教會學校處境尷尬。面對洶湧的反帝浪潮,「到 1929 年,大部分教會大學已經取消關於宗教崇拜和宗教課程的硬性規定」〔註 51〕,到1930 年代胡適談到此問題時,教會大學「傳教的目標,也因受法令的干涉而減輕了;在一些開明的教會大學裏,這個目標已漸漸不存在了」〔註 52〕。1920年代,學生隨激蕩的社會風潮而動,宗教自由的要求背後,依然是民族主義的聲音,這股風潮勢不可擋的衝擊著教會學校,迫使教會教育面對中國國情,做出調整,在 1930 年代開始與中國政府合作,而「在 1920 年,教會大學在許多方面來看都是在中國國家教育系統以外的外國學校」〔註 53〕。關於教會大學與基督教教育事業,通過《平凡故事》,我們獲得的只是一鱗半爪,以沈從文的性格,對國共兩黨共同引導,裏挾政治目的的反教運動,不會太感興趣,諷刺那些表面光鮮亮麗,而在他看來虛有其表的大學生,才是寫作意旨,教會大學種種,只是偶一涉及。沈從文當年執教中國公學,以小學學歷指導大學課程,面對學子,尷尬之外或許也有得意,恐怕這才是「鄉下人」的創作緣起吧。

狡黠的鄉下人不喜歡政治,《文藝月刊》倒有可能會機鋒暗藏。《平凡故事》中,教會大學的背景、學生們反對基督教的言行,不難使人想起轟動一時的非基督教運動,勻波等人的政治術語,似乎也顯示,激進思想在學生中已擁有生存空間。當年,國共曾一度攜手,組織學生反教運動,社會主義思潮得到傳播,時移世易,「當國民黨成為執政黨以後,它對越軌行為和學生的政治活動就變得不那麼熱衷了。而且,共產黨和其它左翼團體對學生組織所施加的影響使國民黨深感不安」,既然國家走上了軌道,「學生應該結束群眾運動、示威和罷課,集中精力於學業。」〔註 54〕這或許不只是當局的考慮,《文藝月刊》的編纂群體中,不乏學者、教授,他們想必也不願看到學生政治熱情過高,教室空無一人。《平凡故事》對學生意含諷刺,一味空談政治、男歡

〔註 51〕 【美】盧茨著、曾巨生譯:《中國教會大學史(1850~1950)》,浙江教育出版社,1987 年,第 243 頁。
〔註 52〕 胡適:《從私立學校談到燕京大學》,《獨立評論》,第一百零八期,1934 年 7月。
〔註 53〕 【美】盧茨著、曾巨生譯:《中國教會大學史(1850~1950)》,浙江教育出版社,1987 年,第 194 頁。
〔註 54〕 【美】盧茨著、曾巨生譯:《中國教會大學史(1850~1950)》,浙江教育出版社,1987 年,第 245 頁。

女愛終非正途。再者，1930 年代，國家初定，教會大學已做出調整，學潮應適時平復。《文藝月刊》編者選擇《平凡故事》，由諷而勸，規誡學生回歸正常秩序，專注學業，這既是理性考量，也合乎當局意願。以上種種，有蹤影無實據，卻未嘗不是一種可能。

第三節　從中國基督徒家庭看基督教

　　《文藝月刊》的《毒》、《平凡故事》與《前鋒月刊》易康的系列作品，從不同的方面涉及到基督教問題，對基督教呈現負面認識。現無證據顯示，三位作家與基督教有直接聯繫，從作品內容看，他們對基督教的理解，受當時社會環境影響的可能性極大。當年庚子事變的慘痛記憶，非基督教運動時《申報》、《民國日報》接二連三的報導，都有可能刺激到作家，作品中有關傳教士、信徒的形象，刻畫簡單，呈臉譜化特徵，缺乏個性，幾位作家語涉基督教問題，但醉翁之意，在民族矛盾。通過這些作品，我們大致可以瞭解基督教來華後，國人與之對抗的原因，但對作為真實個體的基督徒及其生活，以上作品很少涉及。對於易康的指責，《前鋒月刊》上並未出現不同的聲音，《文藝月刊》則不然，在經過了《毒》、《平凡故事》的諷刺、調侃之後，《文藝月刊》於 1931 年登載了陳夢家回憶錄性質的作品《青的一段》〔註55〕。陳夢家出身基督徒家庭，嬰孩時期受洗，通過他對童年的回憶，講述了基督教對家庭的影響，展示了中國一個普通的基督徒家庭的日常生活，由此，中國基督教事業與基督徒的形象，得到細緻地呈現，這未嘗不是對之前譴責聲音的低調回應。

　　陳夢家的回憶，從辛亥革命到 1921 年共十年，講述了這期間他的見聞，基督教事業給中國多方面的影響，從家庭生活的點滴中得到反映。

一、基督徒家庭的教育狀況

　　在「我」家庭中，祖父母皆是教徒，「我祖父不識字，是晚年引為極大遺憾的，他時時盼望我父親讀書成大事」，父親牢記祖父叮囑，「十歲就單身過錢塘江進之江學院，那時候之江學院首先教授科學，」「故我父親除讀誦聖經以外，學習了天文地理格致數學，一類的學問」。之江大學屬教會大學，其

〔註55〕陳夢家：《青的一段》，《文藝月刊》，第二卷第十一、十二期合刊，1931 年 12月。

前身爲教會在十九世紀中期創辦的寧波崇信義塾，經歷杭州育英義塾、杭州育英書院兩個階段後，1897 年改爲之江大學又稱之江文理學院，1914 年，學院被正式命名之江大學〔註56〕，父親不但雙親是教徒，自己也從小「入了教」，之江大學又「偏愛教徒學生」〔註 57〕，兩者相得益彰。之江大學「畢業生中有許多人從事教會工作，學校領導人爲此感到特別驕傲」〔註 58〕，父親也是其中一員，畢業後，他「做過幾年傳教的職務，被封爲宣教師」，以後終身爲宗教事業服務。照作家回憶推算，父親大概自 1880 年代初入學，負笈十年，似在之江學院經歷中級、高級兩個教育階段。蔣廷黻曾回憶，1901 至 1905 年，他六歲至九歲的啓蒙階段，仍在私塾度過，所學不過中國傳統經典，直至 1906 年十歲時，入長沙明德小學，才接觸到「國文、數學、修身、圖畫和自然」〔註 59〕等現代小學課程，但其家長認爲「明德的英、術兩科不夠」〔註 60〕，於同年秋天，轉入英語、數學較好的湘潭長老會學校，即益智中學。1891 年登州文會館（教會學校）的「課程一覽表表明數學被包括在西方科學一類」，「當時中國的教會大學所開的數學課程在今天看來也是非常了不起的。」〔註 61〕。之江學院能夠在 1880 年代至 1890 年代傳授「天文地理格致數學」一類的學問，確有領先意義。1905 年中國廢除科舉，教會學校給新式教育提供了示範，人們認識到往後「學校不能只教傳統的古典文學，而應是西學和中學的結合，如同 1850 年以來，教會學校做的那樣。因此教會大學更加積極地參加現代化的革命進程。它們既是破壞者，又是建設者。」〔註 62〕。不過，大部分教會大學能夠開出自然科學、社會科學等課程已是 1915 年以後的事情了〔註63〕。

〔註56〕 之江大學演變詳見【美】盧茨著、曾巨生譯：《中國教會大學史（1850～1950）》，浙江教育出版社，1987 年，第 507 頁。

〔註57〕 【美】盧茨著、曾巨生譯：《中國教會大學史（1850～1950）》，浙江教育出版社，1987 年，第 155 頁。

〔註58〕 【美】盧茨著、曾巨生譯：《中國教會大學史（1850～1950）》，浙江教育出版社，1987 年，第 99 頁。

〔註59〕 蔣廷黻：《蔣廷黻回憶錄》，嶽麓書社，2003 年，第 31 頁。

〔註60〕 蔣廷黻：《蔣廷黻回憶錄》，嶽麓書社，2003 年，第 36 頁。

〔註61〕 【美】盧茨著、曾巨生譯：《中國教會大學史（1850～1950）》，浙江教育出版社，1987 年，第 61 頁。

〔註62〕 【美】盧茨著、曾巨生譯：《中國教會大學史（1850～1950）》，浙江教育出版社，1987 年，第 466 頁。

〔註63〕 詳見【美】盧茨著、曾巨生譯：《中國教會大學史（1850～1950）》，浙江教育出版社，1987 年，第 165 頁。

父親十歲接觸西式教育，「我」出生在 1911 年，新環境使作家有機會比父親更早地接受系統教育，「我在四歲時和二哥一同進了鄰近某女校的幼稚園，這也是教會辦的。」，「過一年我和二哥轉學到四根杆子禮拜堂附設的小學」，學校裏科學教育與宗教灌輸並舉，「先生教訴（原文如此）我們地球是圓的，又說世界的創造乃由於萬有主宰的上帝，這是定論，不許證明的。」，在此學習三年後，「我」七歲時，「我們轉到乾河沿金陵小學」，南京的金陵大學、金陵女子大學均由教會主辦，不知此金陵小學，是否同出一源。不久，全家遷往上海，我又「和二哥一同進了聖保羅小學」，「校長是聖公會的主教」，我們在此學習兩年，1919 年春，「我和二哥一同跟了三姊到南京」，「入了一處極大極大容易迷路的學堂，小學附設在師範大學內」，直到 1922 年夏，結束小學生活。或許基督徒家庭，更傾向於教會教育，無論在南京、上海，「我」的小學生活大部分在教會學校度過。到 1918 年，中國的教會學校「共約一萬三千所」，其中，「中學約百分之十五，小學約占百分之八十五」，「學生總數約三十五萬名」，「當時中國官立學校共有五萬七千二百六七十所，學生總數約一百六十三萬名」，「與教會學校的比例是五比一，學生是六比一，可見教會學校在整個中國教育事業中是一支龐大的勢力。」〔註 64〕。如此龐大的規模，也反映出教會人士對中國教育事業的重視與貢獻，儘管他們的教育也充當一種宣教手段。

　　家中的女性同樣接受教育，父親基於「耶穌的自由平等精神」，不輕視女孩，「我」的姊妹「一樣能受好教育」，大姐「在蘇州讀書直到大學程度」，二姐、三姐成年後，還曾從事教育工作。「我」外祖父是「浙東一帶德高望重的牧者」，不知是否由於他的影響，「我」母親也「粗通文字，懂羅馬拼音」。與中國傳統觀念不同，來華傳教士積極鼓吹女權，「遠在五四時期《新青年》雜誌討論婦女問題之前大約十五年，代表基督教言論的萬國公報就已經刊載了一列有關女權的論文。」〔註 65〕，傳教士不僅鼓勵女子就學，還積極創辦女子學校，英國宣教士阿德西女士在「1842 年五口開放通商以後，她就在寧波創辦了一所女子學校。此後，幾乎每一個來華的宣教團體，至少都設有一所女子學校。」，「此類學校的課程一般包括聖經、家事、音樂與中文，有些還

〔註 64〕顧衛民：《基督教與近代中國社會》，上海人民出版社，2010 年，第 292 頁。
〔註 65〕魏外揚：《宣教事業與近代中國》，宇宙光出版社，1985 年，第 23 頁。

包括數學、史地、生物、理化與英文等。」〔註 66〕，「到 1905 年，新教教會
的小學共有七千一百六十八名女生，中學共有兩千七百六十一名女生，教會
還在成年婦女中開展識字運動，教授漢字的拉丁化注音，並提供家政學的基
本教育」〔註 67〕。提倡女學是女權之一項，除此而外，「我」的「姊妹們不得
嘗纏足的苦」，父親還曾參加「滿清時的天足運動」。纏足乃陋習，「早在 1867
年，設於杭州的一所教會學校就規定由校方供應膳宿的女生不得纏足。到了
1872 年，設於北京的另一所教會學校規定所有入學的女生都不得纏足。此後
隨著教會女校的發達，類似的規定也普遍起來。」，「1895 年，十位西國婦女
在上海發起天足會」，「早在一年多前，上海的宣教士們推選出一個委員會，
專門針對纏足問題，進行調查，籌措對策，而天足會就是在他們的贊助下發
起的」〔註 68〕。「我」兄弟姊妹與父親兩代人均受惠與教會教育，作為基督徒
的父親卻「極端反對外國人買地開學堂」，與信仰不同，「上帝人人可愛，他
的教旨不限於外國人傳揚」，但「倘籍宣揚宗教而輸入我國種種不利的勢力，
我父親不缺少愛國的忠心來抵抗。這個觀念使他信仰外人所傳之教，而不信
仰或服從外國國家」。淩英的《毒》中，傳教士收斂「死在路旁的傳教士的屍
首」，「把有限的金錢來救濟瞎子和其他殘廢者」，這些慈善行為被作家譏諷為
作秀，同樣，沈從文對成績顯著的教會大學也難有好感，基督教憑武力闖入
中國，即成侵略事實，這一點，刺激之深，終難使國人釋懷，對於愛國教徒
亦然。

　　父親「愛上帝，愛耶穌，是為上帝乃是世界之神，沒有國界，宗教的國
際觀念固為我父惟一的主張」，但父親始終「不忘自己是中國人民，未嘗傚仿
許多傾外的教士辱國忘本，他是仍從事於國家的事」，父親甚至一度厭惡英
文，視其為文化侵略。1919 年五四運動爆發，「我看見成萬的大學生中學生小
學生在操場上排好隊，拿了大小旗子往街上跑，喊，也有哭的，確是一種悲
傷掀動萬衆人的熱血，那是熱天！全城發狂，年青的學生的血管彷彿都要爆
裂，光明是血，洗雪日本人對我的恥辱。各色各樣的日本用品敲爛了掛在各
家門口，這群破爛的陳列中，顯示中華人不死的精靈。」，「父親同時越出他
的地位，也代表宗教團體參加，為激烈的一個。省衙門前得演說，領導基督

〔註 66〕 魏外揚：《宣教事業與近代中國》，宇宙光出版社，1985 年，第 25 頁。
〔註 67〕 顧衛民：《基督教與近代中國社會》，上海人民出版社，2010 年，第 246 頁。
〔註 68〕 魏外揚：《宣教事業與近代中國》，宇宙光出版社，1985 年，第 20～21 頁。

徒從事愛國運動」。「1919 年，著名的中國教會領袖之一誠靜怡曾以《中國基督教會和全國運動》爲題撰文，稱頌五四運動是『中國歷史上第一次中國的愛國的知識青年以這樣突出而又有序的方式，表明他們對國家的熱愛』。」〔註69〕，五四運動中，父親曾經就讀的之江大學，也有「學生參加了 1919 年 5～6 月的罷課和同年秋天的遊行示威」〔註70〕。事實上，在日後的收回教育權、五卅慘案反帝運動之時，同樣有宗教界人士的參與。基督教因與帝國主義的關聯，難免被視爲強權政治的一部分，特別是在 1920 年代至 1930 年代，面對國人日益高漲的民族主熱情義，宗教人士尤其是中國基督徒常處於尷尬境地，父親的舉動與誠靜怡的言論，誠然出於基督徒的愛國之心，與「許多傾外的教士辱國忘本」，形成對此，陳夢家在創作中，著重指出此點，頌揚父親之外，或許也反映出強大的民族主義話語不止給基督徒帶來壓力，對作家也產生影響，使其對民族主義的立場有所強調，暗示了中國基督徒的態度。

二、基督徒的職業活動

《陰謀》中，朔卜爾牧師傳道外之外，還經常在西康地區爲民衆免費贈醫施藥，來華教會重視醫療衛生事業，不過，在易康看來，這全是爲上帝收買人心，基督徒的作爲似乎都別有用心。

陳夢家回憶中，包括不少對父親職業活動的講述，將基督徒的日常活動公之於衆，或許能夠減少人們對基督教的誤解，給基督教事業一個客觀的評價。父親在之江學院畢業後，成爲宣教師，終身活動均與宗教事物有關。在寧波，「我父親當教習與女校校長都以嚴明聞」，移家南京後，從事宗教著述，並創辦神道書院，「專門培養宣傳宗教的牧師」。在此期間，父親在「本地則領導全城教務，開辦青年會。每禮拜他往往到各處講道，他的道理與演述的精神爲一時代有名的牧者，又努力於個人間的傳道及書信談道，一時因他引導入教的很多」。《毒》中的教徒阿金，逢人便宣揚耶穌，作家指其「說話和態度」都「使人討厭」，《陰謀》等作品裏，幾個傳教士也曾到西康各地布道，但在易康筆下，他們從事的是彙集各種資料的間諜工作。所傳之道相同，評價大相徑庭，個中冷暖，牧者自知。

〔註69〕顧衛民：《基督教與近代中國社會》，上海人民出版社，2010 年，第 324 頁。

〔註70〕【美】盧茨著、曾巨生譯：《中國教會大學史（1850～1950）》，浙江教育出版社，1987 年，第 202 頁。

民國成立不久，張勳發難，引發民衆恐慌，「許多難民寄身到神道院來，想借教會勢力保安全。我父受了浙江的委託，辦理收容賑款，在戰爭中奔走覓取數百人的口糧。這裏看出他膽魄極大，因爲缺米居然敢向軍營商借。他極精明保全數百難民的生命，在他指揮下兩個持槍的僕役曾一次擊斃逾墻而入的散兵，維持極好的安寧。」雖非水、旱、饑荒，但救助戰亂中的難民同屬賑濟事業。傳教士關注賑濟事業早有傳統，十九世紀七十年代後期，山東、山西相繼因乾旱引發飢饉，「李提摩太和許多在華傳教士積極投入了賑濟募捐活動」〔註 71〕。教會從事的救濟活動，有宣揚教義，招徠信衆的目的，父親也有此期待，但「這類行善的事極令人傷心，是不易受人感激。在患難中可以說出多少誠懇的話說要報恩，又在情面上答應入教，但事後永無一個人記得人家曾施予的恩典，除非第二次的患難再來時又會來說出第二次的好謊」。易康痛責基督教，罪狀之一乃擁有特權，中國官府不敢招惹，國人側目。陳氏筆下，難民臨變，「寄身到神道院來，想借教會勢力保安全」，國人鄙薄教會，災難來臨又賴之以生，「答應入教」的，事後避之不及，竟「無一人記得人家施予的恩典」。陳夢家述及此事頗有憤激之情，在他看來，民衆對基督教的親疏多以利益爲轉移，缺乏誠意。本來，教會事業對社會確有貢獻，何以仍有民衆「不領情」，淩英、易康指責雖偏激，但非無中生有，基督教本身是否也需反省，陳夢家並未涉及。

由於家庭環境薰陶，作家雖未有意偏袒耶教，但個人喜好始終難免。基於家庭淵源，「我」從小接觸基督教，從未有牴觸情緒，「每個禮拜天，我們聽見四根杆子大鐘搖響，即時歡欣起來，換了乾淨衣服去了。在那兒有主日課專對孩童講述聖經上的故事，這些含有寓意的故事，促成我對於文學的愛好。而且那兩小時靜默無語的禮拜，那莊嚴的儀式，讓我們一刻間靈魂的清滌，恍如入於神聖境界。故此禮拜堂神聖的靜穆，我父的教訓與他的榜樣，以及四周接近來往的人的私善守正，造成我傾向善良的心」。對於聖經與主日課，日後成爲基督徒的蔣廷黻，也有一段童年回憶，「林格爾先生也教我們聖經。這門課給我帶來最大災難」，「對聖經課，我從不發問，也從不請老師講解。我認爲：不論我喜歡不喜歡我必須努力用功使考試及格。」，「星期天上主日課和進教堂比上聖經課還令我討厭。在教堂坐在硬板凳上身體精神均感痛苦。我能在益智的五年漫長歲月中在教堂裡保持安靜，實在是家庭教育和

〔註 71〕顧衛民：《基督教與近代中國社會》，上海人民出版社，2010 年，第 241 頁。

鄉村教育訓練我尊敬老師和長輩的結果」〔註 72〕。兩段回憶的對比，見出陳夢家對基督教特有的感情，陳夢家之父曾是教會中「最有權勢的華人」，陳夢家自幼與外國人士也頗有接觸，國人記憶深處對外來勢力的惶惑，是他所不能體會的。另外，他接觸的基督徒多爲知識分子，易康、凌英所不滿的多屬下層無知教衆，著眼點並不一樣。陳夢家的作品，並非爲基督教張目，但無心的溢美與情緒化的指責同樣需要省察。

易康、凌英對基督教的貶斥不是無風起浪，基督教在華發展確有不堪，加之宣揚民族主義的寫作意圖，只攻一點，基督事業的其他方面被有意遮蔽。進入 20 世紀之後，來華基督教基於自身的發展，結合中國的社會狀況，在文化教育、醫療衛生等方面加大投入，對中國社會進步確有幫助。正如陳夢家所憶，父親專注宗教事業，關心社會公益，爲之奔走呼號，帶動母親「擔任了孤兒院的事」，子弟因宗教薰陶與父親榜樣，道德品質優秀，對社會實有裨益，這也是基督教事業的一個縮影。到 1930 年代，隨著教會宣傳、教育等各項事業的推進，社會各界對基督教的認識漸趨全面，本來，並非所有教徒均橫行不法，教會各項事業的努力也有目共睹。民族屈辱不能忘記，但對基督教也應進行客觀評價，這不僅有助於鼓舞教會人士繼續致力於社會發展，對宗教背後的西方勢力，也不失爲一種表態。繼凌英的《毒》之後，《文藝月刊》選擇這篇對基督教事業飽含感情的作品，本身就是一種態度。

小結　1940 年代基督教問題的回響

1920 年代後，中國教會自立運動日漸發展，參與其中的中國自立教會，「具有強烈的民族自主意識」〔註 73〕，並積極參與社會事業。「1931 年九一八事變以後，基督教新教教會聯合抗議，並且把 9 月 27 日定位『國難祈禱日』。此外，教會還通過艾迪等西方傳教士和布道家的聯絡，致電各國政府和新聞機構，揭露事實，要求國際社會主持公道。」〔註 74〕在此歷史語境下，《文藝月刊》不忘民族屈辱，但不否認基督教事業的貢獻。1940 年代，在抗戰背景下，基督教問題仍有回響。繼《文藝月刊》，李健吾的《使命》〔註 75〕，描寫抗戰

〔註 72〕蔣廷黻：《蔣廷黻回憶錄》，嶽麓書社，2003 年，第 39 頁。
〔註 73〕顧衛民：《基督教與近代中國社會》，上海人民出版社，2010 年，第 347 頁。
〔註 74〕顧衛民：《基督教與近代中國社會》，上海人民出版社，2010 年，第 386 頁。
〔註 75〕李健吾：《使命》，文化生活出版社，1940 年。

爆發後，「我」在一個信仰基督教的寨子中的見聞。「全仗神甫老爺的力量」，村民「有十年了」「不納稅，不上捐」，「官廳也不敢招惹」，「好幾次土匪來搶，都叫他領人打退回去」，「全村領受上帝的感化，沒有一個壞人站腳」。由此，神甫「在寨子紮下根，而且根紮的那樣深，人民的身體和靈魂一齊收入他的掌握」。國民政府定鼎十年，在其政令難以產生影響的偏遠荒村，有此獨立王國，教會勢力可謂深廣，村民依賴教會庇護，對基督與其說信仰，不如說懾服。戰爭即將來臨，神甫對村民宣揚「你們要信奉上帝，只有你們的主能救贖你們」，苟安之下，村民麻木，「我」看見「一個一個教民走出教堂，下了石階轉回身，曲下膝蓋，劃著十字辭別。他們充滿了信仰。他們讚美那宣道的教士，說句句話都打在他們心上。」侵略面前，人人應奮起抵抗，救贖只能依靠自己。「我」悲憤於村民的馴服，但責任不全在他們。之前，在沒有信教的地方，我們「逢村講演了十天」，同樣，「我們的呼號，和扔出去的石子一樣，落在人海不見一絲痕跡」。其實，擁有宗教信仰也並不阻礙抗敵報國，「抗戰軍興以後，基督教新教教徒和天主教教徒紛紛組織救護團體，上前線搶救和護理傷員，並捐款、捐物支持前線。」〔註 76〕不過，在危難之際只依賴神佛庇祐而萬事大吉則不可取。啟發民眾抗敵自救，任重道遠，作品結尾，「我們噙住眼淚，謝別那微笑著的教士，過去捐起我們各自的行李。我們出了堡門，一直往西走去。鐘聲在我們後面響著。太陽跨過樹梢，也露起頭了」。現實不像想像中那樣簡單，伴隨反思，希望開始露頭。

　　民族主義的刺激，使國人在基督教問題上糾結了太多的情感，很多情況下，反教只是反帝口實。1930 年代，民族主義文藝陣營推出了《毒》、《陰謀》等作品，在宣揚民族主義的宗旨下，淩英、易康以 1900 年代基督教與西方侵略勢力之間的關聯為線索，從歷史、政治的角度批評基督教，揭示中外矛盾，激發民族凝聚力，這也基本涵蓋了《雙簧》〔註 77〕、《皈依》等作品的觀點。《梅嶺之春》與《平凡故事》對教會教育頗有微詞，但譏諷之下，仍透出教會教育之優勢。《文藝月刊》提倡民族主義但不偏激，對基督教的歷史與當下，多方考量，評價力避偏頗，安排頌揚基督教的譯作與《青的一段》亮相，聲

〔註 76〕顧衛民：《基督教與近代中國社會》，上海人民出版社，2010 年，第 387 頁。
〔註 77〕張資平、郭沫若、蕭乾、老舍等人創作與基督教之關係，楊劍龍博士學位論文《中國現代作家與基督教文化》（華東師範大學，1998 年），有專章論述。本文主要探究 1930 年代，作家對基督教相關問題的看法，而非基督教文化對創作的影響。

音多元，考慮主編王平陵與政府要員葉楚傖、張道藩等人的過從，此舉背後或隱含對時局的見解。李劼人、李健吾敘述從容，對外來宗教與本國民眾皆有審視，雖則沉重，但有益反思。基督教來華，有過不光彩的歷史，在我民族主義的發動或高漲階段，它容易成為攻擊對象。來華後，基督教隨我國情況，也在調整、反思，對其貢獻，我們不能「因教廢言」。1930 年代，中國文學針對基督教問題的討論，反映了時局、人心，使我們聆聽到歷史的聲響。

第三章 《文藝月刊》與「九一八」紀念

第一節 1931 年《文藝月刊》對九一八事變的默哀

　　1931 年 9 月 19 日，九一八事變的消息隨張學良的通電發出，「頃據瀋陽臧主席、榮參謀長皓卯電稱：萬急，副司令鈞鑒，詳密。日兵自昨晚十時，開始向我北大營駐軍實行攻擊，我軍抱不抵抗主義，毫無反響，日兵竟致侵入營房，舉火焚燒，並將我兵驅逐出營。同時用野炮轟擊北大營及兵工廠，該廠至即時止，尚無損失，北大營迫擊炮庫被毀，迫擊炮廠亦被佔領，死傷官兵待查。城內外各警察分所，均被日兵射擊，警士被驅退出，無線電發報臺亦被侵入。向日領迭次交涉，乃以軍隊之行動，外交官不能制止等語相告，顯係支吾，並云由我軍破壞南滿路之橋梁而起，實屬捏詞。截至本日午前五時，尚未停止槍炮。以上等情，均經通知各國領事，伊等尚無表示，職等現均主張不予抵抗，以免地方糜爛。餘續電，並已轉電南京政府謹陳。臧式毅、榮臻叩皓卯印等語。最後復得沈電臺報告，日軍已於今晨六時三十分入省城，占據各衙署各通訊機關，驅逐我警察，遮斷我北寧路。此後消息完全阻斷，情況不明。日方宣傳，因我軍襲擊南滿路，故日軍施行追擊。但事實上我方絕無此事，即日軍犯我北大營時，亦毫無與之抵抗。除電呈國民政府外，敬電奉聞。張學良叩皓（十九日）印」〔註1〕。9 月 20 日，上海《民國日報》以

〔註 1〕 《張學良爲日軍進犯瀋陽北大營通電》，秦孝儀主編：《中華民國重要史料初編——對日抗戰時期》，緒編（一），中國國民黨中央委員會黨史委員會，1981年，第 257～258 頁。

《日軍昨晨強佔瀋陽》爲標題，全文轉發此電，並闢兩版對此事進行密集報導，關注東省事態發展，聲討日寇侵略。9月30日，九一八事變十二天後，《文藝月刊》第二卷第九期出版，在扉頁上，刊物登出訃告式的《致哀》：

　　致哀：爲國難犧牲的同胞致哀

　　公理與和平在弱小民族的每個人的翹盼裏。強暴者説：這裏太多了，我們也不稀罕，去！大批地交給你。來了——是漫無邊際的烏煙瘴氣，是閃著光的刀刃，是疾飛著的彈粒……結果，公理浸在殷紅的血泊裏，和平踏著白皚皚的骨堆。

　　骨是我們弱小民族的山，血是我們弱小民族的河；骨血是我們弱小民族的禮贊之歌。去！還給你，這和平，這公理。我們這裏還有正在沸騰著的鮮血，還有不死的億萬人的精靈：將血液把所有的獰惡的強暴者易色，把精靈築成我們弱小民族的一條萬里長城。

自此，四個月零六天後，東三省全部淪陷。九一八事變發生後，最高當局授意東省地方「抱不抵抗主義」，「國民政府把解決中、日衝突的希望寄託在依賴國聯『主持公道』上。」〔註2〕。1931 年 9 月 22 日，蔣介石在南京市黨部黨員大會上要求，「我國民此刻必須上下一致，先以公理對強權，以和平對野蠻，忍痛含憤，暫取逆來順受態度，以待國際公理之判斷。」〔註3〕9 月 23 日，國民政府重申，「政府現時既以此次案件訴之於國聯行政會」，「故已嚴格命令全國軍隊，對日軍避免衝突，對於國民亦一致告誡，務必維持嚴肅鎮靜之態度」，「以文明對野蠻，以合理態度顯露無理暴行之罪惡，以期公理之必伸」〔註4〕。於是，不准抵抗的弱小民族束手翹盼，期待國聯伸張正義、日寇奉還和平。日本視侵華爲既定國策，「不稀罕」公理，任國聯自説自話，「烏煙瘴氣」的爭吵聲中，日寇的刀刃與槍炮依舊屠戮東省，有加無已。「自 9 月 19 日至 25 日，短短幾天時間，遼寧、吉林兩省的千里河山、主要城鎮和交通

〔註2〕 張憲文等著：《中華民國史》（第二卷），南京大學出版社，2006 年，第 395 頁。

〔註3〕 《蔣主席講詞：一致奮起共救危亡》，秦孝儀主編：《中華民國重要史料初編——對日抗戰時期》，緒編（一），中國國民黨中央委員會黨史委員會，1981 年，第 283 頁。

〔註4〕 《國民政府告全國國民書》，秦孝儀主編：《中華民國重要史料初編——對日抗戰時期》，緒編（一），中國國民黨中央委員會黨史委員會，1981 年，第 286 ～287 頁。

樞紐都落入日本侵略者之手」﹝註5﹞，東省民衆等來的是「殷紅的血泊」與「白皚皚的骨堆」，屠刀下的不抵抗，令我家國破碎，公理、和平終成泡影。日寇凶殘，政府退讓，然我民氣凝聚、激昂，致祭過犧牲同胞，億萬不死精靈鮮血沸騰，高唱戰歌，要用熱血「把所有的獰惡的強暴者易色」，誓將生命築成長城抗擊入侵，爲我民族而戰。《致哀》借我翹盼公理之狀，暗示當局「逆來順受」、「以待國際公理之判斷」的對敵策略。遇難同胞的屍骸，不止控訴了日軍的殺戮與國聯的乏力，對不抵抗政策也是一種譴責。文末，鼓動全民族衆志成城，以生命抵禦侵略，奮勇、堅毅的抗爭精神與「嚴肅鎮靜」之「文明」態度，自有不同，差別聲中，透露出《文藝月刊》對當局政策的質疑。

　　九一八事變發生後，在愛國熱情激勵之下，抗日救亡運動蜂起，舉國抗日之聲沸騰，「許多人口密集的大中城市紛紛召開各界抗日救國大會，舉行遊行示威」，在「全國抗日救亡浪潮中，廣大學生成爲橋梁和先鋒」，「廣大學生紛紛發表通電，組織集會遊行，進行抗日宣傳，建立抗日救亡團體和抗日義勇軍，要求政府停止內戰，一致對外，出兵抗日」﹝註6﹞，一時言戰之聲激烈。國難後，王禮錫、陸晶清編輯的《讀書雜志》快速推出《東北與日本》﹝註7﹞專號，從日本的政治、經濟與遠東國際形式等方面討論九一八事變的發生、發展，探索「滿洲事變後之國際國內的形式與中華民族的出路」。《世界與中國》﹝註8﹞雜誌出版《東三省事變特號》，介紹日本「大陸政策」，分析其軍事、經濟、文化等政策中的侵略性，抨擊不抵抗政策，聲援學生抗日運動，闡述九一八事變與世界的意義，認爲此乃「第二次世界大戰底警號」。甚至行業性質的《鐵路月刊》﹝註9﹞也從專業角度，揭露「日本侵佔東三省鐵路之現狀」，估算「九一八事變後東北各路損失」。文學方面，上海《申報・青年園地》與《民國日報・覺悟》適時刊載了大量愛國青年關於九一八事變的詩歌，以此爲代表的九一八詩篇，記錄了我國喪失土地的屈辱與同胞的苦難，抨擊了政府的對日妥協政策也揭露了部分民衆的麻木不仁，更唱出了捨身報國、團結

﹝註5﹞ 張憲文等著：《中華民國史》（第二卷），南京大學出版社，2006 年，第 254頁。

﹝註6﹞ 張憲文等著：《中華民國史》（第二卷），南京大學出版社，2006 年，第 296～297 頁。

﹝註7﹞ 《讀書雜志》（東北與日本專號），第一卷第七、八期合刊，1931 年 11 月。

﹝註8﹞ 《世界與中國》（東三省事變特號），第二卷第一期，1931 年 11 月。

﹝註9﹞ 《鐵路月刊》（津浦線），第一卷第十四期，1931 年。

抗日的鐵血戰歌。青年們「慷慨悲歌」「發揚踔厲」，藝術雖不盡善但愛國赤誠不容抹殺。國難面前，通俗作家也表現不俗，面對危亡張恨水高唱「一腔熱血沙場灑，要洗關東萬里圖。」，他的《太平花》、《滿城風雨》、《九月十八》、《彎弓集》等一系列作品以不同的體裁表現了同樣的國家話語。其他「通俗文學作家紛紛創作『國難小說』，譬如有程瞻廬的《疑雲》，徐卓呆的《往哪裏逃》和《不櫛的女進士》，顧明道的《爲誰犧牲》，黃南丁的《肥大佐》，汪仲賢的《恐怖之窟》」〔註10〕等。關注國難的還有大量舊體詩詞，在「九一八」「這一家國巨劫的大事變之後，舊體詩詞出現了 20 世紀以來第二個創作高峰，作者來自社會各階層，有世家文人、教師、軍人、學生等等」〔註11〕。與此相比，《文藝月刊》第二卷第九期除簡短的《致哀》，其他內容均與九一八事變無關，之後直到 1933 年初，各期內容均未明確提及此事，對比於各界對此次國難的強烈反響，《文藝月刊》的舉動更像「默哀」。

毋庸諱言，《文藝月刊》支持帶有國家意識形態色彩的民族主義文藝運動，國難當頭，鼓舞民氣、凝聚力量是本職工作，由此決定了《致哀》堅韌不屈的感情基調，在政府不抵抗與國聯虛與委蛇的情況下，東省喪師失地，民眾家破人亡，慘狀有目共睹，對此，《文藝月刊》並未遮掩，血泊中的白骨表達的不止沉痛，也隱含對當局決策的批評。不過，與《覺悟》、《青年園地》壯懷激烈的鐵血青年不同，《文藝月刊》的編撰群體，姿態溫和，對時局與國策，更多冷靜觀察與理性思考，發言立意謹慎、低調。1931 年 9 月 22 日，蔣介石在南京市黨部黨員大會中，就九一八事變講話，「告誡民眾，嚴守秩序，服從政府，尊重紀律，勿作軌外之妄動」〔註12〕。同日，《中國國民黨中央執行委員會告全國同胞書》同樣指出，「艱危之局，非虛聲所能挽回，亦非僅憑感情衝動之表示，所能有效」〔註13〕。9 月 23 日，國民政府告誡民眾，「斷不容以任何意

〔註10〕 秦弓：《現代通俗文學的生態、價值及評價問題》，《南都學壇》，第 30 卷第 3 期，2010 年 5 月。

〔註11〕 薛勤：《「九一八」文學舊體詩詞初評》，《遼寧大學學報》（哲學社會科學版），第 35 卷第 6 期，2007 年 11 月。

〔註12〕 《蔣主席講詞：一致奮起共救危亡》，秦孝儀主編：《中華民國重要史料初編——對日抗戰時期》，緒編（一），中國國民黨中央委員會黨史委員會，1981 年，第 283 頁。

〔註13〕 《中國國民黨中央執行委員會告全國同胞書》，秦孝儀主編：《中華民國重要史料初編——對日抗戰時期》，緒編（一），中國國民黨中央委員會黨史委員會，1981 年，第 284 頁。

氣情感，搖動中央所決定之方策與步驟」〔註14〕。面對學生要求政府出兵的呼聲，國民黨中央明確答覆，「夫宣戰問題，決不能以學生之罷課與否爲衡者也」〔註15〕，顯然不支持學生運動。《文藝月刊》同人不乏愛國之心，但在上述背景下，對當局政策雖有質疑，卻不會強項指責，本來，刊物強調文學性，對政治不易高調表態，再者，刊物若要長久生存、發揮影響，對上意見表達也應講究策略、考慮方式。針對家國慘變，《文藝月刊》沉痛致哀，悼我遇難同胞，鼓我民族鬥志，用無所畏懼的聲音表明刊物態度，在大眾輿論與政府尖銳對立之時，編者選擇收斂鋒芒，避免對當局刺激過度，以圖後繼。時事多變，《民國日報》言辭激烈，在日軍壓力下，1932 年 1 月 26 日被迫封喉，《青年園地》發揚踔厲，但熱度難繼，於 1932 年停出，當日低調的《文藝月刊》，卻在此後漫長的抗戰歲月中，以自己的方式，不斷提醒國人勿忘九一八國難，鼓舞民族精神，引導抗戰輿論，在抗戰史上發出悠長的聲響。

　　1931 年 9 月 28 日，《文藝月刊》刊出《致哀》兩天前，《文學導報》〔註16〕登載了中國左翼作家聯盟公佈於 9 月 26 日的《告國際無產階級及勞動民眾的文化組織書》，就九一八事變發表看法。左聯接受中共領導，而「早在大革命之前，許多中國共產黨人就已經漸漸習慣於按照共產國際那種機械的黑是黑，白是白的階級分析方法，去看待複雜的國際關係了，習慣於從社會主義蘇聯與資本主義世界根本對立的角度，把一切資本主義國家統統看成是自己的敵人。大革命失敗之後，特別是斯大林以及共產國際『六大』公開向各國共產黨人提出『保衛蘇聯』的歷史使命之後，中國共產黨人更是一度直接把中國革命的勝利同根本摧毀帝國主義統治的世界革命聯繫起來」〔註17〕，共

〔註14〕　《國民政府告全國國民書》，秦孝儀主編：《中華民國重要史料初編——對日抗戰時期》，緒編（一），中國國民黨中央委員會黨史委員會，1981 年，第 287頁。

〔註15〕　《中國國民黨中央執行委員會告全國學生書》，秦孝儀主編：《中華民國重要史料初編——對日抗戰時期》，緒編（一），中國國民黨中央委員會黨史委員會，1981 年，第 290 頁。

〔註16〕　《文學導報》，第一卷第五期，1931 年 9 月 28 日。左聯外圍刊物《文藝新聞》，1931 年 9 月 28 日第二十九號，10 月 5 日第三十號，10 月 10 日第三十一號，均刊登有關於九一八事變的文章，與《文學導報》遙相呼應，立場一致，但比之《文藝新聞》，《文學導報》聲音更加激烈，報導密集，更能反映左聯態度。

〔註17〕　楊奎松：《中間地帶的革命——中國革命的策略在國際背景下的演變》，中共中央黨校出版社，1992 年，第 244 頁。

產國際的這種論調，此時，也出現在左聯的這份宣言中。宣言對日軍出兵東省表示憤慨，斥責國聯尤其美國祖護日本，並重點剖析了日軍出兵原因：「日本資產階級」「不信任他們在中國的走狗——國民黨的領袖蔣介石張學良等等，不信任國民黨能夠替他們撲滅中國的工農群衆的蘇維埃運動。」因此，日本「實行親自出兵的政策。」而日本更深層目的，「還在於佔領遠東方面進攻蘇聯的軍事基礎地」，「日本出兵滿洲」，「是進攻蘇聯的戰爭的第一步」。蘇聯是無產階級「的共同祖國」，現在「國際帝國主義」要「進攻我們的共同的祖國」，「日本的出兵滿洲，正是這種陰謀具體化的第一步」，「我們和你們的共同責任，是用一切，用自己的鮮血，用自己的性命來擁護蘇聯，反對進攻蘇聯的帝國主義的戰爭」。「總之，日本帝國主義的佔領滿洲」是「帝國主義聯合進攻蘇聯的戰爭，帝國主義進攻中國革命，奴役，壓迫，剝削屠殺中國勞動民衆的帝國主義戰爭的第一步」，「這是國際帝國主義的資產階級的拼命的垂死的掙扎，他們所要的不僅是我們的血，而且是你們全世界勞動者的血，他們妄想用我們和你們的血——幾千百萬人的血來挽救資本主義剝削制度的滅亡。他們妄想用空前巨大的冒險投機政策，來鎮壓住中國的蘇維埃革命，撲滅無產階級的祖國蘇聯」。左聯這份文件認爲，日本出兵目的在鎮壓中國無產階級，維護日本資產階級利益，進而聯合帝國主義，進攻世界無產階級共同的祖國蘇聯，歸根結底，這是全世界剝削階級與勞動者的階級矛盾，中華民族亡國滅種的危機面前，左聯這種教條式的理念依舊揮之不去。

　　日本侵華野心由來已久，「日本侵華政策源於 19 世紀 70 年代明治維新時期」，「甲午戰爭以後，日本不斷策劃侵略中國的新陰謀。」〔註18〕民國以後，日本先後提出二十一條、召開「東方會議」，製造濟南慘案、萬寶山慘案、中村事件等，蠢動不斷。既定政策下，日本積極準備入侵東北陰謀滅亡中國，中日一戰只在早晚。日本終極幻想乃吞併中國、稱霸世界，其軍國主義的對外擴張政策不以中國的社會性質爲轉移，侵華勢在必行，1930 年代的世界性經濟危機只是給日本軍方提供了出兵的藉口，與「撲滅中國的工農群衆的蘇維埃運動」同爲煙幕。日寇侵華，遭受屠戮的是中華民族，並非僅限某一階級，這是對中華民族的侵略，若國將不存又何有階級之說。左聯的宣言，以階級劃分敵我，非團結禦侮之道，且反覆強調日本出兵意在蘇聯，將之歸咎

〔註18〕張憲文等著：《中華民國史》（第二卷），南京大學出版社，2006 年，第 242 頁。

為國際勞資紛爭，對國際政治的看法過於單純。在東省淪亡之際，左聯淡化自我民族危機，缺乏現實的救亡方針，認為「日本出兵滿洲」是「進攻蘇聯的戰爭的第一步」，決心「用自己的鮮血，用自己的性命來擁護蘇聯，反對進攻蘇聯的帝國主義的戰爭」，無私的國際主義胸懷不合時宜。

　　日寇屠刀下，國人化為齏粉，領土淪陷異族，面對深重的國仇家恨，國共相互仇視如故。1930 年底至九一八事變前，國民黨對紅軍三次「圍剿」，九一八事變發生後，對蘇區進攻未停，你死我亡的境地中，國共矛盾尖銳。左聯乃中共外圍組織，服從中共紀律，推廣階級學說，與中共同進退，由此，不斷受到政府打壓生存艱難，對當局自然難有好感，推己及人，宣稱「中國的勞動民眾」「只相信自己的力量——絕對不相信中國的豪紳地主資產階級。中國豪紳地主資產階級的代表政黨——國民黨早已是帝國主義的走狗。」左聯還斥責國民黨「一手拿著吃人的三民主義的經典，一手拿著帝國主義御賜的槍炮，拼命的屠殺中國的工農，進攻中國的紅軍。」，九一八事變中，又「把滿洲送給帝國主義，做進攻蘇聯的軍事根據地」，反共、反蘇證據確鑿，階級覺悟感召下，「中國的工農民眾只有相信自己的力量，他們認清國民黨是自己的仇敵。中國國民黨而且是全世界勞動民眾的仇敵！」中外民眾並未發聲，想法如何已無確證，但仇敵之說至少是左聯的憤激之言。1931 年 9 月 20 日，國民黨中央委員會就日軍侵華對各級黨部發布訓令，其中敵視中共與左聯攻擊「黨國」異曲同工。「圍剿」紅軍，已使立場鮮明的左聯對國民黨不滿，此番日軍出兵東省，國民黨不予抵抗，左聯眼中，這無異於協助日本進攻「祖國蘇聯」，更是中日資產階級迫害世界無產階級的鐵證，中日複雜的民族矛盾被非黑即白的階級仇恨取代。國難的降臨，成為左聯筆伐國民黨、宣揚中共理論的契機，國民黨也以此為由堅持反共。外敵當前國人依舊反目，輿論中的家國慘變難掩政黨政治的色彩。

　　左聯宣傳工作細緻，為擴大影響，本期《文學導報》還刊登了歌謠形式的《東洋人出兵》〔註 19〕，用上海話、北方話分別寫出，意在廣泛傳播。此作宣揚階級理論，號召捍衛蘇聯，鼓動討伐國民黨，可視為《告國際無產階級及勞動民眾的文化組織書》的通俗、濃縮版。全文共十五節，簡要抄錄如下：

〔註19〕史鐵兒：《東洋人出兵》（亂來腔），《文學導報》，第一卷第五期，1931 年 9 月。

一

說起出兵滿洲的東洋人，先要問一問原因才成。只因爲有錢的中國人，狼心狗肺是生成，天天晚晚吃窮人，吃得個頭昏眼花發熱昏。有了刀，殺工人，有了錢，打農民，等到日本出兵佔了東三省，烏龜頭就縮縮進，總司令在叫退兵，國民黨在叫鎮靜，可是難爲了咱們小百姓，眞是把我們四萬萬送人情。

二

千刀萬剮的國民黨不是人，打來打去只打小百姓，就是爲著搶人吃，帝國主義裏頭搶不清，先叫國民黨呀來幫襯，幫忙幫的不稱心，日本自己來出兵，張學良走狗要做不成。

三

還要問一問國民黨竟是什麼人，原來是資本家地主的假名稱，他們都是奴才性，賣國賣民要賣得乾乾淨，只怕碰著工農兵，外國的中國的大人都驚心，國民黨就賭咒發誓去打紅軍，哪知道打了半年打不勝，帝國主義說我對你不相信，要想親手來打中國的工農兵，這也是東洋軍閥出兵的大原因。

四

帝國主義是外國人，外國人裏頭也有好人，這些好人是工人，還有農民跟窮人，只有資本家才是壞人，他們是帝國主義成了精。講到俄國的工農兵，十四年前大革命，他們的地主資本家已經打乾淨，各國的工人跟窮人，俄國蘇聯的工農兵，這些人才能夠幫助我們的窮人。

……

十三

現在除出有錢的中國人，大家都要起來大革命，問你是不是好好的人，做奴隸你是不是甘心，勸你反對國民黨還要趁早申明，不要等到工農大革命，那時候逃命也逃不成，因爲國民黨等於私通日本人，走狗做得成了精，花言巧語會騙人，現在戳穿西洋鏡，大家起來要他們的命。

……

十五

全中國的工農兵，大家起來大革命，革命才能打退日本人，國民黨
叫你鎮靜是送命。請問哪一個肯送命，國民黨的話就請他去聽。不
止蔣王張汪幾個人，地主資本家都是禍根，咱們窮人起來練大兵，
打倒國民黨救自己的命。怎麼才能救自己的命，大家選出工農兵，
起來管理中國的事情，自己組織起來做紅軍，聯合世界上的工農兵，
保護蘇聯的大革命，叫醒日本的工農跟日本的兵，打退日本的軍閥
跟有錢的人。全中國的工農兵，大家起來大革命，革命才能打退日
本人，國民黨叫你鎮靜是要送你的命。

作品簡單、通俗，宣傳意圖明確，全篇由九一八事變引出，著墨並不多即迅
速轉入主題：抨擊國民黨，宣傳階級論，鼓動工農兵。作家因之國難，將救
國口號與中共政治理念相結合，著眼點還是武裝工農推翻國民黨統治的政治
訴求，宣傳緣起可變，革命精神永恒，屠殺工農的階級陰謀已經降臨，拯救
大眾的政治使命更顯緊迫，如此執著於徹底革命的理想，對民眾高漲的民族
情緒卻估計不足。

　　爲緊扣時代脈搏，10 月 23 日《文學導報》〔註20〕又發佈了左聯《告無產
階級作家革命作家及一切愛好文藝的青年》一文，論述重點仍是「日本的佔
領東三省，首先是對於中國蘇維埃革命的進攻，首先是對於建設著社會主義
的蘇聯準備戰爭」。本期同時刊登了洛揚的《統治階級的『反日大眾文藝』之
檢查》與石萌《評所謂『文藝救國』的新現象》。九一八事變後，與國難相關
的文藝作品層出，它們或圖解當局政策或鼓動民眾抗日，這些作品均遭洛揚
貶斥：諸如國民黨市、區黨部，上海市立民眾教育館籌備處等推出的抗日宣
傳品，被批爲「騙」字當頭的民族主義文藝；通俗的例如《抗日小熱昏》、《新
編時調日本強奪東三省》、《打東洋五更調》等歌謠被歸爲麻醉民眾的「封建
餘孽」的「服務統治階級的『大眾文藝』」；普通民眾「純粹出於『愛國心』
的企圖『喚醒同胞』的大眾宣傳」，一樣是「統治階級的反動的大眾宣傳」。
不止文藝作品，一些基於抗日義憤成立的文學團體同樣遭到批駁。石萌就指
出，類似謝六逸、趙景深等「灰色」文人，組織上海文藝界救國會，無疑是
民族主義「最新式的欺騙麻醉政策」，中國文學青年聯盟也無非是「對於政治
的認識不很正確」的「小資產階級」的團體，如果他們不接受工農領導，「結

〔註20〕《文學導報》，第一卷第六、七期合刊，1931 年 10 月。

果只是做了統治階級的奸細」，「革命的群眾惟有一腳踢開他們去！」非我階級，其心必異。除此，還有《「民族主義文學」的任務和運命》對民族主義文藝進行專門批駁，譏誚聲中，反證民族主義文藝勢頭頗勁。除舊還需布新，《關於革命的反帝大眾文藝的工作》既是爐竈另起之意，此話題在九一八事變一週年時，仍然有效。

　　透過左聯的批判，我們恰好看到了當時因國難而活躍的文壇。1931 年，民族危亡的刺激下，社會上湧現出不少激勵民氣之作，無論官方與民間，這些聲音的背後都不乏因外敵入侵而激起的愛國熱忱，只是形態各異，有的感情迸發、激昂慷慨，例如熱血青年之九一八詩歌等，也有低調內斂卻張力暗藏如《文藝月刊》者，同時不乏聲東擊西、鋒芒畢露似《文學導報》者，各色聲響，因九一八事變而交織、錯雜，將一齣精彩的變奏交響曲搬上歷史舞臺。

第二節　1932 年《文藝月刊》對國聯外交的支持

　　1932 年 9 月 18 日星期日，「南京軍政部電全國各軍師」，「下半旗一日」，南京「各院部會各級黨部，遵中央令，雖值星期，全體公務人員，照常工作，免去例假」，「各學校照常上課，各工廠照常工作，娛樂場一概停止並停止宴會」。這一天，九一八事變一週年，南京國民黨中央黨部於「上午十時」，「在大禮堂舉行」九一八國難紀念會，「由中委葉楚傖報告事實，講述國難嚴重，警醒國人，努力團結，救國禦侮」〔註 21〕，上海、鎮江、北平、長沙、福州等地同時展開紀念。《文藝月刊》址設南京，主編王平陵、左恭、鍾天心、繆崇群等與政府機關不乏聯繫，他們關注時局對中央及地方的紀念活動不會一無所知，刊物本有宣揚民族主義之心，斯時斯地，對九一八事變週年紀念《文藝月刊》雖未闢專欄、專號卻也不會無動於衷。需要說明的是，自 1931 年 9 月 30 日《文藝月刊》因九一八事變刊載《致哀》後，於 1933 年 10 月 1 日推出秋濤（即王平陵）之《期待》，1934 年 10 月 1 日刊出方之中《詩人的畫像》，1936 年 10 月 1 日發表方深《十字架上》，1937 年 10 月 21 日，刊物因抗戰全面爆發，改為《文藝月刊‧戰時特刊》（半月刊），於 1938 年 9 月 16 日、10 月 1 日發行「九一八專號」。以上作品、專刊，寫作角度及側重點各異，但均

〔註 21〕《九一八各地舉行紀念》，《申報》，1932 年 9 月 18 日。

以九一八事變爲主要線索，且於當年 9～10 月份定時推出，紀念之心暗含，構成「九一八」系列作品〔註 22〕，此舉應是編者有意爲之。稍有不同，1932年的《文藝月刊》於 6 月 30 日出至第三卷第五、六期合刊後，本年度發行活動暫告段落，1933 年 1 月 1 日再次啓動出版第三卷第七期，此期刊登孫俍工《世界底污點》，同屬「九一八」題材作品，根據上述規律，此作可視爲《文藝月刊》「九一八」系列之 1932 年度的代表。

《世界底污點》「1932 年 4 月 1 日脫稿於南京」，是一齣四幕劇，全作主要由人物對話構成。作品時間設定爲 1931 年 12 月，表現了九一八事變後，日本國內對戰爭的反應。有意思的是，作品並未出現中國人的身影，而是完全借助井上清二郎、永井千代子〔註 23〕夫婦等日本國民對九一八事變進行觀察、評論，通過日本國民之口，譴責侵略戰爭，呼喚公理、正義，期待人類和平。

九一八事變爆發後，日本大多「國民爲國家這個名字所麻醉」，「無理的喊著戰吧，戰吧，攻進支那去吧」，「舉國若狂」。在此環境中，知識分子清二基於人道、正義、和平等人類普世價值，「修正日本國民的誤謬心理」，批判日軍發動侵華戰爭。「這一次的戰爭」，日本「仗著國家的炮火的威力就把他人的土地搶奪過來，就把他人的人民慘殺將去，就把他人的財產掠爲己有」，實在「無理之至」。中國事前既無防備，事變中又「尊重世界和平公約，處處都是退讓」「一些兒抵抗也沒有」，「據事實來看，這次的戰事，總不外是日本無理。所謂自衛，完全是欺騙國聯的」。時隔一年，作家借清二重申，日軍出兵，無疑以侵佔領土奪取財富爲目的，入侵之時對中國無抵抗之軍民野蠻屠殺，事後百般狡辯否認侵略，敷衍國聯蒙蔽輿論。在作品中，清二又進一步指出，侵略活動早有端緒，爲闢騙國際社會實現侵華目標滿足稱霸野心，日本「用什麼手段都可以不管。虛僞、卑鄙、惡劣、凶殘、慘酷，無所不至」。侵華之前，首先「派遣浪人娼妓到中華各地造出許多的交涉來。事後乃諉過於華人」，「最近製造萬寶山事件以引起中韓人民的互相殘殺」，意圖挑釁。陰謀未逞，遂「製造中村大尉事件」再挑中日糾紛，之後，「詭埋炸彈在鐵路旁

〔註 22〕1935 年，《文藝月刊》於 6 月 1 日出版第七卷第六期後暫停，1936 年 11 月接續出版第八卷第一期，此時段，未見「九一八」題材作品。1937 年 8 月 1 日出版第十一卷第二期後，因戰爭而暫停，同年 10 月 21 日改出《戰時特刊》，此時也出現相關題材作品。

〔註 23〕孫俍工在作品中，將此夫婦二人簡稱爲清二、千代。

邊」炸毀路軌，從而「嫁禍於人說是人家破壞交通」「以引起這次的戰爭」，蓄意侵略之步驟環環相扣毒計中藏。

讚責侵略之外，呼喚人道主義是作品又一主題。清二抨擊日本不止無理出兵，更無視人道，「你們都知道中華民國的人民今年真是不幸的很。水災、旱災、兵災一齊都乘著而來，真是餓殍載道，哭聲滿野。我日本不但不講救災憐恤的人道，反而要做趁火打劫的暴徒」，「一班橫蠻的軍閥，乘著這機會」「悍然不顧一切，打進了中華民國」，致使東三省「鬼哭神嚎，凄天慘地，血肉橫飛」，如此恃強淩弱荼毒無辜「最是不人道的」。日軍侵華，不僅給中國民眾帶來人道主義災難，日本人民同樣是受害者。日本當局為發動侵略，「把自己的同胞，用了一些愛國自衛的名詞去欺騙他們，要他們去送死，這真是將人不當人樣糟蹋了」。江橋一役，日寇遭受重創，傷兵慘痛呼號，井上義一郎一家大小數口為不義戰爭所迫，全家自殺。日寇侵華，中日民眾的幸福皆毀於炮火，害人害己，由此，「我日本不是人道的惡魔是什麼呢？」。

九一八事變中，有日本媒體與軍方沆瀣一氣，歪曲事實，誤導民眾，鼓吹侵華。《世界底污點》點明，諸如《朝日新聞》、《時事新聞》、《中央公論》、《改造》等刊物，均「助桀為虐，幫著軍閥搖旗吶喊，鼓吹侵略的戰爭」。「日本的新聞記者」，「只要是於己國有利，於他國有損的事，顛倒是非，抹煞公理都能悍然不顧地做出來的。紅的說成白的，白的說成紅的，這尤其是他們的慣技」，對內，他們對日軍江橋慘敗秘而不宣；義一郎一家厭惡侵略戰爭以死相抗卻被渲染成激勵軍心以報皇恩；對外，分明「日本人帶了鋼炮，機關槍，飛機，坦克車橫衝直闖的打進東三省，殺人如麻，血流成渠，而每天報上只登載一些支那人怎樣不合理的消息，大事宣傳。而日本人自己的野蠻無理都變成了正義人道」。顧維鈞曾回憶，國聯調查九一八事變期間，「據說齋藤首相曾告訴新聞界，和中國進行談判，是比滿洲問題更大的難題，因為日本不知道中國的真正政府在哪裏」，日本還計劃「散佈山東、四川、福建、廣東和貴州內部紛爭」，惡意攻擊中國局勢，藉此轉移國際視線，為「日本代表在國聯進行詭辯作準備」〔註24〕。在日本媒體看來，事實如何無關緊要，輿論導向須迎合政治。

作品最後，清二以全人類的立場，向日本民眾呼籲「不要持著帝國主義的思想而夜郎自大」，「不要自恃武力強權以欺凌國人」，而應具備「一種世界的精神」，倡導普世價值。作家認為，現今「為了全世界人類全體的幸福，想

〔註24〕顧維鈞：《顧維鈞回憶錄》（第二分冊），中華書局，1985年，第72～72頁。

避免世界二次大戰，和平運動已彌漫了全世界。人道的思想，非戰的呼聲已彌漫了全地球。博愛，互助，平等，已成了現代人第一的美德。」，「如有不遵循此種潮流而行的，不是頑固，就是瘋狂」。因此，「在二十世紀的世界，如果還有蔑視人道，侮辱公理的國家，如果還有用武力來壓迫人國的國家，如果還有將人不當人樣的犧牲，役使人民如同奴隸牛馬一樣的國家，如果還有只知道爲己國打算，爲己國求幸福，忘記了爲別國打算，忘記了別國的幸福，忘記了別國的生存的國家，這樣的國家」，無論英、法、美、日，均應反對，「因爲這種的行爲，是人道的惡魔，是世界的污點，是永遠也洗不去的世界的污點呀！」。歷史無情，污點擴散，作家美好的期盼將很快被陷入戰爭狂熱的法西斯徹底擊碎，人類被一步步拖向災難深淵。

孫俍工的這篇劇作實是舊事重提，當年「九月十八瀋陽城頭流血的初夜」，作家恰在日本「京都獅子谷做著甜蜜的理想的夢」〔註25〕，戰爭的消息令其惶惑不安。作家平素服膺武者小路實篤，推崇《一個青年底夢》中的反戰思想，但九一八事變使他看到日本「舉國上下，如瘋似狂」，「我才知道日本人戰爭底中毒很深」，「那時的我，不僅爲與亡國一樣的悲哀所襲擊，而且爲世界人類不幸的命運而恐怖著」〔註26〕。出於愛國熱情，孫俍工於1931年9月29日回國，在侵略者的刺激下，作家從人類整體命運出發，續寫《一個青年底夢》，發揚「非戰的精神」，《續一個青年底夢》面世〔註27〕。

《續一個青年底夢》延續《一個青年底夢》的反戰精神，批判的都「只是一些『破壞』別國的文明，就在這上面建設自己底文明」的事；只是一些『使別國成爲亡國妨害他國人民底生長』的事；只是一些『暗地裏從別國人或別種人竭力取了利益卻互相忘了這恩惠』的事；只是一些『用暴力壓迫別國，佔領別國，……移植了本國底文明消滅了那一國底自立的力量』的事；只是一些『使別國的人受到奴隸以上的苦』〔註28〕的事」〔註29〕。作家讓「青年」在十幾年後繼續當年的夢，跟隨「不識者」觀看「日大」針對「支大」的種種陰謀、暴行。二十一條、「東方會議」、萬寶山事件、中村大尉事件、九一八事變等，一一上演，日軍對東三省人民的屠殺，對國聯的閞騙，對「支

〔註25〕 孫俍工：《續一個青年底夢》，上海中華書局，1934年，自序，第2頁。
〔註26〕 孫俍工：《續一個青年底夢》，上海中華書局，1934年，自序，第3、4頁。
〔註27〕 《續一個青年底夢》1931年11月23日起稿，1931年12月22日脫稿。
〔註28〕 引文見武者小路先生原著第一幕，原作者著。
〔註29〕 孫俍工：《續一個青年底夢》，上海中華書局，1934年，自序，第6、7頁。

大」的威脅等均借夢境重現。目睹眞相，「青年」呼籲反抗像日本這樣「帶了野蠻的軍隊，藉端打進了他人底國家而說是自衛，這種顚倒是非的民族，藐視公理的國家」，以「顯現人類的正義」〔註30〕，拯救被「大日本帝國」埋葬的「公理」、「人道」、「和平」。此作乃孫俍工出於憂憤而爲，作品卻並未「竭力鼓吹自己國民的反抗」，而是著眼全人類，「爲了全人類將來的幸福」〔註31〕呼號。《世界底污點》又緊接《續一個青年底夢》而來，此時，夢境已變爲現實，夢中批評國聯的聲音也在現實中消散，除此，兩作主旨相同臺詞相近，甚至「世界底污點」這一題目也在《續一個青年底夢》中出現〔註32〕。兩作特點在於以外國人視角觀察「九一八」，未突出國人反抗，超越民族國家落腳全人類，呼籲人道、正義、和平等普世價值。

　　類似這樣「外國人眼中的中國國難」，並非個案，1932年度《文藝月刊》另一篇作品《鴻溝》〔註33〕，同屬此類。《鴻溝》以上海一二八事變爲背景，馬丹黎（馬丹即太太之意）跟隨中國丈夫由比國來到上海，九一八事變後，馬丹黎不滿意中國動蕩的生活，友人安慰她，「馬丹，我們已經到了被敵人入侵的境界了，大戰中的苦處，您在比國已經嘗夠，那麼又何必把現在的事看做太苦呢？」，馬丹黎並不認同對此說，因爲比國「是拼了命自衛過的，你們自衛過一分鐘嗎？」，她顯然不滿意中國政府的不抵抗政策，並試圖說服丈夫回比國，丈夫黎大平確有不同看法，「慢著吧，我們就要自衛呢」，隻言片語透出對政府的期待。一二八事變中，馬丹黎因戰亂流離再次想到回國，友人鼓勵她，「馬丹，這是我們自衛的時代，個人的犧牲，還不是爲整個的民族！」，目睹了列強對中國的欺凌與國人的抵抗，馬丹黎轉變觀念，最終留在中國同這裏的人民榮辱與共。作者李青崖在處理九一八事變時，對政府沒有明顯的抨擊之舉，作品裏對不抵抗政策不滿的是作爲外國人的馬丹黎，而在她周圍的中國人呈現出的是一種對國家的信任與隱忍不屈的團結禦侮精神。《文藝月刊》之外，同樣反映一二八事變，黃震遐《大上海的毀滅》〔註34〕則著力描

〔註30〕孫俍工：《續一個青年底夢》，上海中華書局，1934年，第59、60頁。
〔註31〕孫俍工：《續一個青年底夢》，上海中華書局，1934年，自序，第8、9頁。
〔註32〕《續一個青年底夢》中，「支大」曾控訴「日大」所犯罪行「一樁一樁地記錄在和平運動彌漫著全世界的今日的歷史上。你以爲你這種的狂暴是你底光榮麼？你這種的行動實是文明世界的污點」，「世界底污點」出處在此。
〔註33〕李青崖：《鴻溝》，《文藝月刊》，第三卷第四期，1932年4月。
〔註34〕黃震遐：《大上海的毀滅》，上海大晚報館，1932年11月。

寫戰鬥場面，表現戰爭的殘酷，刻畫血灑疆場的中國軍民，作品渲染了抵抗
精神，也涉及到愛國官兵被迫撤退的無奈及民眾的麻木、冷漠，揭示了戰爭、
歷史的複雜性。與《鴻溝》相比，《大上海的毀滅》側重記錄一二八滬戰的經
過，展現出對侵略者堅決予以打擊的抗敵信念，對中央與地方的矛盾、「畸形
發展的社會」之幻滅、沒落等戰爭中暴露出的問題予以關注、思考，中國社
會不盡如人意的一面也由此呈現。

　　儘管《大上海的毀滅》與《世界底污點》、《鴻溝》均屬同時期的國難題
材作品，但從內容上看，《鴻溝》與《世界底污點》無疑有更多相似之處：二
者以國難爲背景，重心不在渲染國人反應，卻由外國人觀察、評論中國國難；
作家對國民政府同情、理解多於批評；較少觸及國內社會形勢，對國聯不批
評或不牽扯；作品流露出沉著、堅韌的感情基調而非慷慨、昂揚的戰鬥豪情；
與著重鼓舞民族精神的作品不同，這二者更看重對諸如正義、和平等人類普
世價值的宣揚。《文藝月刊》強調文學性，客觀來講，《世界底污點》語言組
織、寫作技巧並不突出，民族主義也並非其重心，再者，「九一八」後，國難
題材的作品不在少數，《文藝月刊》選擇這樣一篇作品紀念九一八事變，又同
時推出類型相似的《鴻溝》，此種編排的背後是否玄機暗藏？

　　1932 年，東三省硝煙未散，日軍又於 1 月 28 日在上海挑起一二八事變。
1 月 29 日，蔣介石制定《對日交涉之原則與方法》：

　　原則：一面預備交涉，一面積極抵抗。

　　方法：

　　一、交涉開始以前，對國聯與九國公約國先與接洽，及至交涉開始
　　　　時，同時向九國公約國聲明。

　　二、對日本先用非正式名義與之接洽，必須得悉其最大限度。

　　三、交涉地點。

　　程度：交涉必須定一最後防線與最大限度，此限度至少要不妨礙行
　　政與領土完整，即不損害九國公約之精神與不喪失國權也。如果超
　　此限度，退讓至不能忍受之防線時，即與之決戰，雖至戰敗而亡，
　　亦所不惜。必具此決心與精神，而後方可言交涉也。〔註35〕

〔註35〕 《蔣委員中正手定對日交涉之原則與方法》，秦孝儀主編：《中華民國重要史
　　　　料初編——對日抗戰時期》，緒編（一），中國國民黨中央委員會黨史委員會，
　　　　1981 年，第 431 頁。

蔣介石此項決策爲我今後軍事、外交走勢定下方向，在交涉方法中，他強調國聯作用及中方維護公約之決心，主動向國際社會靠攏，這表明，當局針對「九一八」制定的依靠國聯牽制日本的外交策略，今後仍將貫徹，這在此後的相關文件中，得到體現。29 日，外交部發表《淞滬事變宣言》，指出「日本侵佔上海，顯係再行違背國際公約、凱洛克非戰公約、九國條約以及國際決議案之暴舉。」〔註36〕。30 日，外交部向國聯及九國公約簽字國駐華公使發出照會，要求各國「本其在該公約上之神聖責任，速採有倣之手段，嚴正制止日本在中國領土內之一切軍事行動，以及違反該公約之一切其他行爲，俾該公約之尊嚴與遠東之和平均得維持」〔註37〕。3 月 5 日，《中國國民黨第四屆中央執行委員會第二次全體會議宣言》聲明，「猶有爲世界告者，國際公約，既爲各主權國家憑自由意志而簽定，自必共同保障其尊嚴，此次中國不得已，爲自衛而抵抗，同時亦既爲保障公約之尊嚴而抵抗，公約如淪廢紙，世界即無和平」〔註38〕。凡此鼓吹國際責任的辭令，同樣見之於《國民政府移駐洛陽辦公宣言》、《國難宣言》等標誌性文件。以上種種，對內對外，當局統一口徑，強調中國恪守國際公約，履行國際義務，維護國聯尊嚴，信賴國際裁決，譴責日本無視公約，踐踏人道，破壞和平，藐視國際社會，借列強制日本的外交思路一以貫之。不知是否巧合，孫俍工《世界底污點》繞開民族仇恨，呼籲民眾捍衛正義、公理、和平等人類普世價值的寫作策略，與當局強調遵守國際公約、維護遠東和平、保障各國利益，藉以打動國聯的政治考量不謀而合。

爲解決東三省問題，「1932 年 1 月 21 日，國聯調查團正式成立」，「2 月初，國聯李頓調查團從歐洲啓程」，「3 月中旬到達上海」，受到我國報界人士歡迎〔註39〕，「此後，調查團便先在上海就停戰談判斡旋與中日之間」，調查

〔註36〕《外交部對淞滬事變宣言》，秦孝儀主編：《中華民國重要史料初編——對日抗戰時期》，緒編（一），中國國民黨中央委員會黨史委員會，1981 年，第 433 頁。

〔註37〕《外交部致國聯及九國公約簽字國駐華公使照會》，秦孝儀主編：《中華民國重要史料初編——對日抗戰時期》，緒編（一），中國國民黨中央委員會黨史委員會，1981 年，第 434 頁。

〔註38〕《中國國民黨第四屆中央執行委員會第二次全體會議宣言》，秦孝儀主編：《中華民國重要史料初編——對日抗戰時期》，緒編（一），中國國民黨中央委員會黨史委員會，1981 年，第 440～441 頁。

〔註39〕1932 年 3 月 18 日，《申報》頭版即《報界招待國聯調查團》，對此事大篇幅報導，此後對國聯即調查團密切關注，無論褒貶，反映的卻是國內輿論對國聯的重視。

團工作期間，僞滿洲國成立，「儘管如此，國民政府對依靠國聯調查團阻止和懲治日本分裂中國、解決東北事件仍抱了很大的希望」，「9 月 4 日，調查團成員在報告書上簽字後返回歐洲」，「10 月 2 日，《國聯調查團報告書》（又稱《李頓報告書》）在國聯總部所在地日內瓦、東京和南京同時發表」〔註40〕。

　　日本對華步步緊逼，促使國人對國聯及其調查團愈發關注、期待。期間，日人曾向國際社會「肆意污蔑中國破壞條約」「排日侮日」，「軍閥割據」「係一無組織之國家」〔註41〕。據此情況，爲使國聯裁決盡可能有利於中國，國際人士建議，中國「應內部團結一致，對外則應對日本只繼續消極抵抗，以便在等候裁決的過程中，不使日本抓到對中國採取公開戰爭政策的任何藉口。」，國民政府注意到這一點盡力平息國內紛爭〔註42〕，突出自衛的「不得已」，避免貽日本以侵略口實。《世界底污點》、《鴻溝》對國內混亂局勢未加渲染，強調自衛的正義性，與當局「團結禦侮」的號召相協調。關於調查結果，國際友人建議，「中國不宜對報告書過多挑剔」「應採取和平姿態以便保持國聯的同情，從而與國聯結成聯合陣線以對付日本」，這「對於一個軍事弱國來說，它是很切合實際的」〔註43〕。鑒於此，國民政府對國聯的努力始終表示感謝，對報告書爭議部分，「暫時保留意見」「不對報告書進行批評」〔註44〕。《世界底污點》脫胎於《續一個青年底夢》，但去掉了對國聯昏聵無能的描寫，《鴻溝》更無批評意見，作家如此處理與當局以剋制換支持的做法異軌同奔。政策解讀見仁見智，對當局及國聯持批評意見者亦有。以幽默諷刺著稱的《論語》就在《李頓報告書》發表時推出《擬某名流爲李頓報告發表談話意見》〔註45〕，調笑之間對此報告不以爲然。《山東秋操》借韓、劉混戰，諷刺國內局勢動蕩，政府束手無策。《中央與國聯的神似》〔註46〕則抨擊中央安撫山東內亂恰如國聯調解

〔註40〕張憲文等著：《中華民國史》（第二卷），南京大學出版社，2006 年，第 394、396、397 頁。

〔註41〕周天放：《九一八事變週年感言》，《外交月報》，第一卷第三期，1932 年 9 月。

〔註42〕據顧維鈞回憶，《李頓報告書》發表期間，山東、四川、華北局勢不靖，日本企圖以此攻擊中國政府，降低中國的國際信譽。詳見《顧維鈞回憶錄》（第二分冊），中華書局，1985 年，第 72 頁。

〔註43〕顧維鈞：《顧維鈞回憶錄》（第二分冊），中華書局，1985 年，第 57 頁。

〔註44〕顧維鈞：《顧維鈞回憶錄》（第二分冊），中華書局，1985 年，第 57 頁。

〔註45〕宰予：《擬某名流爲李頓報告發表談話意見》，《論語》，第三期，1932 年 10 月。

〔註46〕凱：《中央與國聯的神似》，《論語》，第三期，1932 年 10 月。

中日糾紛都是虛有其表的敷衍。《論語》將內憂外患調侃出之，本意在針砭時弊〔註47〕，但譏諷太過，難免讓人感到作壁上觀的冷酷。

九一八事變已給國人帶來巨大的傷痛，1932 年，一二八事變、僞滿洲國成立等一系列打擊更令國難加深，爲警醒、鼓勵國人，《文藝月刊》推出「九一八」紀念之作。此一時期，爲制止日軍侵略，軍事孱弱的國民政府一面抵抗，一面靜待國聯佳音。欲引國際社會關注，必明其利害關係，國民政府申訴日寇侵華之無理，更強調其破壞遠東和平對各國利益之損害，面對日人對我政局不穩之渲染，中國當局竭力呼籲國內團結，在中日爭端調解過程中，爲盡力爭取國聯支持，中國政府努力保持低調、剋制的姿態。把握政治風向本屬刊物謀生之道，加之國民黨中宣部爲中國文藝社提供財政支持，使王平陵主持的《文藝月刊》不可能對政府的外交策略、輿論導向不聞不問。《世界底污點》與《鴻溝》因國難而作有紀念之意，作家態度溫和對國內政局與國聯處置不加評論，宣揚正義、人道、和平也符當局之意，《文藝月刊》在 1932年選擇這樣的作品紀念「九一八」，民族主義之心暗含，且順應當局政治意圖，配合局勢發展，如此安排思慮周詳。

國難週年多方熱議，聲音多元各含深意。1932 年 9 月 18 日，國民黨中央執行委員會在《告國人書》〔註48〕中，追昔撫今一番後表明心志，「今日之事，有理可講則講理，無理可講則角力，力竭矣，則寧爲玉之碎，不爲瓦之全。此本黨之志，敢告國民」。激揚文字非爲發動民眾，與敵角力更要嚴守紀律，北平「地方當局通令各區屬」，注意九一八紀念日治安，要求「民眾運動，不得軼出範圍」，市府如臨大敵，「通令各機關」「九一八照常工作」〔註49〕。上海的國難週年紀念大會會場「戒備森嚴」「秩序井然」，「機關照常辦公默念雪恥」，全市亦「特別戒嚴」，其中，華界「戒備甚爲嚴密」，「情形甚爲安謐」；租界方面「滿布探捕」，個別地方「戒備猶嚴」；虹口區域「鐵甲車、小型坦克車」「置於路邊」，在嚴密防守下，全市安堵，「入晚幸告平安過去」〔註50〕。防民之口只會適得其反，高壓下的寂靜遭到嘲諷：

〔註47〕論語社同人曾刊登戒條，對「我們所愛護的，要盡量批評（如我們的祖國，現代武人等）」，同時辯解有些讀者將他們的文字理解爲「挖苦冷笑」實在誤會，創作動機無法深究，但「挖苦冷笑」實由文字而生，強辯無益。
〔註48〕《中執會九一八告國人書》，《申報》，1932 年 9 月 18 日。
〔註49〕《九一八各地舉行紀念》，《申報》，1932 年 9 月 18 日。
〔註50〕《昨日國難週年紀念大會》，《申報》，1932 年 9 月 19 日。

九一八翌晨，有充淞滬公安局某職的友人來坐談。我問他昨天情形
如何。

「好極了」他說。

「怎麼說？」

「街上一點動靜都沒有。也沒人開會，也沒人遊行。我們加警站崗，
分隊駐防，一點也不讓於租界巡捕。昨天西門有工部局三位警察頭
來觀察情形，看見我們這樣治安，倒點頭微笑說，Very good。」言
下哈哈哈而去，我也哈哈哈送他出門。〔註51〕

作品諷刺政府壓制民意，街上的死寂難掩人們心中的波瀾，郁達夫批評說，「九
一八紀念，只需沉默五分鐘，不許民眾集會結社」，「長此下去，中國的國民，
怕只能成為啞國民了」〔註52〕。《國難期間停止國慶說》、《奉旨不哭不笑》〔註
53〕觀點與郁達夫大致相當，作家認為，「九一八」週年之際民眾哀痛、憤恨需
要表達，倘國民歌哭笑罵也要仰人鼻息，則與亡國奴又有何異？政府大費周章
迫民收聲，除去粉飾太平還有媚外之嫌，如此「內緊外鬆」，到底是「嚴守紀
律」還是軟弱妥協？《論語》群體此時對政府最大不滿或還在國聯外交，童錫
祐《賣國救國方策》認為所謂「五年計劃」、「長期抵抗」無非紙上空談，時下
「外侮因步步退讓而越來越緊」，「政治上不上軌道，財政瀕於破產，生產雕敝，
外貨的輸入如潮一般，國民生計，大有朝不保夕之勢，而一般人及政界當局，
有識的學者，都置若罔聞，懵懂莫覺」，只會依靠洋人，不如乾脆「雇傭外人
來治國」，林語堂評價此為「一篇沉痛語，說許多人所不敢說的話」。與《文藝
月刊》對政府的溫和態度不同，《論語》諸君不認同國聯外交，諷刺當局荒唐
誤國，戲言背後或有憤激，如何救國，政府意志與民間話語糾纏齟齬。

　　淞滬抗戰，十九路軍血戰上海，「使中國人人感覺一種新的生命，新的
希望。」〔註54〕，在這希望的鼓舞下，《獨立評論》以紀念九一八週年為契
機，分析國內外形勢，指出不足，提供建議，期待中國浴火重生。與《論語》
一樣，《獨立評論》不看好國聯外交。孟眞（傅斯年）在《九一八一年了》

〔註51〕M：《九一八慶幸無事》，《論語》，第三期，1932年10月。
〔註52〕郁達夫：《天涼好個秋》，《論語》，第三期，1932年10月。
〔註53〕豈凡：《國難期間停止國慶說》，語：《奉旨不哭不笑》，二文均載《論語》第
　　　　三期，1932年10月。
〔註54〕胡適：《上海戰事的結束》，《獨立評論》，第一期，1932年5月。

〔註55〕中責難當局無能，「在如此嚴重的國難下，統治中國者自身竟弄不出一個辦法來」，「不特抵抗的工作不曾辦，並如此的一個政府也亦弄到不上不下，若有若無了」。胡適亦指出「自九一八以來，政府除了迷信國聯與九國公約之外，幾乎束手無策。」，「政府應該利用激昂的民氣和國際輿論，在爭取外交上的勝利。但政府一味敷衍民眾，高唱『抵抗到底』而實無抵抗的準備，高唱『兼用外交』而實無外交的方針」。東北淪喪，百姓殞命，當局難辭其咎，但指其毫無作爲則有偏頗，「九一八」爭端，顧維鈞等人在國聯與日本鬥智鬥勇，不敢絲毫懈怠；一二八之役，國民政府調集海陸空聯合作戰，將士爭先用命，時勢複雜，一言豈能蔽之。「九一八」的發生，使《獨立評論》注意到執政黨本身的問題，在《慘痛的回憶與反省》中，胡適批評當下的國民黨「缺乏遠大的政治眼光與計劃，能唱高調而不能做實事，能破壞而不能建設，能鉗制人民而不能收拾人心」，弊病重重，難成社會重心。內憂外患纏身，《獨立評論》卻未對國家喪失信心，「這希望不在天國，不在未來，而在我們的一身之內。我們若以民族的希望爲宗教的信仰，以自身之勤勉工作各儘其職，爲這信仰之行事，則大難當前，盡可處之泰然，民族再造將貢獻一份助力」〔註56〕。言者諄諄，只爲有益國家，無私獻芹，全出愛國熱誠，當年推崇易卜生，要做「永不知足，永不滿意，敢說老實話攻擊社會腐敗情形的『國民公敵』」〔註57〕的獨立青年重視社會擔當，擅長英國式幽默的林氏諸君卻將人生、社會等統看作「一場的把戲」〔註58〕，兩者終有差別。《文藝月刊》全盤著眼，不動聲色支持政府立場；《獨立評論》指摘時局，不黨不群致力民族復興，二者見解有別，所爲皆在挽救中華危亡，可謂和而不同。

1932 年 10 月 15 日出版的第三期《文學月報》「是以九一八紀念爲中心的」，此期有《蓬子啓事》一則，聲明刊物易帥，自此由「周起應君負責」。本期封面呈藍色，內容卻「鮮紅」奪目。刊物以李文《第二個九一八！》開篇，並在「九一八週年」欄目分別推出亞子、田漢、茅盾、洪深、穆木天、適夷、華帝（以群）等人的紀念文字，此外還有沈端先《九一八戰爭後的日

〔註55〕孟眞：《九一八一年了》，《獨立評論》，第十八期，1932 年 9 月。
〔註56〕孟眞：《九一八一年了》，《獨立評論》，第十八期，1932 年 9 月。
〔註57〕胡適：《易卜生主義》，《新青年》，第四卷第六號，1918 年 6 月。
〔註58〕《我們的態度》，《論語》，第三期，1932 年 10 月。

本文壇》、方英《大上海的毀滅》（即阿英《上海事變與資產階級文學》之一，評《大上海的毀滅》）、宋陽《再論大衆文藝答止敬》等。

此次「九一八週年紀念」的基調，從周起應（周揚）的《編輯後記》中可窺一斑：「九一八」後「一年的慘痛的經歷清清楚楚的告訴了我們，日本帝國主義要屠殺的是中國民衆，要消滅的是中國民衆求生存，求解放的鬥爭，要進攻的是世界資本主義的共同的敵人。新的進攻和屠殺，正在不斷的威脅著我們，我們除了自動的起來反抗以外，再沒有第二條生路了！」。鼓動階級鬥爭是左翼的長期任務，時隔一年，日本侵華意在蘇聯的共產國際式思維，仍在周揚這裏延續。當年《文學導報》提倡的文學大衆化道路，也在此繼續推進：「九一八以後，中國的文學運動開始了新的道路。這就是文學大衆化問題的展開。雖然還有許多不正確的意見和消極抵抗的態度，對於這個問題的討論的深入，卻不能不說是一件可喜的事情」。不知是否要展示此項運動的階段成果，本期收錄了叢喧《夜會》，講紗廠工人紀念「九一八」，批判「帝國主義資本家」和「他的一切走狗奴才」，作品人物語言粗鄙不堪，似以此突出「大衆」，但情節突兀，文學大衆化徒有其表。實際上，此回《編輯後記》不止概述了刊物主要內容，更重要的是表明了立場，預示了發展路線，刊物轉紅。

《文學月報》此時態度，應與國民政府有關。1932 年「九一八」紀念日，國民黨中央執行委員會在《告國人書》中表示，國家正在做抗戰的「長期之計劃與準備」，並再次強調安內攘外進攻紅軍。對此，左翼作家毫不示弱。《文學月報》首發《第二個九一八！》針鋒相對，斥責當局「長期抵抗的整個計劃」是亡國滅種的陰謀，文章將蘇聯與國內紅軍比作太平天國，由於「國際資產階級，日本帝國主義，中國紳商大人」知道「世界上的太平天國，中國裏面的太平天國，都是不容易打的」，所以「非得長期不可」。文章隨後轉向文藝批判，左翼以外的作家作品遭到撻伐，像一年前一樣，黃震遐再次被拉上審判臺〔註59〕，罪名是闕騙勞苦大衆做「日本資產階級」的「奴

〔註59〕 本期還有方英（阿英）《大上海的毀滅》，專文批判黃震遐，由此可見以黃氏為代表的民族主義文學之影響。一二八事變發生後，共產國際和臨時中央政治局對形式分析過於簡單，他們認為「十九路軍將領的抵抗，不過是為了欺騙民衆，『造成馬占山那樣的民族英雄的美名，來侵吞民衆的捐款，來向帝國主義投降出賣』，『他們有意把士兵放在日本軍隊猛烈的炮火之下，不給士兵以有力的援助，好讓士兵失敗之後自動退卻。』而當十九路軍被迫後撤後，

隸牛馬」。其他「種種式的文藝——從九一八到現在，其實都在拼命的努力的幫著國際的資產階級和中國的紳商，進行剿滅國際的和中國的太平天國的任務，企圖製造或者固定一些奴隸性。」，不止如此，「從文明戲直到馬路上的『流通圖書館』的所謂大衆文藝，自然更是製造奴隸性的工具」〔註60〕。有破有立，文章最後號召作家創作「大衆文藝！真正大衆自己的文藝」，並指明出路，「一些不願意做清客的作家，一些貧苦的青年，只要真是站在文藝戰線上的，——都快些到大衆裏去吧。只有跳進水裏去，才能夠學會游水」。總體觀之，文章將階級鬥爭學說與文學大衆化問題捆綁推出，與 1931年洛揚《統治階級的『反日大衆文藝』之檢查》如出一轍。左翼作家強調組織紀律，田漢、穆木天、茅盾等人步調一致，對「九一八」的感想、回憶大同小異。作家們怒斥統治階級的不抵抗政策，認爲他們與日本資產階級、國聯等都是一丘之貉，目的無非是鎮壓無產階級、進攻蘇聯，勞苦大衆只有團結鬥爭才能救己救國。當年《文學導報》深受共產國際影響，借九一八事變宣揚階級鬥爭鼓吹武裝保衛蘇聯，且在批判「糟粕」之餘發起文學大衆化運動。一年後，《文學月報》階級學說依舊響亮，抨擊國民政府政府措辭嚴厲，在不忘保衛蘇聯的前提下左翼人士開始顧及民族主義，周揚眼中文學大衆化運動勢頭可喜，無產階級文藝陣地日益鞏固、擴大。一二八事變後，「1932年 4 月 15 日，中華蘇維埃共和國臨時中央政府公開對日宣戰，但其真正目的卻是要以此號召群衆，『積極進行革命戰爭，奪取中心城市，來摧毀國民黨的統治』」〔註61〕。中共對日宣戰，左翼想必更有底氣痛斥國民政府國聯外交，有了「摧毀國民黨的統治」的革命號召，對當局聲討必須全力以赴，周揚接編《文學月報》馬上採取攻勢，借「九一八」紀念發難，師出有名，言辭猛烈，與中共上述決策正相呼應。

「九一八」週年紀念引來多方關注，話語繁雜立場多元，聲音溫和顧全

他們仍舊四處散發傳單，呼籲士兵們『反抗國民黨軍閥的撤兵命令，槍斃反動的長官，持槍到閘北、吳淞、南市去，與民衆一起繼續與帝國主義決戰到底』。」（論述詳見楊奎松：《中間地帶的革命——中國革命的策略在國際背景下的演變》，中共中央黨校出版社，1992 年，第 252～255 頁。）1931～1932年，以一二八爲描寫對象的《大上海的毀滅》之所以受到多次批判，極可能與以上共產國際與臨時中央政治局的這些行動有關。

〔註60〕 李文：《第二個九一八！》，《文學月報》，第三期，1932 年 10 月。

〔註61〕 楊奎松：《中間地帶的革命——中國革命的策略在國際背景下的演變》，中共中央黨校出版社，1992 年，第 256 頁。

大局者有之，自由獨立建言獻策者亦有，英倫紳士戲謔嘲諷之聲時聞於耳，階級革命的紅色聲波同樣不絕如縷，1932 年國際國內的複雜形勢就在這眾聲喧嘩中露出面目。

第三節　東北抗日義勇軍肖像

伴隨各國在國聯的博弈，「九一八」問題被拖到了 1933 年。英、法等大國基於自身利益考慮，不願因中國問題激怒日本，經各方爭吵、妥協，1933年 2 月 24 日國聯特別大會終於就九一八事變給出了一個「說法」。結論以李頓報告書為基礎另形報告，「它反映的是國聯成員國一方面反對日本獨占中國東北，另一方面又想自己從中插手的明顯意圖，並因避免激怒日本，言辭也有偏袒傾向」〔註 62〕。對等來的「公理」，「國民政府的態度是『大體上表示同意』，但對報告書中某些條款提出了修正和保留的意見」，而決意獨霸東省的日本並不領情，三天後，即 2 月 27 日，日本政府「宣佈正式退出國聯，從而使國聯大會通過的決議案成為一紙空文。這不僅表明國聯對於中日糾紛調解的失敗，而且也宣告了南京國民政府依賴國聯外交的破產」〔註 63〕。

日本為表明態度，2 月 25 日，「即國聯決議通過的次日」，日軍「分兵三路悍然向中國熱河、長城一線發起大舉進攻，以此向國聯進行軍事示威。在日本進攻面前，熱河全省 10 天即告淪陷」〔註 64〕。拖沓三載，正義公理未救東省於水火；敵進我退，十數天內驚聞熱河又落賊手，國土一再淪喪，人心憤慨難平。輿論痛責當局以苟安之心畏敵避戰，「以素稱天險難攻之熱河，而敵已長驅直入，今者承德且告失陷矣，而所謂綜握軍符及坐鎮華北者，均逍遙遠處，遲遲不赴前敵，若是者可謂為有戰之決心乎？熱河前哨之戰開始，猶遠在偽國成立之前，迢迢年餘中，敢問華北守土將史，是否有充分之準備？如日已有準備，則何以憑險以守，旬日之間，迭失名城，而承德且至不守。此次熱戰爆發以前，洋洋灑灑之文電，仍是掩人耳目之設辭而。夫抵抗之決

〔註 62〕張憲文等著：《中華民國史》（第二卷），南京大學出版社，2006 年，第 398頁。

〔註 63〕張憲文等著：《中華民國史》（第二卷），南京大學出版社，2006 年，第 399頁。

〔註 64〕張憲文等著：《中華民國史》（第二卷），南京大學出版社，2006 年，第 399頁。

心，必求證於抵抗之事實，而抵抗之事實，不能僅憑一紙之宣傳也。」，「夫圖苟安者，終必至於誤國。如以苟安爲可久也，則請證以過去之事實，錦州之放棄，原所以求敵人之止戈，榆關之輕防，亦所以求敵人之諒解，然其結果，適中敵人逐步進占之計。則今之放棄熱河以求平津之苟安者，平津果能永保乎？苟安果能長久乎？」〔註65〕。熱河被占全國震驚，胡適指出中央政府在此事上「至少有『四層罪過』」，湯玉麟、張學良、蔣介石、宋子文被胡適點名批評，他提醒當局不要「受了國際均勢之下的苟安局勢的麻醉」，「陷入醉生夢死的昏迷狀態」〔註66〕。失地悲劇一再上演，中央決策成爲衆矢之的。一時間，國內聲討，國際嘩然，顧維鈞等曾在國聯堅表中國抵抗之決心，熱河戰況令其處境尷尬，「友我者對於我國是否眞心抵抗，群來惶問；忌我者謂我本無自助決心，國聯原可不必多事」〔註67〕，中國軍隊迅速潰敗在國際同樣影響惡劣。

日軍據熱後繼續推進，中國組織長城抗戰。抗戰過程中，我雖取得部分戰果，但當局堅持安內攘外之說，「把長城抗戰只當作應付輿論、爭取和談妥協的權益之計，未積極採取發展勝利的措施，因而導致了長城戰局向不利方面的轉化」〔註68〕，此役以簽訂中日《塘沽停戰協定》收場，「按照這個協定，國民政府已在事實上承認日本佔領東三省和熱河省的『合法』性，並把冀東、察北的大片國土拱手讓敵，使華北門戶洞開」〔註69〕。2月24日國聯給「九一八」定案，5月31日中國與日寇簽訂城下之盟，三個月內我國形勢急轉直下，如此戲劇性的變化勢必造成國人巨大的心理落差，針對政府在處置中日關係方面的表現，不滿、批評、反思的聲音彙聚成流。

國聯外交難挽殘局，山河易色人民悲憤，在此情境下，《文藝月刊》1933年度的「九一八」紀念之作《期待》〔註70〕面世。作品以東北抗日義勇軍爲表現對象，關外抗戰的熱血男兒走近讀者，刊物對時局的見解藉此展現。

〔註65〕乃：《承德失陷》，《申報》（時評），1933年3月5日。

〔註66〕胡適：《全國震驚以後》，《獨立評論》，第四十一期，1933年3月12日。

〔註67〕顧維鈞：《顧維鈞回憶錄》（第二分冊），中華書局，1985年，第192頁。

〔註68〕張憲文等著：《中華民國史》（第二卷），南京大學出版社，2006年，第284頁。

〔註69〕張憲文等著：《中華民國史》（第二卷），南京大學出版社，2006年，第287頁。

〔註70〕秋濤（王平陵）：《期待》，《文藝月刊》第四卷第四、五、六期，1933年10～12月。

　　1931 年九一八事變後，東北抗日義勇軍的事迹就已見諸《民國日報》、《申報》等報刊〔註71〕，《民國日報》的《覺悟》副刊還曾刊登了頌揚遼西抗日英雄「小白龍」的詩歌與散文〔註72〕。其時，九一八事變發生不久，民眾抗日熱情高漲，表現「小白龍」的詩歌、散文均表達了昂揚鬥志與必勝信念，也批評了不抵抗政策與民眾的麻木，一位被遺忘的抗日英雄從密林中躍馬而出。1932 年，《申報月刊》推出《東北義勇軍之考察》〔註73〕，對義勇軍的發生、發展，戰術、戰績，日偽的應付，義勇軍的前途等做了的詳細說明。如同「小白龍」一般的抵抗者不乏報國之心，但由於日軍封鎖、「進剿」，義勇軍糧餉不濟作戰條件惡劣傷亡嚴重，1934 年「九一八」三週年時，東北抗日義勇軍將領李杜將軍曾談及，義勇軍艱苦奮戰「就義之事，無時無之」，「敵偽之痛恨義勇軍，固在意中」〔註74〕。秋濤（即王平陵）《期待》中的義勇軍戰士在日寇的殘酷圍攻下，誓死不降，以飢寒之軀對抗裝備精良之敵，最終全部壯烈殉國。

　　《期待》中的這支抗日隊伍於「九一八」後組建，就作品中所提地名看，部隊活動範圍大致在遼寧南部，遭遇敵寇後由「遼陽奔上大孤山」。抗日義勇軍大都屬自發性質，成分多樣，「有工人、農民、商人和愛國知識分子；有愛國的富紳和地主；還有相當數量的愛國『綠林好漢』」，「總之，包括各階層的愛國人士」〔註75〕。正如秋濤筆下，戰士李得勝、丘國鐸是遼陽同鄉，「九一八」前曾「同在瀋陽 X 公館當過馬弁」，張譜庚大概是個「老軍伍」，其他還有家鄉的「壯稼夥」，工廠裏的「苦工」，領導這支隊伍的「鄧司令是受過軍事訓練的學生」，而他已犧牲的前任則「是一個石匠出身」，「曾經當過兵」，就是這樣一群人，憑藉一顆愛國之心，在保家衛國的共同信念下走到一起。義勇軍退守「大孤山」，山名似乎預示了他們的處境與結局，孤立無援竟被世

〔註71〕　《申報》1931 年 10 月 17 日、《民國日報》1931 年 11 月 4 日、12 月 8 日，均有關於遼西抗日義勇軍的報導。

〔註72〕　詩歌爲蘇鳳的《夢中彷彿遇小白龍》，刊 1931 年 10 月 23 日《民國日報·覺悟》，散文爲署名「唐」的《憶小白龍邊塞的一夜》，刊 1931 年 12 月 19 日《民國日報·覺悟》。「小白龍」即白乙化，原名白容歐，九一八事變後至 1933 年在東北打出「平東洋」的大旗，組織義勇軍抗擊日寇。

〔註73〕　陳清晨：《東北義勇軍之考察》，《申報月刊》，第一卷第三號，1932 年 9 月 15 日。

〔註74〕　《李杜談「九一八」感想》，《申報》，1934 年 9 月 17 日。

〔註75〕　潘喜廷等著：《東北抗日義勇軍史》，遼寧人民出版社，1986 年，第 64 頁。

人遺忘，孤軍奮戰至全體殉國。遼南三角地帶實有大孤山其地，義勇軍與敵偽也確曾在大孤山附近激戰，與《期待》不同，實際情形中敵我勝敗易勢，鄧鐵梅司令率領東北民衆自衛軍第二十八路軍前後兩次在大孤山附近予漢奸李壽山部以重創〔註76〕。《期待》中，義勇軍將士在彈盡援絕、無衣無食的悲慘境地中全軍覆沒，但「自從九月上山，到了冬天的盡頭」，在孤軍奮戰的幾個月中，配備飛機、火炮，供給充足的日寇一直被壓制在山腳下，未能推進一步。秋濤刻畫的這支隊伍與此次戰鬥，在義勇軍戰史中或許查無實據，但作品中抗日將士捨命抵抗的愛國之志，艱苦卓絕的鬥爭環境，後方民衆的無知無覺，凡此種種，非盡出於虛構，實際上，作品中這支難以坐實的部隊及其慘烈的事迹，正是日夜戰鬥在黑水白山之間的無數義勇軍將士抗日活動的真實反映，歷史點滴就借這有影無蹤的人物與故事長久存留。

抗日義勇軍作戰勇敢但武器裝備陳舊落後，缺乏給養與基本醫療條件掣肘頗多。1933 年，「東北抗日各軍覊留新疆將士，爲紀念九一八國難兩週年，特發出《痛告國人書》」，痛陳義勇軍「經年苦戰」卻「餉無來源，彈無補充，夏不飽食，冬不蔽體」〔註77〕，李春潤部屢創日僞的同時，急切呼籲各界接濟彈藥、服裝、糧餉〔註78〕。義勇軍生存難以爲繼的普遍狀況在《期待》中得到反映。李得勝等三百多弟兄困守大孤山，這是一群「叫化子樣的兵」，「破爛的鐵鍋，鋪蓋，草鞋，茶托」算是他們的「輜重和軍需品」。兩軍對壘，敵人擁有「鐵甲車、坦克車、山炮、迫擊炮、機關槍、步槍、馬槍」及大批「從遼寧掠奪來的」「不花錢的子彈」，彈藥充足火力猛烈，但我抗日隊伍彈藥告乏，戰士們爲節省子彈，利用山上的「石老虎」襲擊敵人，甚至拼死衝下山去與敵近身肉搏。日寇強大火力勢必造成我人員傷亡，可「山上沒有所謂後方醫院之類的組織」，傷殘將士因無法救治而犧牲。敵我主客有別，遠道的侵略者供給充足，倒是在自己國土上作戰的抗日將士「身上所穿著的，雖然也叫做軍服，可是顏色早經褪落，破舊到補了幾十個補丁，已不成其爲軍服的樣子，一件名義稱爲外套的，而實際上多謝敵方送過來的炸裂彈和手榴彈的破片，無情地撕破了，就是自己用粗線把破處縫好，但因爲堆滿了粘土和膿

〔註76〕戰鬥經過詳見潘喜廷等著：《東北抗日義勇軍史》，遼寧人民出版社，1986 年，第 253、256 頁。

〔註77〕《東北留新將士痛告國人書》，《申報》，1933 年 9 月 18 日。

〔註78〕《紀念聲中李春潤崛起抗日》，《申報》，1933 年 9 月 18 日。

血，污穢的不能著」，「腳上的那雙草鞋」，是幾個月前民眾的犒賞，「就是仔仔細細地當心的穿著，究竟因爲是草料，而且山上高兀的氣候，使一根根的草都自動的遮斷了」。戰士們並不懼怕敵人，「勝仗是常打的」「但這一群被同胞們遺棄在荒山上的餓兵，能延長多久呢？」，部隊「軍用器只有一天天的減少」，「糧食更不必說起，現在每天僅能喝一口稀粥，維持著最後的呼吸。時間，已到初冬，寒風刺入骨髓。生活已到了困苦的絕地。就算敵人不再取攻勢，好像要延長幾天的生命，都不很容易」。敵人採取圍困、拖延戰術，我軍誓死不降，山上食物告罄，「大家都在皺攏著眉尖像吃藥似得呑著」「樹皮、草根」，斷炊後，伙夫看到因飢寒倒斃的戰士，羞憤自殺。深冬時節，荒山之上衣食俱無，殘餘將士先後「倒了下來，有的，緊抱著槍根，合撲在雪堆裏；有的，把腦袋無力地枕在手臂上，舌頭盡可能地伸長著；有的，因突然地倒下，把面部刺在鋒利的樹根上，還在流著殷色的死血；有的，腳跟和腳跟疊起，仙躺著看著模糊的天空；有的蜷曲的身體像打斃的野獸似的死在雪堆裏，嘴裏流著珍珠樣的水泡⋯⋯」，戰士遺體倒在雪地上「他們所穿著的，還是夏天的制服」。秋濤筆下義勇軍的遭遇不是個別現象，「當時處於抗日鬥爭前線的東北各路義勇軍，不但不能發餉，就是服裝、糧食也沒有辦法解決，只能靠在戰鬥中繳獲敵人的輜重物資和槍支彈藥來充實自己，或從民間得到點微薄的援助，來維持低標準的生活。他們常常有幾天吃不到飯，只能靠野果充饑，特別是在敵人『大討伐』時期，更是叫苦不迭。到了冬季，戰士們有的仍穿著一件單衣同敵人搏鬥」，「由於醫藥奇缺，造成抗日義勇軍和抗日人民的大批死亡」〔註79〕，《期待》中李得勝等人的境遇，與廣大義勇軍實際生活並無二致。

反侵略，抗日將士捨生取義；喪領土，當局諸公虛與委蛇；忘國難，後方民眾苟安升平。自東省敵寇入侵，抗日群英置諸死地以命相搏，牽制、打擊日軍。1934 年，日本陸軍省發布《滿洲事變爆發滿三年》提到因義勇軍堅持抵抗，日軍疲於應付，「東奔西跑，實屬席不暇暖」，與義勇軍作戰「大小合計已達一千數百次」，大部隊作戰「也有二十餘次」，爲撲滅義勇軍，日軍「作出超人之努力」〔註80〕。義勇軍奮戰如此，仍不免苛責。1933 年熱河失

〔註79〕潘喜廷等著：《東北抗日義勇軍史》，遼寧人民出版社，1986 年，第 516 頁。

〔註80〕【日】江口圭一：《日本帝國主義史研究——以侵華戰爭爲中心》，世界知識出版社，2002 年，第 227 頁。

陷後，「負華北軍事總責者，乃卸過與義勇軍，責其不發一彈」，就此，時人評論道，「其實義勇軍之本質，原非正面應敵之正式部隊，而為游擊性質」，「彼東北義勇軍，無餉無衣，忍饑耐寒，持少數腐窳器械，以與兵精糧足之敵相抗。在困苦萬狀中，勉強撐持年餘，所憑者僅有血肉，縱未能盡數殉國，其志亦已可嘉，其行亦甚可佩，向非平日擁兵自大敵至望風而逃之湯玉麟可比」〔註81〕。若湯玉麟輩，政府高官厚祿養之千日，賊寇兵鬥臨竟貪生怕棄城奔逃，至於一些「激烈的抵抗論者」或許還「從來沒有聽過敵人的炮聲」，懦弱退縮與空言抵抗同樣無益時局。

　　作品內外，義勇軍抗擊日偽奮不顧身，民眾健忘國仇家恨拋諸腦後，反抗者孤軍奮戰日暮途窮。《期待》裏荒山「餓兵」已入絕境，「他們明明白白地被困在兵盡援絕的大孤山上。這裏已經是異國底土地了，雖然離開他們的祖國還不甚遠，但在同胞們那種淡漠，那種與他們毫不相干的情形，倒好像是隔離著幾千萬里呢！」，「他們一想到中國同胞號稱四萬萬，而在這裏真真與敵人拼命的，只有他們三百多個無路可走的餓兵，這不算是一件悲哀的事，實在是可恥到絕頂的事呢！」。作家慨歎應是有感而發，「九一八」兩週年紀念，不少文字以前後對比提醒民眾勿忘國恥，「當九一八禍變爆發之處我舉國上下，固亦曾一度激昂慷慨，若將奮發有為者。」，「在我人民方面，則東北義勇軍亦如火如荼，募款輸助，爭先恐後。然而迄今才兩年，義勇軍雖奮鬥猶昔，而輸助寥落矣。抗日之聲，寂焉不可再聞矣。奇恥巨痛，人所決不能忘決不忍忘者，我竟悠然若無其事，我民族其真為善忘之民族乎」〔註82〕。同一祖國，前後方兩重天地，「東北三省的義勇軍，曾有過轟轟烈烈的鬥爭，可惜都只是一面，而處在後方安全地帶，則行其所無事似的，決不像正在生死存亡的鬥爭期中的狀態。僅只一二八戰爭當時，上海附近確是有戰時情況，但是不久又恢復酣歌曼舞的故態」〔註83〕。東北地處一隅，三省同胞亡國破家之恨，後方民眾難有切膚之感，時逾兩載，後方抗日豪情漸退，往昔義舉隨之消歇，政府戰和態度尚不明朗，民眾自然得過且過對國難冷漠視之。

　　政府乏力，民氣消沉，抵抗精神遇冷，抗日志士徒灑血淚淒涼收場。鑒

〔註81〕晦：《哀熱河》，《申報》（時評），1933 年 3 月 7 日。
〔註82〕偉：《九一八兩週年祭》，《申報　九一八二週年沉痛紀念》，1933 年 9 月 18 日。
〔註83〕明：《兩年來的回顧與展望——東北三省失陷的前因後果》，《申報　九一八二週年沉痛紀念》，1933 年 9 月 18 日。

於國人苟且麻木，秋濤曾設想抗日忠勇之結局，若「抵抗下去，這消息能不能傳給平安地帶的中國人，是疑問。就是給他們知道一點虛偽的事迹，至多在茶餘酒後，增添一些話料，發出幾聲輕微的歎息而已。也許會引起他們滔滔不絕的偉論來，說那些頑強抵抗的人，是至死不悟，死無足惜的」。戰死者無名，只換來虛應故事的一聲歎息甚至作壁上觀的冷嘲熱諷。抗敵將士犧牲一切保家衛國，賴之而生者不乏自私冷酷唯知自保之徒，這些人「除了責望別人犧牲，送死而外，是不會有更多的辦法的。有時候雖然肯破費他們吝嗇的錢囊，捐出幾個錢；或者把吃剩了的臭糧和腐肉等，像成人欺騙小孩似得鼓勵他們，實際上不過是遮蓋一些自己的恥辱而已。能這樣，他們就算犧牲了什麼，雖說不上犧牲生命。將來，如果聽到大孤山上的亡命人有因事實上的艱難絕對不能支持的一天，他們便好像更有說話的餘地了。那時候，他們定會把過去的浴血苦鬥，一筆勾銷，輕鬆地把亡國奴，漢奸等等現成的帽子——應該是適合他們自己的，拿來戴在這些亡命人的頭上的」。爲國捐軀，前仆者橫遭非議，後繼者情何以堪。1933 年至 1934 年初，《文藝月刊》登載《逃難》、《灑鞋》等作語涉抗戰，表明 1931 年後抗日諸役已爲編撰關注，此間推出《期待》，所言雖指前日之東省，所感必及今日之熱河，故祭奠之意應不止東省死士。自「九一八」江橋抗戰、一二八淞滬血戰至榆關、長城各口之戰，「浴血苦鬥」的「亡命人」不在少數，其生前身後之境遇或爲人忽略。《灑鞋》〔註84〕描寫曾參加古北口之戰的士兵大麻哥負傷失去雙腿，出院後流落爲乞，遭世人白眼。大麻哥夢中見抗日諸役陣亡將士集會痛責社會有負英烈，「我們在嫩江空著肚子支持了幾個月，敵人的炮彈轟爛我們，寒冷的冰雪凍死我們，我們甘心地死了。因爲那時大家都說決心要趕走敵人，但是敵人現在可已經趕走了沒有呢？」，「現在我們的家小還是在那裏受凍受餓隨時受敵人殺害，誰還念到他們呢？」。除《文藝月刊》外，李輝英《三週年》〔註85〕同樣涉及烈屬問題，黃老太太之子於「九一八」戰死，只剩下孤兒寡母，自此，「每次攤派捐稅，她們一定要比別人多攤些」。將士爲國捨命，家小竟遭欺凌，英靈身後狀況堪憂。國難未已，酣歌又起，將士空餘悲憤，「我們把一腔熱血灑在長城上，爲的是要給我們的民族爭口氣。但是現在我們的血幹了，肉爛了，

〔註84〕朱溪：《灑鞋》，《文藝月刊》，第五卷第一期，1934 年 1 月。
〔註85〕李輝英：《三週年（下）》，《申報 自由談》，1934 年 9 月 19 日。《三週年（上）》刊載於 1934 年 9 月 18 日的《申報 自由談》。

滿山滿野都是我們的白骨，而那些活著的人可曾記念到我們呢？他們吃喝玩樂他們的，甚至向著敵人搖頭擺尾」〔註86〕。陣前碧血橫飛，中華仍似「猛獅沉睡，酣夢不醒」〔註87〕，國殤何以瞑目。

國家滿目瘡痍苟安之氣彌漫，但作家依舊「期待」，期待國人奮起，期待河山重整。期待在反抗中才會萌發，大孤山衰疲之士殺敵明志，「活著一天，就得抵抗一天，活著一刻，就得抵抗一刻」「到死為止」。義勇軍的抵抗非僅為一己，「是爭我們全體的生存，全體的人格」，為民族尊嚴，他們捨生忘死。家國危在旦夕，不甘為奴者前仆後繼，樸實的軍歌鼓動更多人加入到抵抗的行列：

> 黑的是黃昏，白的是光明。永遠不會消滅的是人類的鬥爭。在你的頸上，記著！那傷痕還是很新鮮，在你的胸口，記著！那傷痕還是很新鮮。你還愛惜什麼呢？兄弟們都倒在你的面前了，你怎麼不起來呢！

> 啊！整個的地球變成了冰塊！人類的良心一齊死滅了！快燃起呵！熾烈的聖火！燒盡魔鬼占據的寶座。上前去！勇敢的弟兄們！戰火的信號冒出烽煙了。高擎著我們的國旗，把驕傲的勝利者揮倒。如果我們的末運已經來到，我們的屍體堆積如山有什麼要緊呢！快燃起熾烈的勇敢的聖火！要把我們的國旗樹立在屍體的上面呵！

屠殺面前退縮沒有出路，侵略來臨惟有奮起反抗。李得勝等人「最初未嘗不震懾於敵人的新式的兵器」，被敵人逼得退無可退時，他們「膽量反而強壯起來」，生死考驗使「他們死命的團結在一起」「和敵人拼命」，「他們在山上，沒有堅固的陣地，沒有周密的防禦，沒有鋒利足用的軍器，也沒有新式的曲曲折折的壕溝」，面對炮火，他們「僅僅是憑著決死的心」。日寇凶頑但並非不可戰勝，「敵人未必都是鋼鐵，只要抵抗的力量是出於他們意外的激烈，也會知難而退的」。幾次較量後，「大家深深知道那些外表堂皇服裝整齊的敵兵，實在是並不足怕，要不是憑藉著猛烈的軍火，像他們那般養得白白淨淨的少爺兵，簡直和快刀切豆腐一樣」「包叫他們一個不得回去」。敵強我弱此乃實情，入侵日寇實為勁敵，但熾烈、勇敢的聖火已經向魔鬼燒去，屍體上的國旗自豪地飄蕩，鼓舞人們堅定抗敵信念擊敗侵略者。

〔註86〕 朱溪：《灑鞋》，《文藝月刊》，第五卷第一期，1934 年 1 月。
〔註87〕 公僕：《一周不如一周的二週年紀念！》，《申報》，1933 年 9 月 17 日。

　　國家危殆局面的扭轉，要靠政府與全民的不懈奮鬥，作家期待奮勇作戰的隊伍湧現，更期待政府堅定抵抗信念，民族覺醒團結抗戰。大孤山一支人馬，已成為中華抵抗精神不滅的象徵，「如果在九一八的遼寧，有這些被同胞們一向忽略著的餓兵，在那裏恭候敵人的襲擊，至少，還能使他們出乎意外地感覺到一點潛在的勢力，中國的地層裏還能爆發出猛烈的火花來的」。為陣亡的兄弟，為淪陷的家鄉，為垂死的民族，他們寧戰死不生降，「他們在這樣一個懇切的表示中，要使山腳下的敵人，知道山頂上還留著一小部分知道羞恥的中國軍隊。使他們知道就在這大孤山上，還保留著一線希望的光；整個的將要沉淪下去死滅下去的中國的國魂，還有小到不可再小的一部分，留在大孤山上。就是中國變換了顏色，而這一座荒涼的大孤山，還是給這些鬥士們的血，在黑夜裏放射著烈火一般的光明」。這「一線希望的光」是「抗鬥不屈精神所表現，將來恢復失地之根基在是，今日天地正氣之維繫亦在是」〔註88〕。作家相信「中國的民眾並不是缺乏勇氣，只是被壓迫著無處顯現」，「鬥士們的血」使死滅下去的國魂重新升騰，也「必能使柔懦的中國的大群強壯起來，勇敢起來，一致加入反抗的鬥爭」。作品裏義勇軍壯烈殉國，現實中抵抗精神不滅，至 1934 年仍有「鄧鐵梅部之轉戰遼西」、「劉亮山部活動於遼熱邊境」、「趙玉山等進攻賓縣」、「黃錫山老北風崛起本溪」、「齊占久部扼守長山峪」〔註89〕、「趙尚志部奇襲偽輪」〔註90〕等事迹傳頌，東北義勇軍「此起彼撲，奮鬥不懈」。因義勇軍之打擊，自「九一八」至 1936 年 7 月，日軍「在滿各部隊即有戰死者 2891 人，病死者 1037 人，受傷者 6694 人」，而「日軍戰死、病死的 3926 人中，有 1362 人（34.7%）係死於 1933 年 9 月以後」，義勇軍同樣付出巨大代價，「1933 至 1936 年度，其戰死者總數即達四萬人以上」〔註91〕。

　　《文藝月刊》於《塘沽停戰協定》後推出《期待》，高調鼓吹抵抗精神，激發民族主義情緒，與現實里中日妥協局勢反差明顯，由此也顯示了刊物態度。《文藝月刊》1932 年度「九一八」紀念之作為孫俍工《世界底污點》，此作對民族仇恨低調處理，呼籲和平、公理，與政府爭取國聯支持、制裁日本侵略的外交策略相呼應。1933 年初，顧維鈞等提醒當局，「自報告書公佈後，軍事

〔註88〕桐心：《九一八二周紀念》，《申報月刊》，第二卷第九號，1933 年 9 月 15 日。
〔註89〕世：《嗚呼今日之東北》，《九一八三週年紀念》，《申報》，1934 年 9 月 18 日。
〔註90〕《趙尚志部奇襲偽輪》，《申報》，1934 年 9 月 18 日。
〔註91〕【日】江口圭一：《日本帝國主義史研究——以侵華戰爭為中心》，世界知識出版社，2002 年，第 227～228 頁。

方面重要甚於外交。將來外交前途，多視軍事爲轉移」〔註92〕。儘管我外交人員一再努力，熱河形勢卻表明政府在制止日本侵略方面表現糟糕，「前年三省之陷，不戰而走，世界爲之駭異。此次熱河之役，日人宣傳，謂我軍並無抵抗誠意。」，「我軍憑崇山峻嶺之險，有主客攻守之異。而戰線屢縮，失地頻聞」〔註93〕。又長城之役後，國民政府「改與日本直接交涉。此前，日本爲斷絕國民政府與國聯的聯繫，曾數十次要求與中國直接交涉，均爲中國依賴國聯外交阻絕，而此時國聯儘管無所作爲，但還是通過決議譴責了日本，國民政府此時出爾反爾，在國聯會員國中造成極壞影響，外交上更加被動」〔註94〕。《文藝月刊》並非官方傳聲筒，之前順應國家外交局勢，乃是希望通過各方努力，政府能夠阻止侵略收復失地。事與願違，日寇刀鋒所向，中國一退再退，東省未收又丟熱河，再至簽訂《塘沽停戰協定》，整個過程當局抵抗誠意不足。國聯外交收效甚微，祖國山河一丟再丟，《文藝月刊》通過《期待》宣揚抗日義勇軍抵抗之堅決，流露出對官、民抵抗精神萎靡的憂慮，國難意識強烈，不滿時局之意暗藏其中。時至1933年，「以前在東北領導義勇軍的抗日將領有多數是已被迫的逃入關內，現在所存在的，亦因接濟的日見缺少，於是不能作大規模的反抗」〔註95〕，屋漏偏逢連陰雨，抗日勢力日蹙之際輿論紛陳民衆消極、善忘，國難急矣人民反習於苟安，《期待》中屢屢言及義軍被同胞遺忘孤立無援，期待全民關注義勇軍關注國難，抗戰反侵略盡在「期待」中。

「九一八」時隔兩年，中共北方黨組織爲「爭取蘇維埃和紅軍的前途」，「以『抗日反蔣』爲手段」，幫助馮玉祥「樹起了察哈爾抗日同盟軍的旗幟」〔註96〕。輿論指責國內「政治紛擾猶是，人民苟安猶是，一切無組織無計劃之狀態無不猶是」〔註97〕。胡適等人也坦言當局過失，建言獻策。《文化界》、《時代公論》等刊物的紀念文章〔註98〕多由「九一八」談及《塘沽停戰協定》、

〔註92〕顧維鈞：《顧維鈞回憶錄》（第二分冊），中華書局，1985年，第192頁。
〔註93〕顧維鈞：《顧維鈞回憶錄》（第二分冊），中華書局，1985年，第192頁。
〔註94〕張憲文等著：《中華民國史》（第二卷），南京大學出版社，2006年，第400頁。
〔註95〕公僕：《一周不如一周的二週年紀念！》，《申報》，1933年9月17日。
〔註96〕楊奎松：《中間地帶的革命——中國革命的策略在國際背景下的演變》，中共中央黨校出版社，1992年，第262頁。
〔註97〕偉：《九一八兩週年祭》，《申報 九一八二週年沉痛紀念》，1933年9月18日。
〔註98〕《文化界》、《時代公論》紀念九一八兩週年的文章分別爲彭瑞夫：《「九一八」二週年》（第二期，1933年10月）；王德輝：《「九一八」二週年》（第二卷二十六期，1933年）。

平津危急，批評不抵抗政策。《矛盾》的《銃火》〔註99〕更是義憤填膺，直言當局放棄東三省，讓「義勇軍去做炮灰」，「一二八」來臨，「做官的」「老早離開危險地方躲在大洋房烤火」，只剩百姓遭殃，作品借底層民眾之口痛罵「不抵抗」，對政府表現出強烈的不信任。喧囂之中，《文藝月刊》沒有直接回應時局，對政府也未做正面批評，它通過《期待》對東北義勇軍畫影圖形，激勵民族精神鼓吹抗日表明刊物態度。《文藝月刊》如此委婉，或礙於國民黨中宣部情面，或出於一向的溫和姿態，但同樣表達出基於愛國熱情的國難意識及全民動員共濟時艱的意願。

第四節　中國留日學生「九一八」後抗日活動寫真

侵略不止抵抗不休，1934 年「九一八」紀念來臨，《文藝月刊》推出了方之中《詩人底畫像》，作品描寫「九一八」後中國留學生「詩人」、「畫家」（人物綽號）等在日本的見聞、鬥爭，通過主人公回國前後的遭遇，反映中國民眾對國難的冷漠、麻木。《詩人底畫像》與《期待》刻畫的是不同群體的遭際，但透過作品，兩位作家均流露出對國內抗爭精神缺失的憂慮，強烈的國難意識成為二者的共同點。

1931 年 9 月 20 日，《申報》、《民國日報》開始報導九一八事變，日寇攫取東省給中國乃至國際社會長久震動。東北的炮聲在日本引起何種反應？方之中借助中國留日學生的視角，把目光投向了日本媒體。作品中，日本媒體動作迅速，九一八事變的消息傳到東京之際，詩人尚在睡夢之中，畫家清晨通過《朝日新聞》「皇軍克服 X」的報導，驚悉東省領土淪陷敵手焦灼萬分。此後報紙「逐日載著皇軍又克服了某處」，詩人手上的號外「上面的大標題是：『皇軍的神武』，小標題是：『一周內可結束戰事』。再看下去，又克服了某處，敵軍全部殲滅」。針對「九一八」，中國媒體強調日本屬違反公約、破壞和平、公佈事變真相、戰爭責任、揭露日軍暴行。與此形成對比，方之中筆下，日媒迴避戰爭責任、鼓吹日軍戰績、口氣狂妄囂張，侵略竟堂而皇之的登場。《文藝月刊》的猛克也描寫了日本媒體在「九一八」後的反應，「東京新聞界首先活動了」，「東京各報館的排字房裏都有一種特製的坎在黑底花版上的白色活字，在『九一八』後的一個月內，這些活字在那些號稱權威報紙的朝日和日

〔註99〕朱雯：《銃火》，《矛盾》，第二卷第二期，1933 年 10 月。

日新聞的第一版上狂旋亂舞的跳躍著，它們齊唱，那『皇軍勝利』的凱歌。報販子忙碌了，腰間掛一個銅鈴，叮噹的在各車站的的月臺上飛散著手中的『號外』」，不止報紙，「新宿車站的無線電原是專司報告行車的時刻之職的，這是它也興奮了，在轉播著報上傳來的『皇軍浩蕩』的消息」〔註100〕，戰爭狂熱下，傳媒好似群魔亂舞，對此，《文藝月刊》外的其他作品也有反映。華蒂《一個印象》〔註101〕中，日本媒體報導「九一八」爭先恐後：

> 「這是一九三一年九月十九日的上午」，「十點鐘的時候，突然，一陣緊急的鈴聲投進了這雜亂而簡單的街頭第空氣中。於是，如平靜的海裏翻起一個奇異的浪濤一般，人們底注意都被它吸住了。這緊急的鈴聲由一起而二起，二起而三起，三起而四起，……弄得人們辨不清有幾處在響，四面八方，都接續著飛來了這緊急的鈴聲。這明明是買報者底鈴聲，但是顯然的卻不是尋常的賣報。鈴聲是響得那樣急迫，而且愈響愈緊，愈響愈密，也愈響愈近。漸漸地，『號外』，『號外』的聲音已模糊地達到了路上人們底耳朵裏，大家都不期然地一齊暫時停住腳來等候。接著，『朝日新聞號外』！『日日新聞號外』！『時事新聞號外』！『國民新聞號外』！……等的喊聲也都已聽得清楚了」，「一剎時，在許多人底手上已都有著一張『號外』，『支那兵破壞滿鐵線！』、『我軍已佔領北大營』、『主力向奉天前進』……」。

緊急的鈴聲後是蜂擁而來的報導，僅時隔一天，「九一八」的消息隨各大新聞紙傳遍大街小巷，宣傳傾向仍是侵略者的「神武」，公理已被狂熱拋棄。崔萬秋《九一八在日本》同樣記錄了日本報界的快速反應：「九月十九日早晨」「六點」，「一陣號外鈴聲」把中國留日學生馮景山「從睡夢中驚醒」，「朝日新聞」送到。「八點鐘」「又是一陣號外鈴聲」。馮景山看到兩張號外，「第一張，奉天電報：日本滿鐵守備對與中國軍衝突。第二張，奉天至急電報：北大營已完全爲日軍佔領」。不久「滿街鈴聲」「每日新聞、中國新聞都一齊發出了號外」即「日本軍隊今晨六時，將奉天成完全佔領！」〔註102〕，張張報導滿載侵略者的耀武揚威。方之中等通過中國留學生觀察日媒反應，各大報社行動迅

〔註100〕 猛克：《當北大營的烽火燃燒到東京的時候》，《文藝月刊‧戰時特刊》，第二卷第三期，1938 年 9 月。

〔註101〕 華蒂（以群）：《一個印象》，《文學月報》，第一卷第三期，1932 年 10 月。

〔註102〕 崔萬秋：《九一八在日本》，《新路》，時事新報、大陸報、大晚報、申時電訊社四社出版部發行，1933 年 11 月，第 206、207 頁。

速口徑統一，只提「佔領」迴避侵略，顛倒黑白誣陷我軍，神化日軍誤導民眾，侵略暴行被遮蔽。「九一八」前後，華蒂、崔萬秋身在日本〔註 103〕，方之中在上海，不同背景的三位作家一致注意到日本報界的動作，則日本媒體與日軍侵華到底有何關聯？「九一八」之前，日媒已將民眾視線引向東三省，「從 1930年底至 1931 年初，日本帝國主義對滿洲統治的動搖被作為『滿蒙問題』開始大肆宣傳。朝日、每日兩大報競相以很大篇幅報導滿蒙問題，引起了讀者的關心」〔註104〕，為日後奪取東省造勢。事變發生後，日媒大肆渲染，朝日、每日兩報「對原已設在中國的特派員通訊網進行了總動員」，動用飛機頻繁接送記者與攝影師，大量發行號外、放映新聞電影，歪曲事實煽動民眾，「大報社還相繼制定出向滿洲派遣慰問代表、募集慰問金與慰問信及其他計劃」〔註105〕，配合日軍暴行鼓吹侵略戰爭。通過以上手段，「作為最大最強有力的大眾傳播媒介而覆蓋全日本的報紙，根據其各自的規模及能力，爭先恐後地發表支持戰爭的言論、報導，煽動起排外熱，從而參與了侵略並提供了合作」〔註106〕。在媒體欺騙性宣傳下，日本民眾「激烈地燃起對中國以及國際聯盟和列強的敵意與憎惡，排外熱泛濫，對於奮戰中的『皇軍』的感謝與激勵喚起了爆炸性的慰問運動」〔註107〕。此後，日本逐漸走上法西斯道路，媒體「功不可沒」。

關注過日本媒體之後，方之中將焦點轉向了日本民眾。「九一八」後，孫俍工《世界底污點》刻畫了呼籲和平、正義的井上清二郎，但支持他的只是少數。方之中展現了日本社會的另一面，「九一八」消息傳來，東京「滿街都高張著慶祝的旗幟，在麻醉了的日本下層民眾中，也有讀說皇軍神勇的」，房東少婦開始監視中國學生的舉動，商店裏的人、「岔道上的街警」、坐鎮中國菜館的日警，都在嘲笑、排擠中國人。媒體愚弄下，家庭婦女都「帶著驕意」「暗誇著皇軍的功勞」，她們認為日軍在東三省的行動是替中國人趕

〔註103〕據胡風回憶，九一八前後，他曾在早稻田大學和華蒂（以群）碰過一次面，見胡風：《胡風回憶錄》，人民文學出版社，1993 年，第 9 頁。崔萬秋事見毛德傳：《崔萬秋不是文化特務》，《炎黃春秋》，2011 年第 7 期。

〔註104〕【日】江口圭一：《日本帝國主義史研究——以侵華戰爭為中心》，世界知識出版社，2002 年，第 132 頁。

〔註105〕【日】江口圭一：《日本帝國主義史研究——以侵華戰爭為中心》，世界知識出版社，2002 年，第 148 頁。

〔註106〕【日】江口圭一：《日本帝國主義史研究——以侵華戰爭為中心》，世界知識出版社，2002 年，第 127 頁。

〔註107〕【日】江口圭一：《日本帝國主義史研究——以侵華戰爭為中心》，世界知識出版社，2002 年，第 127 頁。

走軍閥使百姓安居樂業，因此，中國留日學生的抗議活動實屬「恩將仇報」。《九一八在日本》中，天眞無邪的日本少女敏子「催促她母親趕快把太陽旗找出來，掛在門外，慶祝日本佔領瀋陽」，忠君愛國的教育使敏子認爲東三省是「日本生命線的滿洲」而非中國領土，侵略二字無從談起。猛克也提及日本中小學生的表現，「各學校當局接到了內務省『街頭宣傳』的命令，把學生從課堂裏拋出，擲在各車站的地下通道的出於口上」，「女學生手上拿一個郵箱式的捐盒，耐心地想路人行著九十度的鞠躬」，男學生「提著一個開運動會用的馬糞紙口令筒，面孔通紅地大喊大跳」，「馬路上也漸漸出現隊伍的行列了，他們都是些天眞的小學生」，侵略思想已荼毒下一代。與方之中同屬左翼的華蒂對日本民眾的描寫頗有意思，凡是盛贊「大日本帝國」軍隊勇敢的都是「衣冠楚楚的紳士」，反戰的是被作家看作「友人」的工人，他們認爲戰爭爲的是「軍閥的利益」，窮人只有「加捐稅、派戰債」，華蒂筆下，工人的階級觀點戰勝了政府的「舉國一致」。現實中「衣冠楚楚的紳士」似乎更多，1932 年 9 月 18 日，「東京舉行各種紀念會，紀念攻擊瀋陽北大營之日」。日本各級官吏講演，「全國一齊默禱卅秒，祭祀陣亡軍人」，各界人士「舉行慰靈祭，招待遺族傷痍軍人，贈送紀念品」〔註108〕。1933 年 9 月 18 日，東京紀念如故，北平的日本小學也加入到慶祝行列，超越國家觀念的「友人」終究稀少。

　　侵略消息的刺激，日本民眾的狂熱，勢必給中國留日學生造成巨大壓力，愛國赤誠使青年學子肩負恥辱奮起抗爭。近代以來中華危急，中國留學生並不因遠離本土而缺乏愛國熱情。「在留日學生之間，第一件表現民族意識和愛國心的事，莫過於清國留學生會館的設立。」，「使其威力充分發揮的是反對《清國留學生取締〔註109〕規則》運動」，這次運動成爲日後「一連串反對日本侵略政策的歸國運動的典範」。民國以後，伴隨日本侵華活動，中國留日學生的反日鬥爭不斷，「一九一五年，日本有所謂二十一條的要求，留日學生堅決反對，爲抗議而歸國者很多。其次，一九一八年，日本向中國政府提議共同出兵西伯利亞，留學生亦堅決反對，大舉歸國，並組織救國團」〔註110〕。據

〔註108〕《九一八紀念日慶祝我哀悼》，《申報》，1932 年 9 月 19 日。

〔註109〕日語取締爲漢語管理之意。──引者著。

〔註110〕【日】實藤惠秀：《中國人留學日本史》（譚汝謙、林啓彥譯），香港中文大學出版社，1982 年，第 301 頁。

王拱璧《東遊揮汗錄》記錄，1918年中國留日學生在日本紀念「五七」國恥，「男女留日學生四十六名被捕」；1919年「五七」，「三千青年流血東京」。1928年，日本在山東製造濟南慘案，「留日學生組成了中華各界反日大同盟大舉歸國」。九一八事變發生後，「留日學生幾乎全部回國」〔註111〕。

回歸祖國是表達立場的一種方式，《詩人底畫像》裏，中國留日學生更直接的表明了態度，他們組織了「反日侵華團」。為抗議侵略，詩人等上街秘密散發傳單，學生們手無寸鐵，傳單成為鬥爭武器。中東路事件後，中國學生曾「攜帶中日文傳單」〔註112〕試圖在日本街頭示威遊行。《九一八在日本》中，鞠晚聲等中國留學生利用傳單號召日本民眾與出征士兵「勿作資本家之私欲私利的犧牲品」。鞠晚聲等全身而退，方之中筆下的學生們卻不幸被日警抓獲。學生們「對於暴動的事絕不承認」，但還是受到日方刑訊逼供，畫家等人被打得「血骨模糊」。獄官引誘詩人認罪未逞，兩個兵士「尖峰的皮鞋底就在詩人的兩體上摩擦起來」，之後是「向詩人的口鼻噴射」污水，最後「又受到麻繩的束頸和鐵板的擊臂」，詩人「由褲破而皮裂，而血流，而肉飛」。被扔回牢房後的學生們「決議犧牲這條生命，與帝國主義抗戰。自後每次審問，每個人都只帶了一身加重的傷痕回來，不曾有半句話留在供狀上」。旅日中國人因政治問題遭受日警逮捕、毒打不盡是小說裏的情節。1933年，胡風因與日共的關係被關進日本監牢，他的處境與方之中描寫相仿，同樣是擁擠的牢房、惡劣的飲食、獄官的威逼利誘，審訊中胡風保持沉默多次遭到毆打，「用棍子打我的雙腿及後股」，「打累了休息一下」「於是又打」〔註113〕，幾次三番。現實中胡風未曾開口，作品裏詩人等始終不肯屈服，他們只有一個信念，「倘能僥幸地回到中國，他們要做一個抗日的先鋒。在他們的想像中，中國的同胞的憤怒，已經到達了爆炸的極度」。在祖國，日軍毀我家園殺我同胞；在異域，日人肆意侮辱、關押我留日學生，國仇家恨使愛國青年懷著一息尚存抗爭到底的精神艱難度日，復仇之火熾烈。五個月後，因證據不足詩人等被釋放並遣返回國，「飯後，兩個兵押一個人，各自回到舊寓去收拾行李」，「兩刻鐘又齊到了火車站上」，被遣返的學生們「擠在一個車廂裏，兩頭分坐的是一

〔註111〕【日】實藤惠秀：《中國人留學日本史》（譚汝謙、林啓彥譯），香港中文大學出版社，1982年，第297頁。

〔註112〕【日】實藤惠秀：《中國人留學日本史》（譚汝謙、林啓彥譯），香港中文大學出版社，1982年，第297頁。

〔註113〕胡風：《胡風回憶錄》，人民文學出版社，1997年，第14頁。

排荷槍實彈的日兵。中國學生憤恨的眼緊對著日兵監視的眼，誰也沒有做
聲」。火車開動後，「老王突然高歌了一聲，那些陌生的中國學生也一齊高歌
起來，任是日兵們如何的喝止，也壓不下這種狂熱，這狂熱斷續地一直延到
他們下了車，又上了歸國的船以後」。日方監視下，青年學生被強制遣返回國，
愛國熱情不可遏止衝破沉默似歌聲澎湃，學生們滿懷鬥志踏上歸途，只待回
國投身抗日。胡風曾回憶他遭遣返的經過，「釋放前一天被警察押著去理髮洗
澡，回住所收拾行李」，後到「大學辦退學手續」。「當天，被端保（日警──
引者注）押著先到一個不知名的警察署地下室，向我宣佈了驅逐出境令」，「最
後，每人由一名刑警監視著坐上火車」。「開車時，我上身伸出窗外喊了反對
日本帝國主義侵略中國的口號，雖然同行者沒來得及響應，但我總算是吐了
一口悶氣。警察想制止也來不及了」。「在神戶上船後，先把我們關在船頭下
面的尖艙裏。除留了兩名監視外，其餘的警察都回去了。第二天到長崎，那
兩名警察也上岸走了，我們才真正地成了旅客」〔註 114〕。方之中關於遣返的
描寫與胡風回憶有相似之處，驅逐路上學生歌唱，胡風高呼，表達形式有別，
抗日旨歸相同。1933 年夏，胡風回到上海為左聯工作，方之中 1930 年加入左
聯後也在滬上活動，現沒有證據表明胡、方之間有直接聯繫，不過，與胡風
同案並「一道被驅逐回國」〔註 115〕的聶紺弩與方之中有過關聯〔註 116〕，不知
方之中創作《詩人底畫像》是否曾受到上述人士經歷的影響。自「九一八」
詩人等歸國後，直至《詩人底畫像》面世的 1934 年，日本的中國留學生人數
才開始回升〔註 117〕，「不過，他們只是為了學習救國的必要知識，對日本懷有
好感人幾已絕蹤」〔註 118〕，1937 年七七事變爆發，「導致全體留日學生返國，
而近代中國留學日本的運動至此亦暫告終止」〔註 119〕。

〔註 114〕胡風：《胡風回憶錄》，人民文學出版社，1997 年，第 17 頁。

〔註 115〕胡風：《胡風回憶錄》，人民文學出版社，1997 年，第 22 頁。

〔註 116〕1936 年，方之中編輯《夜鶯》曾通過聶紺弩向魯迅約稿，魯迅《三月的租借》、
《寫於深夜裏》託聶轉交方之中。詳見林溪：《魯迅與方之中》，《魯迅研究動
態》，1986 年第八期。

〔註 117〕關於 1928 年至 1937 年中國留日學生數量的變化情況可參見王奇生：《中國留
學生的歷史軌迹：1872～1949》，湖北教育出版社，1992 年，第 115 頁。

〔註 118〕【日】實藤惠秀：《中國人留學日本史》（譚汝謙、林啓彥譯），香港中文大學
出版社，1982 年，第 297 頁。

〔註 119〕【日】實藤惠秀：《中國人留學日本史》（譚汝謙、林啓彥譯），香港中文大學
出版社，1982 年，第 301 頁。

　　《詩人底畫像》描寫了中國留日學生在敵國的抗爭，同時還涉及他們回國後的遭遇。《九一八在日本》、《一個印象》里中國留學生的活動止於日本，《詩人底畫像》中熱血青年們鬥志滿懷回到祖國，國民政府教育部「通令北平、上海等地大學收容留日歸國學生」〔註120〕。讀書不忘救國，詩人與同學到上海後組織了「留日被迫歸國團」，為宣傳抗日「他們發宣言，打通電，他們相信這種熱情不會浪費的」。現實充滿諷刺，「社會的答覆」，「與他們的期待成了反比例：仇貨的激增，抗日團體的消滅，市場上，電影院，跳舞場，……一切都回覆了太平盛世的景象！」，敵人的拷打沒能扼殺反抗信念，國人的健忘卻讓抗日精神窒息。「他們失望了，幻滅了，『中國同胞的憤怒，到達了爆發的極度！』畢竟只是他們的幻想」。大敵當前沒有團結抗戰卻是不知今夕何夕的歌舞生平，東三省的殺戮、淞滬的血戰被大家遺忘，「中國同胞的憤怒」早已煙消雲散，醉生夢死的世界使詩人誓做抗日先鋒的心變得冰涼。東北父老的死難、留日學生因抗爭而「身受的蹂躪」已不能激起民族的反抗，詩人將苦難的記憶化為筆下「憤世嫉俗的話」，可「這類稿子寄出去又退回來」，抗敵話語已無處言說。愛國赤誠被壓抑成無可發泄的憤懣，詩人只能用頹廢的生活表達對社會的失望與不滿，他心中那一線抗爭的光亮被「黑神的翅膀」「緊緊地包圍著」，何處才是抗日精神生長的土地。

　　《詩人底畫像》圍繞「九一八」展開，但從作品細節與現實環境看，作家隱憂更源於1934年前後的社會狀況。作品中提到詩人於「九一八」後五個月回滬，抵滬後獲悉「一二八」滬戰剛剛結束，按這兩條線索則詩人到達上海的時間應在1932年3、4月份。「一二八」一役第19路軍奮勇抗擊日軍，全國尤其上海民氣激昂，各界人士紛紛以各種方式支持第19路軍抗戰，軍民團結抗日熱情高漲，到3、4月間滬戰結束不久，「九一八」也尚不遙遠，詩人所睹民氣消歇之種種表徵應不至在此時出現。那麼，詩人回國後反抗熱情遇冷、抗日精神枯萎所指何時？《詩人底畫像》完成於1934年，作品中詩人所讀報紙曾語涉「新生活運動」，則1934年的社會景象極有可能被融彙在作品之中。問題在於，1934年的社會、歷史語境是否如作品所示，國難未已而國人喪失鬥志得過且過？1933年，社會國難意識的淡薄已引起有識之士的警惕，1934年，「九一八」漸行漸遠，民族前途卻日益黯淡，強化國難意識成為

〔註120〕王奇生：《中國留學生的歷史軌迹：1872～1949》，湖北教育出版社，1992年，第114頁。

本年「九一八」紀念的主題。《東方雜誌》告誡國人應「痛除因循偷惰之積習」「牢記九一八」〔註 121〕。《人間世》的《忘記了九一八事變》〔註 122〕指出通過考試檢驗不少學生遺忘「九一八」，批評「中國民族是健忘的民族」「這健忘卻決不是自然的；而是催眠的」。《申報月刊》評論道，「當九一八之第一年，全國呼號震動。商界抵制，學生請願，政府亦是且且申言，收復失地，長期抵抗。未幾而抵制者聲浪銷沉，劣貨充斥矣。未幾，而請願者『愛國有心，迴天無力』矣。已失之地，未有寸土尺地之收復。未失之地，如內蒙，如華北，更日在侵凌壓逼下矣。『抵抗』二字，兩年前為時髦口頭禪，今為絕響廣陵散矣」〔註 123〕。失地未復，國人忘憂，日寇步步逼近意在亡我中華，我國民抵抗精神即喪亡國滅種亦不遠矣。面對嚴峻的局勢，各方聲音急欲喚起全民族的國難意識，這也正反映了現實中反抗精神的缺失，基於當下這種緊迫的社會形勢，方之中將對現實的感知融入筆端創作《詩人底畫像》，借中國留日學生的抗日活動及其冷遇，頌揚抗日精神、鼓動民眾保家衛國打擊侵略者。

1933 年王平陵之《期待》所流露出的國難意識，在《文藝月刊》1934 年度的不少作品中再度呈現。我國喪權失地日趨嚴重，國民政府開會、默哀、降半旗的「九一八」紀念之舉日顯乏力。《文藝月刊》刊載作品從多個角度反映日本侵華活動，強化國難意識，鼓動國人奮起抗日。1934 年 8 月，《文藝月刊》推出《滿洲小景》〔註 124〕，偽滿「在統治上或者是奴隸的職務上都是一些新的人物登場」，他們「代替那帝國主義的暴力剝削這廣大的群眾」，但這裏的民眾不忘自己是「中國人，中國種」，反抗勢力潛滋暗長。同年 9 月，登載《支那料理師》〔註 125〕，旅日的「幾千幾百中國商人和工人」，「沒有觸犯日本政府的法律，沒有違反警視廳的警章，納稅繳捐」，辛勤勞動，卻被日本沒收財產驅逐回國，一切只因他們是「支那人」，被侮辱者的仇恨已經點燃。1934 年 10 月，《文藝月刊》發表《詩人底畫像》，作家將描寫對象對準中國留日學生，通過「九一八」後他們在中、日兩國的遭遇，鼓吹誓死反抗日本侵略的愛國精神，對國人於國勢危殆之際缺乏抵抗意志表示不滿。方之中為左聯作家，但此作並未宣揚階級學說攻擊國民政府，作品包含紀念「九一八」

〔註 121〕允恭：《牢記九一八》，《東方雜誌》，第三十一卷第十八號，1934 年 9 月。

〔註 122〕兀德：《忘記了九一八事變》，《人間世》，第十二期，1934 年 9 月。

〔註 123〕桐心：《『九一八』三週年》，《申報月刊》，第三卷第九號，1934 年 9 月。

〔註 124〕胡琴子：《滿洲小景》，《文藝月刊》，第六卷第二期，1934 年 8 月。

〔註 125〕夏萊：《支那料理師》，《文藝月刊》，第六卷第三期，1934 年 9 月。

之意，反映了 1934 年的歷史語境，與之前作品的國難意識一以貫之，爲姿態溫和的《文藝月刊》所選擇並不突兀。

第五節　1935 年回歸低調的「九一八」紀念

　　自 1932 年開始，日本知識分子、東北抗日義勇軍、中國留日學生等形象，作爲個人或群體，陸續出現在《文藝月刊》「九一八」紀念之作的鏡頭前，展示他們爲反對日軍入侵東三省所作的努力。1936 年，《文藝月刊》推出了方深的《十字架上》，本年度的「九一八」故事由中國城市貧民裏的一位普通姑娘講述出來。

　　《十字架上》借用普通民眾的視角記錄 1930 年代中日關係的起落。作品採用第一人稱敘事，「我」是個貧民家庭的姑娘，父親去世後，「我們的家境爲著債務的瓜分」淪爲無產，「單靠姆媽十指辛勤，在危殆中撐到現在。這責任，而今又加到我的肩上來了」。由於生計難以維持，姆媽勸「我」接受在中國做生意的老年日本商人松崗的「包養」，在松崗軟硬兼施的手段下，「我」被他佔有。面對松崗，起初「我」羞愧難當無比怨恨，但日久生情「我」對他產生依戀，產下一子。九一八事變爆發，伴隨事態的擴大，松崗同大批日僑回國，自此「我」與他分隔兩地，後松崗意外喪生，母親病逝，「我」撫養幼子艱難度日。與此前紀念之作不同，《十字架上》沒有描寫知識分子義正嚴詞的反戰演說，也未突出愛國軍人、青年學生血淚交迸的群體抗爭，歷史激起的洶湧波濤變成了漣漪。故事講述的是貧民階層日常生活中的一段往事，主要圍繞「我」的情感遭遇展開，1930 年代那些影響中日關係的重大歷史事件，在「我」——一個十幾歲姑娘的生活中留下印記。不像東省苦難同胞，「我」不是「九一八」的親歷者，也不同於活躍在抗日一線的先行者，他們抒寫了中國人的抗爭事跡，「我」是時代裏挾下普通的歷史見證者。

　　《十字架上》通過「我」與松崗的交往，影射、諷刺了日本侵華陰謀與國人的投降行爲。在「我」的講述中，即使是生活裏的尋常事也總讓人聯想到中日國家間的交往。與松崗交往之初，他送來不少禮物，接近我後企圖用強力逼我就範，頓時，「我」「明白那一切的親善底圈套，都是闖騙我的姆媽來欺騙我的一種有目的的計劃。什麼是好的友誼？什麼又叫做純潔的互助」。日本對華「親善」、「互助」之說「乃變相之挾持」，「其予取予求，目中無中國之態度，

已昭然若揭」，謊言遮掩不住侵略的陰謀，「吾國人民，苟不自甘於滅亡，必思應付之方法」〔註 126〕。「我」識破松崗的「詭計」，並不害怕他「用著他們國度裏慣用的手腕來侵略我」，因為「我」可不像「我們國度裏的一般偉人物，肯屈服在你的威脅利誘下」，我拼命反抗松崗的「侵略」，可姆媽扮演了「偉人物」的角色，她在「威脅利誘」下屈服，勸我順從松崗，「要我去做這種 XX〔註 127〕人的俘虜」，原來「她居然也有了這麼長的時期同著松崗訂下這些秘密的事件來蒙混我」，這無異於「溝通了外人來共同出賣我」。外有松崗軟硬兼施，內有姆媽「蒙混」、「出賣」，我腹背受敵不知所措，「像一個戰場上的勇士，在一刹那間，不是拋掉干戈，馴羊般的伏在敵人的足下，便要灑著鮮紅的血淚和強暴的頑敵作殊死戰」，如果「現在沒有奮鬥」，我「便將永遠沉沒」，「我如果不抵抗而喪失了一切幸福」，「那該是如何地一個殘酷的事」。我與松崗的交往演繹著中日之間的糾葛，有侵略與利誘，有屈服與出賣，內外交攻之下，勇士面臨生死抉擇，做拋掉干戈的馴羊，還是與頑敵做殊死戰，歷史給出回答，不抵抗便沉沒。我並非勇士，而只是「剛剛踏入社會的一朵蓓蕾」，在松崗與姆媽「高壓的誘迫下」，我終被「導引上」「犧牲的庖俎前」。

　　生活中，「我」經歷著個人情感上的愛恨情仇，更感受著中華民族的屈辱與悲憤。「我」和松崗有不和諧的開端，但從那之後，「他對於我，不能不說是盡著全力地愛護了」，人非草木「我」開始覺得松崗「有些兒可愛了」。「我」和他的生活似乎這樣延續下去，但是「東北的事件突然爆發了，全國的空氣頓行沸騰」，國家利益與個人情感的碰撞衝擊著「我」的生活。日僑密切關注東北局勢，「一天裏，松崗要去領事館幾次，探聽軍事上的消息」，松崗與侵略者站在一邊，「他們的國家勝利了，他就歡欣鼓舞，但當我國抗 X 的空氣密度增濃時，松崗也就很愁悶地不知所措」。我是中國人，身邊日本人的舉動更加刺激了我的民族自尊心，我同樣關注著戰局，「我國的民氣也越來越激昂，這顯然是誰都不曾死心。懦弱的鎮靜，就從來不曾在人們的心裏擴大過」，民氣激昂沒能阻擋住侵略的鐵蹄，日本「不聲不響地，加速度地佔領了整個的東北」。侵略引起民眾的憤慨，鑒於與松崗的關係，我受到大家的責罵，但我未因自己的小家庭而喪失民族立場，為「九一八」，我與松崗等日本人據理力

〔註 126〕記者：《九一八五週年》，《中國新論》，第二卷第八期，1936 年 9 月 18 日。
〔註 127〕《十字架上》凡涉及日本處，皆以 XX 代替，如日本人寫作 XX 人，抗日寫作抗 X，用意或在避免引起外交上的問題。

爭斥責侵略，「國事的蜩螗」令我悲痛莫名。外敵入侵之時，確有無恥的「冷血同胞」冒出，日軍佔領東北時，跑來向松崗等報告勝利消息的竟有「我國的紳士同胞」，「他們這樣的愛重 XX，愛重的就像是他們的祖宗！所以就不怕中國永遠地淪亡在十八層地域下」。全國掀起抵制日貨的浪潮，這些出賣民族利益的人卻「在一起商量著，應用如何的方法，去偽造貨物，使人們辨認不出這是 XX 製造的」，部分「抗 X 團體」的「X 貨檢查員」與他們沆瀣一氣，「嘻嘻的半睜閉著眼睛」「帶滿了銀洋鈔票回到家裏去」。《文藝月刊》另一篇作品《長征》〔註 128〕對私賣日貨也有描寫，小說中小商人沈觀田在一二八之後不顧民族仇恨，「每天將日本商品推銷，但他在頭口上還是說『中華國貨人人要』」，為賺錢他「替日本商人推銷貨品」，最終卻死在日本裝甲車下，「這不知是怎樣一種報應」。《十字架上》、《長征》痛斥日寇，對背叛民族的國人同樣毫不留情，隨著侵略者的刀鋒所向，中華民族的悲喜劇不斷上演。

派艦「示威」，日本軍方對華步步緊逼，或走或留，中國日僑配合侵華形勢。「九一八」後，松崗暗示我，將來中日間「更有許多絕大的危險在潛伏」。形勢一天天嚴峻，「X 艦又添開來了許多支，說是來保僑」，「全體的人民都焦急萬分」，我「更感到苦悶的壓迫了」，松崗力邀「我」隨他赴日，可我堅信「國家總可盡力量把我們保護住，決不致眼看著我們給異國欺侮」。終於，松崗隨大批日僑歸國，他們走後不久，「XX 人又打到上海來了」，「XX 的軍艦又開來了四艘，到我們這裏來示威」。日艦「示威」之事確有影蹤，為壓制上海人民因「九一八」而掀起的抗日浪潮，「1931 年 10 月 5 日，日本政府調遣四艘驅逐艦到滬，艦上數百名海軍陸戰隊員在浦東沙縣登陸『示威』，製造緊張氣氛」〔註 129〕。回想前後，我發現日僑的動向實乃日軍活動晴雨錶，「每一次事件發動的先前，X 僑就預先的相率迴避去。這不是有組織的計劃，讓領事館裏早先給他們的通告，他們才會曉得的嗎？」。事實上，「九一八」後，一部分日僑還參與了日本的侵略活動，日艦來滬後，從 1931 年 10 月 11 日起的半個月內，「在日本軍艦及陸戰隊的武力支持下，日本駐滬領事館發給日僑槍支」，「數千日僑持械遊行，撕毀抗日標語，毆打演講學生，槍擊出租車司機及中國警察，拘捕中國學生」，同年「12 月 6 日，各地 43 個日僑團體的代表

〔註 128〕程碧冰：《長征》，《文藝月刊》，第六卷第四期，1934 年 10 月。
〔註 129〕張憲文等著：《中華民國史》（第二卷），南京大學出版社，2006 年，第 260 頁。

1000 餘人，爲對付中國人民的抗日救亡運動，在滬舉行全支那日本居留民大會」，「提出中國廢除排日、取消打倒日本帝國主義的口號等無理要求」﹝註130﹞，在這之前，松崗的日僑朋友就已「操著不通的中國話」叫囂「『抗日運動他們制止，取消 X 貨檢查』」了，部分日僑隨侵略而動已無可否認，文學與歷史交互印證了日本的侵華罪行。

《十字架上》始於「我」終日忙碌的閨中生活，經歷「九一八」的波瀾後，作品收束於「我」對往事不勝滄桑的感喟之中。我與松崗分離後，「XX 的侵略日甚一日，抗 X 的風聲也就日緊一日」，侵略者鐵蹄下，中華民族背負著苦難的十字架艱難前行，民族遭遇使「我恨 XX」，「但，我愛松崗」，可這愛卻玷污了我的靈魂，我同樣要在十字架下懺悔、行進。《十字架上》關於「九一八」的部分影像再現於「我」對往事的回憶，戰爭背景下，我國「紳士」、日本僑民登臺亮相，作家用「我」對侵略者、漢奸的痛恨，表明民族立場，堅決抗日的意旨不言而喻。方深並未將抗日的聲音貫穿作品始終，「九一八」是「我」記憶中的插曲而非全部，民族苦難我感同身受，自身的淒涼更讓我悲從中來，往事成夢，對松崗、母親，我只剩懷念，如今我也爲人母，艱難的生活仍要繼續。作家將民族精神的弘揚包裹在一段充滿情感糾葛的往事中，慷慨激昂的鼓動變成娓娓道來的回憶，抗日不止是直面日寇的戰鬥，或許，肩負民族苦難頑強生活，才是普通民眾生存常態。相對於《期待》、《詩人底畫像》等的對敵鬥爭情節，《十字架上》沒有涉及與日寇正面衝突的場景，轉而描繪「九一八」期間「我」的見聞、感受，與此前紀念之作相比，《十字架上》不乏民族精神與抗敵信念，但對 1936 年前後的時局反映較少，選此爲本年度的「九一八」紀念，《文藝月刊》的聲音稍顯單調，而此時，國內形勢正在發生微妙的變化。

1935 年以後，伴隨日軍侵華進程的加快，國內要求聯合抗戰的呼聲漸起。「九一八」五年以來，我國局勢日漸惡化，一二八事變、偽滿成立、熱河淪陷接連而來，1935 年 5 月發生「河北事件」，6 月發生「張北事件」，「接著，爲全面控制華北，日本又加緊策動河北、山東、山西、察哈爾、綏遠等華北五省『自治運動』」﹝註131﹞。此外，「華北駐兵的劇增，走私的包庇，以至於

﹝註130﹞張憲文等著：《中華民國史》（第二卷），南京大學出版社，2006 年，第 260 頁。

﹝註131﹞張憲文等著：《中華民國史》（第二卷），南京大學出版社，2006 年，第 312 頁。

所謂中日經濟提攜……一幕一幕的繼續不斷的演出」〔註132〕。國勢危殆，牽動國內各方神經，1935 年 8 月 1 日，中共發表《爲抗日救國告全體同胞書》，總結近來國內形勢號召團結抗日，「近年來，我國家、我民族、已處在千鈞一髮的生死關頭。抗日則生，不抗日則死，抗日救國，已成爲每個同胞的神聖天職！」，在此情形下「無論各黨派間在過去和現在有任何政見和屬害的不同，無論各界同胞間有任何意見上或利益上的差異，無論各軍隊間過去和現在有任何敵對行爲，大家都應當有『兄弟鬩牆外禦其侮』的眞誠覺悟，首先大家都應當停止內戰，以便集中一切國力（人力、物力、財力、武力等）去爲抗日救國的神聖事業而奮鬥」。文件明確表示，「只要國民黨軍隊停止進攻蘇區行動，只要任何部隊實行對日抗戰，不管過去和現在他們與紅軍之間有任何分歧，紅軍不僅立刻對之停止敵對行爲，而且願意與之親密攜手共同救國」〔註133〕。中共《八一宣言》推動了抗日救亡運動的發展，本年 12 月 9 日，北平爆發了愛國學生反對「華北自治」的一二九運動。「一二九運動揭露了日本帝國主義侵略中國併吞華北的陰謀，抨擊了國民政府的對日妥協政策，促進了中國人民的覺醒，標誌著中國人民抗日民主運動高潮的到來」〔註134〕。12 月 17 日，中共中央召開瓦窯堡會議，「確定了抗日民族統一戰線的策略方針」〔註135〕，建立抗日民族統一戰線的訴求逐漸強烈，終將影響國內政治走向。

　　各黨派聯合抗日成爲 1936 年「九一八」紀念的重要議題。李公樸主編的《讀書生活》在「九一八」五週年之際，從「九一八」談到「一二九」，認爲當下「全國各階層各黨派的人都漸漸明白抗戰的必要，並且在這樣的基礎上，喊出了聯合戰線的口號，不管你是主張什麼，你關心的利益是什麼，倘若你是要求生存的話，就應該聽從著這個呼聲的號召，集合到國防的抗敵的戰線

〔註132〕尚希賢：《「九一八」事變後我們應有的覺悟》，《中國新論》，第二卷第八期，1936 年 9 月。

〔註133〕《中國蘇維埃政府、中國共產黨中央爲抗日救國告全體同胞書》，中央檔案館編：《中共中央文件選集》第 10 冊，中共中央黨校出版社，1991 年，第 519～522 頁。

〔註134〕張憲文等著：《中華民國史》（第二卷），南京大學出版社，2006 年，第 319 頁。

〔註135〕張憲文等著：《中華民國史》（第二卷），南京大學出版社，2006 年，第 319 頁。

上來」〔註136〕。此言論與中共《八一宣言》及建立抗日民族統一戰線的主張十分相似。《救亡情報》同樣在「九一八」紀念日討論一二九學生運動的意義及抗日救亡聯合戰線的組織〔註137〕。《讀書月刊》的編輯中有艾思奇，撰稿隊伍中有中共人士，《救亡情報》有沈鈞儒、章乃器等人參與，這些至少表明中共與李公樸、章乃器等民主派人士，在建立抗日聯合戰線的問題上存在共識。

在此之前，國民政府根據形勢變化也著手抗戰準備工作。1935 年的《防衛計劃綱要》、1936 年初的《國防計劃大綱》，表明「此時國民政府已確定對日作戰的總方針」〔註138〕。1936 年 7 月中旬，中國國民黨五屆二中全會在南京召開，發表《第五屆中央執行委員會第二次全體會議宣言》，文件表示「中國目前形勢，非以決死之心求生存，則不能得安全之保障；非舉國一致以整齊之步驟謀挽救，則將無逃於各個擊破之危機」，故「吾人對內唯有以最大之容忍與苦心，蘄求全國國民之團結；對外則決不容忍任何侵害領土主權之事實，亦決不簽訂任何侵害領土主權之協定，遇有領土主權被侵害之事實發生，如用盡政治方法而無效，危及國家民族之根本生存時，則必出以最後犧牲之決心，絕無絲毫猶豫之餘地」〔註139〕。這份宣言在「一定程度上顯示了國民政府的抗日決心」〔註140〕，向社會釋放出積極的信號。或許正是受到這種風向的鼓舞，《讀書生活》在紀念「九一八」的同時，開闢「國防總動員特輯」，發表一系列文章從政治、經濟、軍事、教育、哲學、文學、戲劇、電影、音樂、文字改革等諸方面探討國防動員問題，在最重要的《政治的國防動員》中，李公樸探討了政治民主化問題，總原則是「放棄過去政治上階級的偏見，仇恨，獨斷，而將政權真正的授之於人民，自然，人民的公意往往是通過政黨而實現的，所以這時政治的組織者是各黨派的合作，除漢奸親敵的政黨外，

〔註136〕崇：《紀念九一八》，《讀書生活》，第四卷第九期，1936 年 9 月 10 日。

〔註137〕《救亡情報》由上海文化界救國會、上海婦女界救國會、上海職業界救國會、上海各大學教師救國會、上海國難教育社等，聯合編輯發行，撰稿人中有沈鈞儒、章乃器等民主人士。其中 1936 年 9 月 13 日第十八期，9 月 18 日第十九期，均有關於「九一八」、「一二九」，「抗日聯合戰線」等話題的討論。

〔註138〕張憲文等著：《中華民國史》（第二卷），南京大學出版社，2006 年，第 355 頁。

〔註139〕《第五屆中央執行委員會第二次全體會議宣言》，榮孟源主編：《中國國民黨歷次代表大會及中央全會資料》（下），光明日報出版社，1985 年，第 411～412 頁。

〔註140〕張憲文等著：《中華民國史》（第二卷），南京大學出版社，2006 年，第 316 頁。

一切民族的政黨，不論從極右到極左，均無排斥它參加政府之理。一切政黨的存在，均受法律保障它做政治的鬥爭」〔註141〕。李公樸的建議具有合理性，但現實政治不會如此理想，國民黨五屆二中全會要求國民應「予中央以徹底之信任」，強化一黨權威，且當局「剿共」如故，直到西安事變的發生。中共方面，在共產國際的影響下，「中共中央不能不為自己規定了一種『逼蔣抗日』的方針。這一方針旨在一方面向國民黨『提議與要求建立抗日的統一戰線』，另一方面『並不放棄同各派反蔣軍閥進行聯合的抗日』，並『繼續揭破他們的每一退讓、妥協、喪權辱國的言論與行動』，使自己最終實際成為『全國各黨、各派（蔣介石國民黨也在內）抗日統一戰線的組織者與領導者』」〔註142〕。國共皆曰抗日，但各有考慮，聯合戰線實非易事。

　　鼓吹聯合戰線的還有左翼色彩的一些刊物，與民主人士不同，聯合之外他們不忘鬥爭。「九一八」五週年之際，《今代文藝》總結道，「五年來，侵略者是日益來的積極，急進，大膽，無恥，而我們整個中國民族的命運也就日益瀕於死亡線上！」，為救國自今往後，「聯合戰線的主張應該馬上由提倡的階段而入於實踐的階段；應該馬上使每一個漢奸以外的愛國民眾，都不分黨派，階層，……，一齊集中在救亡的旗幟下面，為祖國的獨立自由而戰！」〔註143〕。《文學大眾》「九一八五週年紀念特輯」中，有作家指出，當下「全民的救亡陣線被組織起來了，他們要求著一切不願做亡國奴的中國人，不分黨派黨別，牢固地在抗敵地號召底下聯合起來」，但「握有全民族命運底當局」〔註144〕卻無視這種要求。無視人民要求必然受到批判，白朗借「九一八」的傷痕揭露當局歷史「罪行」，「我們忘記不了：那有飛機，有大炮，有槍，有刀，而主張不抵抗的投降主義者，陷人民於水火的大罪人」〔註145〕。《今年是第五年了》新仇舊恨一起清算，當初「不抵抗的將軍在爵士歌舞下葬送」東北，如今，「『一二九』北平學生奮臂疾呼」又「受了壓迫」，如此「中國便給無情的歷史劃成了兩個壁壘」，作家當頭棒喝「出賣民眾的便是民眾的敵人」，警告統治者三思後行。昔日葬送東省領土，今時鎮壓學生運動，人民面前，當

〔註141〕李公樸：《政治的國防動員》，《讀書生活》，第四卷第九期，1936年9月。
〔註142〕楊奎松：《中間地帶的革命——中國革命的策略在國際背景下的演變》，中共中央黨校出版社，1992年，第293頁。
〔註143〕張若英：《紀念九一八》，《今代文藝》，第一卷第三期，1936年9月。
〔註144〕林娜：《深深的仇恨苦痛著我們》，《文學大眾》，第一卷第一期，1936年9月。
〔註145〕白朗：《忘記不掉的一天》，《文學大眾》，第一卷第一期，1936年9月。

局的出路只有痛改前非掉轉槍口抗日。由此，文章要求「不分黨派不分階級」組織「抗 X 的統一戰線」。不過，其中「民族資產階級甚至洋奴化了的買辦階級」、「還有些微良心的軍閥」等稱謂意味深長，階級烙印難以磨滅，聯合之前已有芥蒂，聯合之後難免摩擦。爲紀念「九一八」，本期還推出了舒群、羅烽、田平、亞丁等東北作家的作品，面對變色的山河，他們或抒悲憤之情，或表戰鬥之志。正如「九一八特輯引言」所說，這些作品是「抗戰的呼聲」是「我們的戰歌」，在這危機關頭，「願我們的怒吼喚醒千百萬大眾！願我們的熱淚如鐵液一般溶化每個人的心臟！願我們的號召到每個角落的人群中去！更願我們的信念爲一切不願做亡國奴的人接受！」。「戰歌」、「怒吼」迸發出抗戰的強音，對國民政府則「繼續揭破他們的每一退讓、妥協、喪權辱國的言論與行動」，這種強硬的態度極可能是在配合之前中共「運用輿論與實力兩方面的壓力，努力取消國民黨的中心地位和強大影響」的策略，可問題在於，「理論上的這種『壓力』將從哪裏來呢？」〔註 146〕。《文學大眾》提及，上述「戰歌」作家多是「國防文學」主力。此前，爲適應抗戰需要，左翼提倡創作「國防文學」，「九一八」紀念之時熱議持續。《文學大眾》在《我們的建議》中指出，左翼內部應拋棄成見，「立即發動廣泛的群眾的討論，展開並擴大統一戰線，從事國防文學陣線的再組織運動」。《文學大眾》僅是「建議」，《文學界》則大篇幅討論，第一卷第三期開闢「幾個創作家對於國防文學的意見」特輯，集中發表荒煤、徵農、艾蕪、魏金枝、羅烽、林娜、舒群、戴平萬、葉紫、沙汀等人的相關論述，一卷四期緊接推出郭沫若、俞煌、丁非、凡海等人文章，繼續「國防文學」與「民族革命戰爭的大眾文學」的討論。本期雖有任鈞、羅烽、舒群的詩歌，關露的散文及秋雁的小說等「九一八」紀念作品，但刊物重心顯在「國防文學」的討論。中共領導下，左翼作家配合黨的宣傳工作，「九一八」紀念必談抗日，在《八一宣言》的指導下，抗日要求聯合，左翼提出「國防文學」或「民族革命戰爭的大眾文學」，所言自然是揭露敵人罪惡、鼓動全民抗戰、對國民黨即拉又打「逼蔣抗日」，此舉最終目的還是通過輿論攻勢迫使國民政府承認中共地位，組建聯合戰線共同抗日。面對中共苦心，政府當局對紅軍繼續進攻，這或許可以看作一種回應。

1936 年，日寇侵華腳步不停，國民政府著手準備抗戰，國內要求聯合抗

〔註 146〕楊奎松：《中間地帶的革命——中國革命的策略在國際背景下的演變》，中共中央黨校出版社，1992 年，第 293 頁。

日的聲音漸起。基於全民族利益,《文藝月刊》「九一八」紀念之作抗日呼聲依舊,這符合當局此時的宣傳口徑,除此之外作品不涉其他議題〔註147〕。中共《八一宣言》表示聯合姿態,民主人士有推動之意,李公樸等人關於政治民主化、各黨派組建聯合政府的建議著眼大局,但直接觸碰當局統治權威,難以輕易獲得政府認可。相對於民主派,左翼聲音過之而無不及,對當局批判不遺餘力,「國防文學」問世,內部卻又分歧不斷,且《文學界》四期而終,《今代文藝》只出三期,其影響力如何難以測定。《文藝月刊》同人對政治一向謹慎,在國民政府堅持與紅軍爲敵的情況下,討論聯合定然碰壁。關於抗日,《文藝月刊》對當局舉棋不定有過批評,但刊物始終不曾質疑國民政府的領導地位,對國共分歧更是盡力迴避。多事之秋,政局複雜文壇熱鬧,各方暗中已呈緊張之勢,《文藝月刊》選擇《十字架上》紀念「九一八」,抗日之外不言其他,變局之中保持低調,著眼民族生存,顧及當局顏面,看似單調的聲音卻已表達了刊物的見解、立場。

小 結

　　《文藝月刊》支持民族主義文藝運動,持續關注「九一八」,樹立國難意識,堅定民眾抗日信念。自 1931 年九一八事變發生後,《文藝月刊》幾乎逐年推出紀念作品,從最初訃告式的《致哀》到《世界底污點》、《期待》、《詩人底畫像》、《十字架上》等。這些作品刻畫了不同的形象,從大孤山的英烈到生活中的小「我」,透露出不同時期的社會氣象,有國聯外交的隱忍有熱河失陷的悲憤。儘管抗爭主體不一,國內局勢變幻,作家們的指歸無一不是抗日救國。通過這些作品,「九一八」至 1937 年全面抗戰爆發前,中華民族的屈辱與抗爭在《文藝月刊》上展露一角。抗戰全面爆發後,日寇大舉侵華,國共攜手抗日,國內、外形勢瞬息萬變,國共兩黨將注意力灌注於長期抗日抗戰建國。時至 1938 年「九一八」紀念,中國國民黨發表《「九一八」告全

〔註147〕以雷震充當發行人的《中國新論》1936 年 9 月 18 日第二卷第八期爲「九一八特輯」,本期撰稿人如薛銓曾、祝修爵、王古魯等多爲大學教授或政府公職人員,編撰隊伍與《文藝月刊》有幾分相似,本期紀念「九一八」「冀喚醒國人,奮起救亡」,主要內容在介紹日本、東北近年軍事、政治、經濟等情形,希望政府、民眾共同努力,「充實國力,建設國防,以復仇雪恥」。除此而外,不談其他,《文藝月刊》之道不孤。

國同胞書》再次申明抗戰建國綱領，凝聚軍民團結禦侮。蔣介石發表《告東北同胞書》，鼓舞東北民眾鬥志，號召東省軍民奮起抗敵，「拼我們的血肉，爭取光明的前途」〔註148〕。中共《解放》也就「九一八」紀念發表時評，表示在抗戰的嚴重時刻，「我們的方針，仍然是鞏固國內團結，堅持抗戰到最後勝利」〔註149〕。時值武漢會戰期間，中共還發文「向保衛大武漢的軍民致敬」〔註150〕。在此環境下，中國文藝社召開「九一八文化界紀念大會」，邀請葉楚傖、張道藩到會，討論文化界在抗戰救國時期的任務。此時已由武漢遷至重慶的《文藝月刊》推出「九一八」紀念專號，銘記東北同胞苦難，鼓舞軍民抗日救國，並將刊物目光投向當下戰局，「面對著今年的『九一八』，當前的任務是集中全國力量來保衛大武漢」，「今年的『九一八』已不是一個紀念的日子，而是一個號召的日子。要爲完成保衛大武漢的使命，今年的『九一八』將要號召全國人民參加到保衛大武漢的艱苦的戰鬥中來」〔註151〕，保衛大武漢的壯烈圖景展開，而在這之前，淞滬會戰、徐州會戰等重要戰役的吶喊與硝煙也在《文藝月刊》上留下印記。

〔註148〕 《「九一八」七週年紀念日蔣委員長告東北同胞書》，《河南省政府公報》，1938年第 2273 期。

〔註149〕 劉：《紀念「九一八」鞏固國內團結》，《解放》，第五十二期，1938 年 9 月。

〔註150〕 《向保衛大武漢的軍民致敬》，《解放》，第五十三期，1938 年 9 月。

〔註151〕 蓬子：《提高抗戰文藝的戰鬥力——爲迎接第七個「九一八」而作》，《文藝月刊·戰時特刊》，第二卷第三期，1938 年 9 月。

第四章　《文藝月刊》關於淞滬會戰的表現

　　九一八事變後，《文藝月刊》密切留意日本動向關注時局發展，直至 1941 年終刊，抗戰呼聲始終不絕於耳。1937 年 7 月 7 日晚，日軍在盧溝橋畔蓄意挑起戰爭，中國守軍奮起反抗，至此，抗日戰爭全面爆發。隨抗戰局勢變化，《文藝月刊》做出調整，1937 年 10 月 21 日，刊物改為《文藝月刊·戰時特刊》，為抗戰擂鼓助威。1938 年 1 月 1 日，戰火紛飛中，《文藝月刊·戰時特刊》「由京（南京——引者注）遷漢的第一期出版了」〔註1〕，刊物迎來「一九三八年的第一道晨光」〔註2〕。時世艱難，「敵寇的炮火雖猛烈，敵寇的鐵蹄雖慘絕，但終未能摧毀我大中華民族的文化」，編者欣慰之餘亦懷「杞憂」：「今天雖然還有允許我們出版的環境，可是，這個環境有若干時日的安全？我們是否有一定的把握，保衛這個環境安全的要點」。此問題「是我們抗戰中國的文化人，於一九三八年開展的第一天便應深深地注意起來，牢牢地把握住的問題之核心，不僅此也，我們更當進一步的把這一點，滲透入整個文化部門的個體去，以作應有準備的應敵，打擊強敵」〔註3〕。編者憂慮來源於對日寇的認識，戰火肆虐「敵人兇暴的氣焰，散佈到中國的全領域，這命運的到來，任誰也無法逃避」，屠刀下國人掙扎度日，「掛在牆壁上的一本厚厚的

〔註1〕　《編輯小語》，《文藝月刊·戰時特刊》，第一卷第五期，1938 年 1 月。
〔註2〕　方治：《一九三八年的展望》，《文藝月刊·戰時特刊》，第一卷第五期，1938 年 1 月。
〔註3〕　《編輯小語》，《文藝月刊·戰時特刊》，第一卷第五期，1938 年 1 月。

日曆，撕毀一張，就等於撕毀了一座莊嚴的城郭，撕毀了幾百萬人的生命」，
槍炮聲中「不知有多少忠勇的鬥士，無辜的難民，為了苦難的民族做了偉大
的犧牲祭」〔註4〕。家國命懸一線，「我們的呼吸，是極度緊張的，留給我們
準備的時間，更是異乎尋常的短促」。奮起才有活路，「現在是民族的生存高
於一切，只有抗戰到底，才能求得民族的生存；我們為著凝聚抗戰的力量，
堅強抗戰的力量，就得毀滅一切人事上的摩擦，感情和意氣的糾紛，大家死
心塌地丟卻舊怨，宿恨，仇視，嫉妒，真忱赤祖地攜著手，向著為民族爭取
最後生存的目標，一致的拼命地努力」〔註5〕。為民族救亡，老舍呼籲「寫家
們聯合起來」，「用他們的熱誠與呼聲使全民族醞釀，粘合起來。合則勝，分
則亡，我們必須把這個道理用警告，用說明，用激勵，深深的達到每個人的
心間」〔註6〕。由此，中華全國文藝界抗敵協會呼之欲出。保家衛國的莊嚴使
命下，作家們通力合作各盡其能，戰地慰問、隨軍採訪、甚至扛槍作戰血灑
疆場。一隻禿筆，激情四溢，全面抗戰的悲壯史詩緩緩展開。

　　戰火蔓延，國共再次攜手，《文藝月刊》團結各路作家聚焦抗日，對太原、
淞滬、徐州、武漢等戰略防禦階段的幾次重大戰役皆有表現，其中以淞滬、
南京、徐州著墨較多。關於歷次會戰，《文藝月刊》所涉大致包括：開戰前夕
及戰鬥間隙，軍民或緊張或從容的戰地生活；上海、南京、徐州等戰役激戰
場面。其他諸如難民安置、兵役問題、傷兵救護、遺孤收養等與抗戰有關的
題材，《文藝月刊》均有所反映。

第一節　淞滬會戰之決戰前夕

　　《文藝月刊》遷武漢後，主編王平陵慨歎，「從八一三到現在為止——即
神聖的抗戰陣線退出淞滬，由淞滬退出神聖的國都；即中國文化的中心，跟
隨戰略的移動，由上海而首都，而至武漢為止，時間剛剛是四個月」〔註7〕。

〔註4〕　方治：《一九三八年的展望》，《文藝月刊·戰時特刊》，第一卷第五期，1938
　　　　年1月。
〔註5〕　王平陵：《戰時中國文藝運動》，《文藝月刊·戰時特刊》，第一卷第五期，1938
　　　　年1月。
〔註6〕　老舍：《寫家們聯合起來！》，《文藝月刊·戰時特刊》，第一卷第五期，1938
　　　　年1月。
〔註7〕　王平陵：《戰時中國文藝運動》，《文藝月刊·戰時特刊》，第一卷第五期，1938
　　　　年1月。

其時，滬、寧同胞血迹未乾，淞滬會戰的硝煙依舊彌漫在人們心頭。

上海戰略價值重大，地處「黃埔、吳淞兩江交彙處，扼長江門戶」，且為「中國第一大工業、貿易、金融城市。工業產值占全國 2/3 以上，貿易量占全國一半以上，金融資產占全國 3/4 以上，是國民政府極其重要的經濟基礎所在」，也是我「文化、藝術、科技、教育中心」〔註 8〕。日寇「既發動『七七』事變，襲占平津，擴張侵略，上海遂為其蓄謀攫取之戰略要地」〔註 9〕。

爭奪淞滬，敵人勢所必行，國民政府亦有考慮。據參加會戰的第三戰區前敵總指揮陳誠回憶，會戰前夕他向當局建言，「敵對南口在所必攻，同時亦為我送必守，是則華北戰事擴大，已無可避免。敵如在華北得手，必將利用其快速部隊，沿平漢路南犯，直驅武漢；如武漢不守，則中國戰場縱斷為二，於我大為不利。不如擴大淞滬戰事，誘敵至淞滬作戰，以達成二十五年所預定之戰略」〔註 10〕，據稱陳誠之策甚合當局之意，遂增兵遣將大打此仗。無論陳氏說法能否坐實〔註 11〕，淞滬會戰之意義確實非凡。自 8 月 13 日開戰，至 11 月上海淪陷，「日軍先後編成上海派遣軍、第 10 集團軍 2 個軍，下轄 9 師團 30 餘萬人，並調集 30 餘艘軍艦、500 餘架飛機、300 餘輛坦克投入上海戰場。中國方面先後調集中央軍和地方軍 70 餘萬兵力，派出 40 餘艘艦艇、250 餘架飛機投入戰鬥。據日本參謀本部的統計，日軍傷亡約 4 萬餘人，據中國軍事當局的統計，中國軍隊傷亡約 25 萬人」〔註 12〕。我軍以血肉之軀與強敵拼死作戰，以致「淞滬會戰歷時 3 個多月，日軍遭到自開戰以來最沉重的打擊，中國軍隊的英勇抵抗，粉碎了日本侵略者『3 個月滅亡中國』的狂妄計劃，鼓舞了全國人民抗戰的意志，贏得了

〔註 8〕 張憲文等著：《中華民國史》（第三卷），南京大學出版社，2006 年，第 26 頁。

〔註 9〕 《蔣總統來臺後批閱之〈淞滬會戰經過與南京撤守〉（1937 年 8 月至 12 月）》，秦孝儀主編：《中華民國重要史料初編——對日抗戰時期第二編作戰經過》（二），中國國民黨中央委員會黨史委員會，1981 年，第 226 頁。

〔註 10〕 陳誠：《陳誠回憶錄——抗日戰爭》，東方出版社，2009 年，第 34 頁。

〔註 11〕 張憲文等著《中華民國史》中認為，淞滬會戰後，「日軍主力從長江下游向西進攻，使中國政府贏得了在川陝湘滇黔大後方作持久戰的準備的時間，這是客觀事實。但這不是蔣介石主觀預料並策劃的結果，多年來，史學界未能發現蔣介石在估量日軍自北向南進攻危險性的基礎上，故意將日軍引上由東向西困境的一手資料」。

〔註 12〕 步平、榮維木主編：《中華民族抗日戰爭全史》，中國青年出版社，2010 年，第 161 頁。

向大後方撤退戰略物資和人員的時間，減輕了華北戰場的壓力」〔註13〕。

　　慘烈悲壯的淞滬之戰令中外矚目，上海、南京，文化人聚集，戰爭降臨後，作家本一腔赤誠各盡其能，或換上戎裝就地從軍，或隨軍轉戰從事戰地報導，或者深入前線慰勞將士，各自於顛沛流離之際描繪所見所聞，戰火硝煙、喊殺衝鋒、軍民奮勇、敵之暴行等抗戰種種皆長留文學篇章。

　　戰前，上海一派緊張氣氛。其時，盧冀野應鄭振鐸之邀，自南京赴滬參加高校考試工作，恰目睹此情此景。「我從北站走出來，只見一堆一堆的行李，箱籠，排列在行人道的兩邊。這一張極度緊張的上海的面容，在我眼前展露著。這一天是中華民國二十六年八月十日」〔註14〕。作家1937年8月10日抵達上海，見到「一張極度緊張的上海的面容」，居民人心惶惶，逃難隊伍龐大，此時，離開戰還有三天。就在作家動身前一天，「1937年8月9日，日海軍陸戰隊第一中隊長大山勇夫和一等水兵齋藤要藏故意駕車亂闖上海虹橋機場，打死中國二等兵時景哲後，被中國保安擊斃」〔註15〕，「虹橋事件發生了」。戰端一觸即發，「南京許多朋友勸阻我不要動身」，但作家「偏向虎山行」。11日，作家感受風暴前的平靜，當天「同濟大學的入學考試在第一場舉行後，隨即中止」。山雨欲來，周邊環境看似「很安詳」，實已波濤暗湧。日海軍陸戰隊磨刀霍霍，「八月十一日截至午後六時為止，自佐世保來滬之兵艦共十六艘。其中四艦泊吳淞口外，已入港者為第九隊魚雷四隻；另炮艦四，每艦有偵察機一，作綠色，載來水兵約二千。其中五百已開入陸戰隊本部」〔註16〕，盧冀野提及吳淞等地的緊張或與日軍此動作有關。

　　國民政府鑒於形勢變化採取應對措施。「8月11日晚，國民政府軍事委員會命令第9集團軍總司令張治中率第87、第88師向預定的圍攻線挺近，準備

〔註13〕步平、榮維木主編：《中華民族抗日戰爭全史》，中國青年出版社，2010年，第161頁。

〔註14〕盧冀野：《炮火中流亡》，《文藝月刊·戰時特刊》，第一卷第十期，1938年4月。

〔註15〕張憲文等著：《中華民國史》（第三卷），南京大學出版社，2006年，第27頁。

〔註16〕《軍事委員會侍從第一處主任錢大鈞向蔣委員長綜呈方唯智等之日軍行動報告——民國二十六年八月十二日》，秦孝儀主編：《中華民國重要史料初編——對日抗戰時期第二編作戰經過》（二），中國國民黨中央委員會黨史委員會，1981年，第167頁。

對淞滬日軍發動攻擊」〔註17〕。以國軍少尉排長身份參加淞滬抗戰的阿壟
（S.M.），其《閘北打了起來》描寫的正是第88師由駐地開拔至閘北接防期間，
「我」於戰前的見聞感受。12日，「我」隨部隊抵真如車站，向閘北進發，沿
路百姓並無慌亂，他們對軍隊非常友好，「我從來沒看見過，從十六年國民革
命軍北伐克復杭州以後，人民與軍隊有這樣親切，我真感動與喜歡」。抗日拉
近了軍民感情，百姓們給軍隊送來了熱水，小販與士兵做買賣像「半送半賣
的請客的樣子」。在有人家的地方，「差不多每家人門口都擺著茶水：有碗，
有壺，有桶，有缸」，免費供部隊飲水，抵禦外侮，軍民一心。進入上海市區
後，在部隊休息的地方，不少居民已外出避戰，但「我們經過的地方，都還
有市面，就是在附近，一家老虎竈還冒著一團一團的水蒸氣，熱開水就從那
裏來的。此外，還有鐵店，剃頭店，紙煙店……」。阿壟上午在市區所見可謂
人未全散，茶有餘溫，但到下午，「才發現附近的人真全搬走了，買不出可以
吃的東西，上午還在的一家燒餅店也去了」〔註18〕。阿壟沿途所見，民眾雖
有撤離但秩序並不混亂且軍民和睦。

　　隨我大軍開到，戰前氣圍更加凝重。8月12日，盧冀野「正在試場監試
時」，接到親屬電話，說「今天的消息，分外緊張」，要他做好準備「在各方探
尋一下，免得走不出上海」。緊張空氣四散開來，「到下午二時許多考生的家屬
來叫考生回去。有幾個女子從浦東來的帶著哭聲哀求他們的哥哥弟弟不要考
完，立即跟她們回浦東。登時退出的就有一百多人」。這一天，上海地方當局
仍就虹橋事件與日本進行交涉。8月13日上午「9時15分，日軍一小隊衝入
橫濱路東寶興路，首先向中國軍隊射擊，開啟戰端」〔註19〕。此時盧冀野等「在
愛麥虞限路中華學藝社的三樓上」，「陸續地聽見巨大的炮聲，從空中播動。大
家沉默著，埋頭閱卷。但是一顆熱刺刺的心只在胸前活躍著」，「那天從窗間，
看見我們的空軍出動」。壓抑已久的民眾期待與日一戰，盧冀野與同事聽到開
戰炮聲，沒有恐懼反而顯得有些興奮。箭即離弦的一刻，馬上投入殺場的阿壟
心中也一派從容：「1937年8月13日的閘北，有一個明朗的天氣。人底心也明
朗，像所到的地方，並不是血和火的戰爭底門，而是自由、解放的、幸福的道

〔註17〕步平、榮維木主編：《中華民族抗日戰爭全史》，中國青年出版社，2010年，
　　　　第158頁。
〔註18〕S.M.：《閘北打了起來》，《七月》，第三集第四期，1938年6月。
〔註19〕張憲文等著：《中華民國史》（第三卷），南京大學出版社，2006年，第28頁。

路。不怎麼深的青天上有不多地幾小塊白雲在金屬的日光裏悠閒的浮動」〔註20〕。身處前線的戰士心理鎮定，飽受日寇蹂躪的中國軍民期待予侵略者以打擊，只有經歷血與火的考驗中華民族才能走上自由、解放的道路。

敵寇槍炮面前，軍民衆志成城奮起抗敵。「13 日夜，蔣介石下令張治中發動總攻擊。翌日，張治中下達攻擊作戰令」〔註21〕。淞滬戰火衝天，經友人勸說，盧冀野結束在滬工作，8 月下旬返回南京，臨行前作家有感上海戰事，結撰《上海曉發》一首：「早知無厭心，稱兵必我奪。堵海果設防，不掘於臨渴。一旦邊事生，其魚倘能活。一家老幼多，匪余先免脫。位置處安全，余亦將釋褐。平生孫武法，所得廑毫末。閱世識窮變，窮亟始通豁。中國怒吼乎！士氣未可遏」。淞滬大戰中國怒吼，軍民士氣高漲，盧冀野所言不虛。據當時身在淞滬前線的阿壟描述，8 月 13 日未接攻擊命令前，不少戰士沒情沒緒「只有吃飯、睡覺，焦急得跑到道路上來胡亂張望一陣，又怪沒勁的怪樣子走了回去」，打擊日寇的命令下來後，戰士歡欣鼓舞信心百倍的奔向戰場，「一營人開始在出微汗的日光裏喜悅而新鮮地向橫濱河挺近。一個兵拍拍走在他前面的兵底背，那個兵回頭來看，以爲有什麼話說，這個兵笑了一笑，伸伸鮮紅的舌並不作聲，那個兵微笑一下，回過頭去」〔註22〕，戰士輕鬆上陣，予打擊者以打擊，侵略與反侵略的殊死較量在十里洋場火爆登場。

盧冀野身入危城，阿壟帶兵上陣，像他們這樣在「全面抗戰爆發之後，走向戰地的作家並不少。他們有的是去採訪，有的是去慰問，有的是去演出，有的是做戰地服務，也有的到部隊任職，爲長官當秘書，辦戰地報刊，或做其他文化工作」〔註23〕。除盧冀野「在炮火中流亡」記錄所見所感；田漢、郭沫若等組織作家前線巡歷，於 10 月下旬到嘉定拜訪我軍指揮官羅卓英將軍；黃源「在十月十五日因父喪離滬回故鄉海鹽」，其時恰值「敵艦向海鹽炮轟」並「在金山衛登陸」，這種情況下，黃源「索性就地從軍，隨軍赴乍浦前線，改當隨軍記者」〔註24〕。據其家屬回憶，黃源於 1937 年 11 月 11 日晨在

〔註20〕S.M.：《從攻擊到防禦》，《七月》，第四集第二期，1939 年 8 月。

〔註21〕步平、榮維木主編：《中華民族抗日戰爭全史》，中國青年出版社，2010 年，第 158 頁。

〔註22〕S.M.：《從攻擊到防禦》，《七月》，第四集第二期，1939 年 8 月。

〔註23〕秦弓：《抗戰文學中的武漢會戰》，《抗戰文化研究》（第三輯），2009 年。

〔註24〕黃源：《以筆從軍者晤談記戰地隨筆之一》，《文藝月刊·戰時特刊》，第一卷第六期，1938 年 1 月。

海鹽隨國民黨 63 師奔赴前線，「63 師當時是抗日的部隊，師長也很歡迎他」〔註
25〕，直到 1938 年元旦黃源轉赴武漢。《文藝月刊》登載了黃源的《以筆從軍
者晤談記戰地隨筆之一》。淞滬會戰尾聲，作家「從乍浦前線隨軍到杭州，在
江邊小住」，竟然十分意外的遇到了同樣充當隨軍記者的曹聚仁，故友重逢戰
地晤談，話及二人對戰爭結果的看法、文化界人士的組織等問題，緊張的戰
鬥生活在輕鬆的交談中得到暫時緩解。黃源、曹聚仁隨軍採訪身份中立，與
國軍關係較好；盧冀野長期執教高校，1938 年還成為國民政府第一屆國民參
政會參政員，如此，與當局也頗有關聯；而阿壟「身在曹營心在漢」，與胡風
書信往還密切，日後又奔赴革命聖地，早露端倪。《文藝月刊》選擇黃源、盧
冀野的文章，《七月》刊載阿壟作品，刊物與政府關係的親疏，暗含其中。

　　淞滬會戰時間長、影響大，作家們不僅記錄了戰前上海的波瀾起伏，更
將目光對準了會戰期間的大小戰鬥，對敵我交鋒的激戰場面予以描繪、展示，
一段段民族禦侮的往事，夾雜著硝煙、吶喊，呈現眼前。

第二節　抗日硝煙裏的中國空軍

　　比照《抗戰文藝》、《抗到底》等，《文藝月刊》關注陸戰戰場之同時，對
我空軍事迹同樣注意搜集，淞滬、太原、武漢等等諸役，戰鷹所至，《文藝月
刊》盡力畫影圖形給予表現，限於戰時條件雖未面面俱到，但至少也為抗戰
初期的中國空軍留下一個側影。

　　上海戰鬥打響，中國空軍閃亮登場，作家目光緊隨戰機，欣喜之情流露筆
端。隆隆炮聲中，盧冀野「從窗間看見我們的空軍出動」，心中激動不已。阿
壟也提到，戰鬥首日，前線士兵看到「我們底飛機！」後，一片歡呼士氣為之
高漲。8 月 14 日，「中國空軍前敵總指揮周至柔下達攻擊令，多架中國戰機先
後轟炸了日軍軍械庫、日海軍第 3 艦隊『出雲號』旗艦和日本海軍陸戰隊司令
部」〔註26〕。中國空軍執行作戰命令的過程，為多位作家所記錄。阿壟即於前
沿陣地觀察到機隊對敵地面目標發動的攻擊：「三隻灰色的單翼機一下從雲裏
鑽出來一個等腰三角形，一陣繁響，敵人底二十幾朵高射炮雲散佈在它們附

〔註25〕巴一熔：《抗戰初期黃源的三封信》，《新文學史料》，第三期，2008 年。
〔註26〕步平、榮維木主編：《中華民族抗日戰爭全史》，中國青年出版社，2010 年，
　　　　第 158 頁。

近，有一炮看起來像正打在尾巴上，但是並沒有真命中，它們又鑽進灰色的低雲中去了。又是五隻，又是兩隻雙翼的。又是高射炮聲。又是一朵一朵的灰黑的煙雲，雲漸漸地改變著角度，跟在飛機屁股後面」。「又是三隻，一隻給高射炮打散了，左右搖擺著像給打傷了，急急地逃走，但是它一下向驕傲海軍旗一個四十五度角的俯衝『嗚！……』頭一撞，落下了一個黑點，一個叛逆的禮物，在爆炸聲裏，它安全地躲入雲層，只有一個淡影，接著淡影也消失了」〔註27〕。與戰機相伴而來的往往是高射炮火，敵防空力量不弱，擊中我戰機，但也被我命中目標，那插海軍旗的建築即是日海軍陸戰隊司令部。敵人絕非「來而不往」，這一天，淞滬戰區多處上演空戰，「日軍航空隊襲擊杭州及廣德機場，中國空軍第 4 大隊由筧橋機場緊急升空作戰，擊落日轟炸機 3 架，首創空戰勝利的記錄」〔註28〕，首戰告捷值得紀念，遺憾的是，現未找到描寫此次空戰的相關作品。當日，短短一天之內，「中國空軍共出動飛機 76 架次，分 9 批集中轟炸」敵陸、海軍事目標，其中「炸傷敵驅逐艦 1 艘，炸死炸傷敵軍無數，還與日機展開多次空戰，給敵以沉重打擊」。盧冀野的激動不是沒有道理，「這是淞滬戰役空中作戰的第一天，也是中國空軍參加全面抗戰的第一天，各部隊鬥志昂揚、殺敵奮勇，給予日本侵略者以相當打擊，以至於日本將領不得不重新估量中國空軍的實力」〔註29〕。敵酋變色，國人雀躍，臧克家創作《偉大的空軍》〔註30〕描繪我空中鐵騎的作戰英姿：

> 憑一雙翅膀，剝開幾千尺的雲層，我們偉大的射擊手，保衛著中華的天空。當敵人來侵犯的時候，它便發出怒吼，像鷹隼一樣，把敵機打落在地上。（它把我們的城市摧毀成骸骨，我們和它捉夠了迷藏）它曾成隊的出飛遠征，把敵人的陣地炸得通紅，萬噸的『出雲』只須一擊，一陣煙氣，大海在沸騰！

本段篇幅不長，卻也反映出中國空軍首度出戰便對敵陸（陣地）、海（出雲）、空（敵機）目標實施全面打擊的歷史信息。另外，據作品所寫，敵機雖被打

〔註27〕 S.M.：《從攻擊到防禦》，《七月》，第四集第三期，1939 年 10 月。

〔註28〕 步平、榮維木主編：《中華民族抗日戰爭全史》，中國青年出版社，2010 年，第 158 頁。

〔註29〕 陳應明、廖新華編：《浴血長空——中國空軍抗日戰史》，《航空工業出版社》，2006 年，第 13 頁。

〔註30〕 臧克家：《偉大的空軍》，《文藝月刊·戰時特刊》，第一卷第十期，1938 年 4 月，這裏引用的是作品的前半部分，後半部分反映的是武漢空戰，後文另引。

落，但它也將我們的城市徹底摧毀，日軍空中力量足以對我構成重大威脅。對此，作品雖只一帶而過，但隨日後中國空軍實力下降，兇狠的日機或許才更令國人印象深刻。作品還特別點出對「出雲」之轟炸，空戰首日，「龔穎澄率領的編隊飛臨吳淞口上空，穿雲後轟炸了第 3 艦隊旗艦『出雲』號，第 2 大隊第 9 中隊分隊長祝鴻信與後座轟炸員任雲閣克服惡劣天氣影響，炸傷『出雲』號」〔註31〕。擒賊擒王，當時田漢還曾就攻擊「出雲」出謀劃策，中國空軍得手後，也不止一位作家將此事記錄在案。署名次宵的《我怎樣炸出雲艦》，就以飛行員的身份講述了「我」轟炸「出雲」的戰鬥經過。在敵密集的防空炮火中，戰機迫近「出雲」，「我們預備擊中他的要害，便低低地滑飛下去，再向它投落一彈，同時用機關槍掃射」。敵我激烈交火，戰機輪番俯衝最終命中目標，返航時「我」發覺後座戰友已在混戰中犧牲，「他的血像突泉似的在噴流，再受機身的振動，血已經濕透了他的座位，且真向大地上滴，這是我們貧弱的民族的肥料啊！」〔註32〕作家是否為飛行員，現難以確認，作品對空海作戰之敘述也失之細緻，但對戰友犧牲情景之描寫則相當真實，早期戰機防護設施薄弱，不少飛行員即在座椅上飲彈殉職，我空軍損耗巨大與此不無關係。為民族爭生存，戰鷹搏擊長空血染大地。有意思的是，以上作品頌揚的戰機因未透露具體身份，只能以「中國空軍」概括之，難免籠統，而「出雲」反倒因「驗明正身」成為文學殿堂裏獨特的「這一個」。

中國空軍起飛應戰，反映出國民政府的抗戰決心，也回應了軍民抗日的呼聲，不僅陸軍同袍叫好，戰地民眾更是吐氣揚眉。對此，黃源形容道，第一次目睹中國空軍「英勇的戰鬥的姿態」之時，「上海三百萬民眾」「又驚又喜」，這「驚喜將立即隨著捷報擴大到全中國，慰撫著四萬萬顆跳躍不已的心！」。戰機掠過，不少市民爬上屋頂觀戰，「『飛機！飛機！』前面屋頂上有人喊起來，手指著東方。人們都順著他的手指仰著頭凝視著東方一大塊一大塊的沉重的雲。突然在灰白色的雲塊的間隙中發現了一架飛機在向南飛，接著是一大隊分散的向各處飛去，軋軋的聲音也聽見了。『這是中國飛機，那邊是黃浦江，炸東洋兵艦！』一個人喊著，他的喊聲中含著笑聲。四周屋頂上的人，都隨著笑

〔註31〕陳應明、廖新華編：《浴血長空——中國空軍抗日戰史》，《航空工業出版社》，2006 年，第 11 頁。

〔註32〕次宵：《我怎樣炸出雲艦》，《遠東第一次空中大戰記》，上海雜誌公司，1937 年 9 月 20 日。轉引自《中國抗日戰爭時期大後方文學書系》第四編，（主編碧野）《報告文學》第一集，重慶出版社，1989 年，第 610～611 頁。

起來，喊著，拍著手，這喜悅是異常的。『中國飛機第一次出動打東洋兵！』『中國空軍萬歲！』馬路上的群衆都狂呼起來。每一個人都好像要飛躍起來似的高興著」〔註33〕。日軍窺伺上海久矣，滬上浪人橫行也非一日，如今，壓抑在國人胸中的怒火隨衝天的戰機噴薄，歡笑、呼喊，自豪溢於言表。黃源所記符合歷史情境，同時也折射出抗戰中存在的問題，當時中國空軍爲數不多，平日又難得一見，市民登高仰望未嘗沒有好奇心的指引，如此張揚的舉動很容易成爲敵人攻擊目標，引致無謂傷亡。民衆爭睹戰機之舉又使人聯想到丘東平《一個連長的戰鬥遭遇》，作品提到，不少戰士對頭頂盤旋之敵機「百看不厭」，自己不知隱蔽，陣地亦隨之暴露而遭受重大損失，戰士的好奇、民衆的熱心屬人之常情，但非明智之舉，戰時國民軍事素質有待提高。

　　承載國人希望的鐵血戰鷹頻繁現身淞滬，中國空軍曾在此折翅，如今又在此起飛，穿越風雨，健兒將抗戰的誓言鐫刻於青天之上：

　　　　我翺翔在天空，
　　　　我在狂風驟雨裏上下翺翔。
　　　　我穿過烏黑的雲塊，
　　　　我的避風鏡爲雨水所濛。
　　　　我要翺翔在敵人炮火的上空，
　　　　給他們以致命的打擊。
　　　　洗刷了挨打不還手的垢辱，
　　　　爲「一二八」慘死在轟炸彈下的無辜者報仇。
　　　　我翺翔在天空，
　　　　我在狂風暴雨裏上下翺翔。
　　　　我穿過劈劈啪啪的高射炮的網層，
　　　　那銳利的彈尖只在我機的前後左右飛過。
　　　　我直飛向敵人炮火的上空，
　　　　我對準了那炮火最密的敵艦的中心。
　　　　鬆下了轟炸彈的機鈕，
　　　　然後，向重雲裏箭似的飛去。
　　　　一聲轟隆的爆烈。
　　　　濃煙直向高空衝起。

〔註33〕黃源：《空軍的處女戰》，《吶喊》，創刊號，1937 年 8 月。

這一個五百磅的重彈的打擊，

夠他們妖魔們受的！

我翱翔在天空，我在狂風驟雨裏上下翱翔。

飛起來便不想無功而回，

以身許國是我們個個空軍戰士的誓言。

鬆下轟炸彈的機鈕，

給敵人致命的打擊。

我翱翔在敵人陣地的天空，

用機槍向敵人掃射著。

星星火舌似的槍火，

掃倒了地上的妖魔。

洗刷了挨打不還手的垢辱，

也有這一天爲「一二八」慘死的無辜者報仇！〔註34〕

中國戰機於複雜惡劣的氣象條件下主動出擊，機警地闖過火力網，轟炸敵艦掃蕩敵陣。藉此，作品展現了我空軍過硬的飛行技術及無畏的愛國精神。與《偉大的空軍》類似，鄭振鐸筆下，戰機擔負的依舊是轟敵艦、炸敵陣的工作，敵機同樣蹤影全無，廣闊的天空只有中國空軍獨領風騷。作品設定戰鬥當日「狂風驟雨」交作，日本海、陸航空隊未出迎戰或許即緣於此，對比之下，益發凸顯中國空軍之英勇強悍。不過，日機也未完全缺席。作品由今日榮耀想及往日慘痛：「一二八」之時，我軍首度遭受日寇空中打擊，「面對此前所未有的挑戰，我航空隊戰士與國際友人，在組織、數量不如人的情況下，仍奮勇作戰，三度給日軍以痛擊」，但終因實力懸殊，航空隊損兵折將「撤往蚌埠，停止爭奪制空權的努力」〔註35〕。士別三日，中國空軍積蓄力量砥礪精神，如今重返戰場必將直插敵陣誓掃頑敵。上述作品旨在歌頌中國空軍彰顯民族精神，對手自然要「相形見絀」或「隱而不見」。另外，相比陸戰戰場，作家對空戰更加隔閡，這應該也是不少作品對空戰場面語焉不詳甚至「忽略不計」的原因之一。

〔註34〕郭源新（鄭振鐸）：《我翱翔在天空——飛機師之歌》，《吶喊》創刊號，1937年8月。

〔註35〕陳應明、廖新華編：《浴血長空——中國空軍抗日戰史》，《航空工業出版社》，2006年，第1頁。

　　作家筆下，保衛淞滬領空的中國空軍，不單以群像示人，閻海文就在此時從天際走到讀者跟前。14 日後，中國空軍繼續出擊，「至 16 日，中國空軍擊落日機 45 架」〔註36〕。殺敵致果引作家青眼，老向創作通俗小調《女兵選夫》〔註37〕予以頌揚。作品中，女兵擇偶自有主見：「嫁夫願嫁航空隊，轟炸賊船不放鬆，天上立奇功，哎喲，敵船逃無蹤！嫁夫願如閻海文，飛到上海把敵轟，天上顯奇能，哎喲，敵寇齊贊稱！」。由此，抒寫航空隊之同時，更引出閻海文一曲壯歌。8 月 17 日，「第 5 大隊奉命派 6 架飛機支持陸軍 88 師轟炸虹口日海軍陸戰隊司令部」，返航後閻海文再度出擊，「轟炸在上海羅店登陸的日軍，他投完彈後對日軍進行俯衝掃射時被敵高炮擊中，跳傘後不幸落於敵軍陣地」〔註38〕。閻海文於羅店折戟沉沙，這一幕恰為阿壠所見，當時，日軍高射炮急促吼叫，中國戰機閃躲騰挪接連發起襲擊，至「末後的一次，在沉重和無力的落日光裏，一隻雙翼機忽然那樣『嗚！……』了一聲，擦一根火柴一樣發火，尾巴上，在明亮的火底四周，有短短的不像尾巴的黑煙，那樣向敵人陣地急速地降落」，「人到後來才知道，這是閻海文，還有一個美麗的血底故事，抗戰底火花」〔註39〕。閻海文落地後被日軍包圍，但他拒絕投降，用配槍打死多名敵人後，「自殺成仁，年僅 21 歲」，「日軍欽佩他大無畏氣概，以禮相葬，並立墓碑題寫『支那空軍勇士之墓』」〔註40〕，此亦老向所謂「敵寇齊稱讚」。閻之忠貞為世傳頌，敵人因之立碑，國人為之作傳。黃震遐推出《憶我壯士閻海文》，作品以「青山有幸埋忠骨」之意境開場：「在江南淡青的天下，大地曼舞著金黃油菜花，在一顆低垂的楊樹底下：埋著我們空軍壯士的戰骨」〔註41〕。祭拜英靈，往事隨之浮現，作家據日人報導，再現閻跳傘後力敵日寇的場面，威武不屈的身影永歸藍天。尤兢也據此創作

〔註36〕步平、榮維木主編：《中華民族抗日戰爭全史》，中國青年出版社，2010 年，第 158 頁。

〔註37〕老向：《女兵選夫》，《文藝月刊‧戰時特刊》，第一卷第十期，1938 年 4 月。

〔註38〕陳應明、廖新華編：《浴血長空——中國空軍抗日戰史》，《航空工業出版社》，2006 年，第 15 頁。

〔註39〕S.M.：《從攻擊到防禦》，《七月》，第四集第三期，1939 年 10 月。

〔註40〕陳應明、廖新華編：《浴血長空——中國空軍抗日戰史》，《航空工業出版社》，2006 年，第 15 頁。

〔註41〕黃震遐：《憶我壯士閻海文》，《光榮的記錄》，成都《中國的空軍》出版社，1939 年 12 月，轉引自《中國抗日戰爭時期大後方文學書系》第四編，（主編碧野）《報告文學》第三集，重慶出版社，1989 年，第 1558 頁。

抗戰戲劇《血灑晴空——飛將軍閻海文》，盛贊「英勇的戰士海文」〔註42〕。
通過作家的努力，將士抗戰事迹廣爲傳頌，也使更多人認識了中國空軍。

抗戰初期，如閻海文等衆多愛國軍人前仆後繼，他們克服機型老舊等不
利條件，憑藉高超的飛行技術，在對敵作戰中各展風采。《0404號機》〔註43〕
即通過被俘日軍飛行員的供詞，藝術再現中國戰鷹的不凡身手：江面突襲，
炸傷「出雲」等日軍艦船；以一敵三，南京上空擊落日軍精銳戰機；創造記
錄，短期內連續擊落日機11架。戰果輝煌令人炫目，「0404」堪稱傳奇。驕人
戰績實則各有出處，攻擊「出雲」，任雲閣、李傳謀等奮不顧身；駕駛落後戰
機率先擊落性能優良之96艦戰乃高志航手筆；3個月擊落敵機11架的空戰記
錄則出劉粹剛名下。中國空軍捷報頻傳，但終因實力懸殊，以上飛行員先後
在作戰中犧牲。正是這些年輕的生命成就了「0404」，伴隨他們的逝去，「0404」
也成爲永久的紀念。傳奇或可續寫，後來者已繼承前輩遺志，中國空軍以堅
韌之精神在民族解放的征程上繼續前行。作家據衆將士之作戰事迹，創造出
「0404」，以此展示中國空軍之作戰能力，緬懷爲抗戰魂歸藍天的國殤。警報
響起，一架架戰鷹刺向雲霄，聲聲轟鳴似向烈士致敬，抗戰英靈激勵下，中
國空軍無畏地迎擊來犯之敵。

將士用命功勳彪炳，「從『8·14』到九月底，我在空戰中共擊落日機81
架，進行空中軍事行動113次，在蘇、皖等地進行空戰27次，我方損失飛機
42架，擊傷、擊毀日艦48艘」〔註44〕。重創敵寇的同時，中國空軍犧牲不小。
及至南京保衛戰尾聲，已損失了如「高志航、劉粹剛、樂以琴等一批訓練有素、
經驗豐富的優秀將士」〔註45〕。侵略未已，在黃浦江翻騰聲中起飛的空軍將士
不會退縮，他們在有限條件下，盡最大努力與日寇周旋，用鮮血捍衛中國領空。

日寇鐵蹄南下，武漢對決中日再掀空戰高潮。日機進犯三鎮，中國空軍
迎頭痛擊。老舍親睹白日徽擊落紅膏藥：「我看見了敵機狼狽逃竄，看見了敵
機被我空軍圍住動不了身，還看見了敵機拉著火尾急奔，而終於頭朝下的翻
落。那時節，誰顧得隱藏起來呢，全立在比較空曠的地方，看著那翅上的太

〔註42〕尤兢：《血灑晴空——飛將軍閻海文》，大衆出版社，1938年。

〔註43〕陶雄：《0404號機》，《七月》，第三集第一期，1938年5月。

〔註44〕陳應明、廖新華編：《浴血長空——中國空軍抗日戰史》，《航空工業出版社》，
2006年，第19頁。

〔註45〕陳應明、廖新華編：《浴血長空——中國空軍抗日戰史》，《航空工業出版社》，
2006年，第20頁。

陽失去了光彩，落奔塵土去。只顧得鼓掌，歡呼，跳越，誰還管命。我們的空軍沒有惜命的，自一開仗到如今，我們的空軍是民族復興的象徵。看，結隊上飛了，多麼輕便，多麼高，多麼英勇」〔註46〕。老舍一段話興奮不已，作家筆下，中國空軍好似爲民除害的后羿射落爲害人間的暴日，目睹壯舉，民衆怎會不爲英雄豪情所感染？空中電光火石，地上奔走相告，民族解放的希望直教人不顧生死安危。不過，這裏同樣有一問題，作家將空軍視作「民族復興的象徵」高調宣傳，其動機與感情可以理解，只是將中國空軍推向如此高度，日後當其進入低谷之時，不知受衆將會做何感想。

　　武漢會戰期間，空軍屢創日寇。臧克家《偉大的空軍》不止記錄了滬上搏殺，還展現了空軍轉戰後一段經典戰事：

> 它又帶起中華的威風飛向臺北，在敵人的領域內大施神威，一顆顆炸彈投下去一聲聲中華的民族的吼叫，炸碎了敵人的飛機，炸碎了敵人的膽，震動了整個世界，一齊向我們仰起了臉。

作家以粗線條勾勒我對臺北日軍機場之空襲，大致情形具備，重在抒情。同樣描寫此役，鄭青士《飛將軍轟炸臺灣》則對戰鬥本身做了生動、詳盡的描述：

> 鵬程萬里任翱翔／吐氣揚眉健翩張／畢竟一鳴驚八表／自來男子重剛強／深仇似海終當報／積恨如山切莫忘／衆志成城同禦侮／天空地潤好戰場……／處處放光芒／表的是二一八我空軍打了勝仗／同仇敵愾情緒激昂／咱們等著挨打實在冤枉／打上前去也可爲民族臻光／實可恨敵機轟炸自由來往／控制了東亞的領空出語猖狂／那倭奴鬼畜生無理可講／轟炸城市好一似便飯家常／什麼教堂醫院它也不買賬／哪管你中立國的國旗屋頂飄揚／無非是卑怯謀害冷箭暗放／專對著難民投彈掃射機槍／無數的男女老幼同把命喪／實可慘妻哭夫來兒喚娘／實可慘垂死的嬌兒睡在燒焦的娘臂上／實可慘鮮血淋漓破肚流腸／鬼畜生的飛賊亟應掃蕩／我空軍奮神威萬里飛航……／中外把名揚／我中國錦繡山河人稠地廣／已然是瘡痍滿目遍體鱗傷／說不盡的冤仇算不盡的血帳／以打擊還打擊也都給點滋味兒嘗／那飛賊肆無忌憚來了一趟又是一趟／抄襲它的巢穴勝似那消極空防／我空軍計劃已定決心掃蕩／掃蕩那臺灣北部倭寇的機場

〔註46〕老舍：《轟炸》，《文藝月刊·戰時特刊》，第二卷第一期，1938 年 8 月。

／飛將軍出發之前裝備停當／檢查機件不慌不忙／大隊長指揮衆機凌霄直上／層層列列好一似征雁成行／喜只喜這一日晴空淨朗／萬里無雲鳥道長／風和氣暖精神爽／俠肝烈膽血脈張／萬尺高空飛行無障／一個個情緒熱烈吶喊飛揚……／將軍氣概昂／那日寇蔑視咱們的空軍力量／突然襲擊豪不提防／這驕者必敗古人言講／把握著敵人的心理壓賽了妙計錦囊／一霎時飛至在臺北的領空之上／呀！發現了目標這便是日寇的機場／南北兩站規模宏壯／數十架敵機排列成行／還有飛機庫和那汽油廠一座座建築在東西兩旁／飛將軍心中暗自思想／難怪那小日寇兇狠強梁／它們的根據地眞可像個樣／建築完整布置周詳／機會難逢豈可輕易把手放／常言道射人先射馬擒賊先擒王／但只見列陣高空飄然低降／好一似群龍天驕青天耀彩白日騰光……／雪恥辱報仇怨建立了千秋事業燦爛輝煌／飛將軍大展神威從天而降／猛烈投彈義憤填滿胸膛／驀然間動地驚天爆炸聲響／黑煙籠罩連天的大火／出其不意焉能夠抵擋／縱橫馳騁大炸一場／南北東西火焰高漲／只炸得蝦夷逃竄鬼畜驚慌／只炸得鼠叫狐嗥妖魔膽喪／只炸得山崩海嘯鱉滅龜亡／吐出了一口悶氣心中快暢／出國殺敵眞乃是破天荒／勞苦功高人人誇獎／誰不說將軍英勇年少郎／殺敵致果不枉這遠征一趟／完成了任務毫無損傷／互相慶祝揮斤笑嚷／班師奏凱各回原防……／威名震萬邦／我空軍將士智多謀廣／建立了大功不比尋常／世界各國同聲讚賞／那倭奴全國震動腳亂手忙／新聞紙發號外七說八講／損失的限度秘不宣揚／倭政府驚慌失措亂把警報放／東京市的防空演習宣佈延長／九州島慌亂情形更難想像／只顯得小日寇怯懦阿囊／整日的警報喔喔響／男男女女地洞藏／一般社會頓時改了樣／老百姓暗地裏兩淚汪汪／中日兩國爲什麼要打仗／窮兵黷武這都是誰的主張／恨只恨軍閥們將亂子闖／這便是城門失火池魚遭殃……／小命兒見閻王／日本國民一片的反戰聲浪／侵略者野心不死哪有下場／世界的人類都是一個樣／有兒女有妻室也有爺娘／兵禍連結哪堪設想／殘酷的吞噬好比那猛虎貪狼／被壓迫的民族要求解放／爲生存去抗戰銳不可當／我中華師出有名理直氣壯／斷不能半途妥協變相投降／男女老幼同把戰場上／哪怕是只剩下一寸土地一支槍／最後的勝利如同反掌／但願得

人人爭氣個個逞強／飛將軍炸臺灣便是一個好榜／一戰成功國運
昌……／安定了太平洋／這一回空軍出國將賊巢掃蕩／英名蓋世萬
古留芳……／人強國自強〔註47〕

作品採用通俗歌謠形式，起首幾句似傳統小說開場詩，打出「眾志成同城禦
侮」的宣傳旗幟，並爲全篇定下昂揚基調引起下文。此前，中國空軍在二一
八空戰〔註48〕中獲得勝利，此戰精彩但非作品重心，作家目的在強調軍民受
勝利鼓舞請戰之心強烈。同胞言戰實非好鬥，只因外敵毀我家國，作品由此
列舉日機種種暴行：藐視國際公法肆意轟炸中立國機構，教堂、醫院等非軍
事目標也無一幸免，更滅絕人性大肆屠殺無辜民眾血洗中華。國仇家恨激勵
軍民雪恥，「二一八」勝利固我軍心，日寇新敗士氣低落，敵退我進一鼓作氣
正在此時，當局遂制定作戰計劃。2 月 23 日，參戰機隊準備出發。行動之前，
因事關重大，當局「要求對這次行動的細節要絕對保密，甚至連航空委員會
也不得告知」〔註49〕。執行任務的機隊也「非常機密，擔任工作的同志，事
先連自身都不知道」。同時，「爲要迷惑敵人和該死的漢奸偵查起見」〔註50〕，
機隊故佈迷陣計劃繞路進發。行動在即，各隊從容「檢查機件」後，由「大
隊長指揮眾機凌霄直上」，機群似「征雁成行」「層層列列」殺奔臺北松山機
場。一切景語皆情語，鄭氏筆下，是日「晴空淨朗」「萬里無雲」，以此襯托
參戰將士之「情緒熱烈」。實際上，當機隊到達臺北上空時，恰值天空多雲，

〔註47〕鄭青士：《飛將軍轟炸臺灣》，《文藝月刊·戰時特刊》，第一卷第十期，1938
年 4 月。

〔註48〕「1938 年 2 月 18 日上午 10：00 許，日海軍航空隊分別從南京、蕪湖兩地機
場出動 27 機大編隊轟炸武漢」，中國空軍第 4 大隊的第 23 中隊、第 22 中隊、
第 21 中隊，分別在中隊長呂基淳、李桂丹、董明德的帶領下協同蘇聯志願隊
先後升空迎敵。是役，我擊落敵機 11 架，「有包括第 12 航空隊的護航編隊指
揮官金子隆司中尉在內的 4 名日本飛行員被擊斃。另有第 13 航空隊的 1 架 96
式艦戰返航著陸時嚴重損壞，飛行員重傷」。在敵我力量懸殊的情況下，取得
如此戰果實屬不易，爲此，我方也付出不小的代價，損失飛機 10 架，呂基淳、
李桂丹、巴清正、王怡少、李鵬翔殉國。二一八武漢空戰，「是自南京失守以
後，中國空軍在空戰中取得第一次偉大勝利」。詳見陳應明、廖新華編：《浴
血長空——中國空軍抗日戰史》，《航空工業出版社》，2006 年，第 79 頁。

〔註49〕陳應明、廖新華編：《浴血長空——中國空軍抗日戰史》，《航空工業出版社》，
2006 年，第 178 頁。

〔註50〕丁布夫、黃震遐：《中國炸彈爆發在臺北》，《光榮的記錄》，《中國的空軍》出
版社，1939 年 12 月，轉引自《中國抗日戰爭時期大後方文學書系》第四編，
（主編碧野）《報告文學》第一集，重慶出版社，1989 年，第 13 頁。

「臺北機場躲在雲層後面，後來有位飛行員從一個雲洞中發現了機場」〔註51〕，作戰任務方得順利執行。由於我行動機密，日寇更以「控制了東亞的領空」自詡，猖狂大意不備我之奇襲。一切突如其來，我空軍似群龍天降猛烈投彈，「只炸得蝦夷逃竄鬼畜驚慌」，那「數十架敵機」、「還有飛機庫和那汽油廠」悉數被毀，整個機場「黑煙籠罩連天的大火」。任務完成後，飛將軍「毫無損傷」，「班師奏凱各回原防」。此次空襲影響還波及日本島內，「倭政府驚慌失措亂把警報放」，日本民眾驚魂難定社會秩序遂受影響，事後還引發反戰聲浪。在這裏，作家試圖將發動侵略的日本政府與普通民眾區別對待，孤立首惡，啓發、爭取平民階層，既宣揚愛國又不失理性。詩歌最後回歸主旨，號召我「男女老幼同把戰場上」抗戰到底。面對侵略，「被壓迫的民族要求解放」，「爲生存去抗戰銳不可當」。敵寇亡我之心難死，國人「斷不能半途妥協變相投降」，同胞人人奮起則最後勝利必屬中華。作品將奔襲臺北之戰全程演繹，揣摩敵我之心理，想像轟炸之場景，演敵之狼狽，表我之神勇，全篇有鋪墊有展開，詳略結合，氣脈貫通，民族情感奔湧其間。

臧克家、鄭青士所述臺北一戰實有其事。「1938 年初的中國空軍在逐步換裝蘇製戰機之後，戰力逐漸恢復；加上蘇聯派遣志願航空隊前來助戰，更是如虎添翼。因此，當局開始籌劃反擊行動」。這裏需要說明的是，中國空軍的發展與蘇聯援助有著直接的關係，陳納德及其「飛虎隊」對中國抗戰事業做出巨大貢獻，比其更早伸出援手的蘇聯空軍志願隊同樣功不可沒。盧溝橋事變爆發後，中國抗戰不惟事關中華民族的存亡，對日本在遠東的宿敵——蘇聯同樣具有重要戰略意義。鑒於此，8 月 21 日中蘇雙方簽訂《中蘇互不侵犯條約》，該條約加強了兩國聯繫，使戰時的國民政府獲得蘇聯大量援助，這其中就包括航空志願隊來華。蘇聯「派遣空軍志願隊約2000 人來華參戰，自 1937 年 10 月至 1941 年 12 月，先後向中國分批提供了共計 1235 架軍用飛機。在華參戰的蘇聯空軍人員編制曾一度擴充到 4 個大隊。抗戰前期的多次空中戰役中，都灑下了蘇聯志願隊飛行員的汗水和鮮血」。抗戰期間，「從 1937 年 12 月在南京上空秘密參戰，到 1940 年中基本從各地機場撤出，共有 700 多名志願隊員直接參加了保衛南京、武漢、南昌、成都、重慶、蘭州等地的 25 次戰役」，「有 200 多名官兵爲中國人民

〔註51〕陳應明、廖新華編：《浴血長空——中國空軍抗日戰史》，《航空工業出版社》，2006 年，第 178 頁。

的解放事業獻出生命」〔註 52〕。在此背景下，1938 年初，由於臺北松山機場成爲日軍轟炸我東南各省的主要基地，其時又存有日軍大批散裝飛機貨櫃，對我威脅極大，國民政府遂決定轟炸該機場。此次「行動由蘇聯志願隊總顧問帕維爾‧瓦西里耶維奇‧雷恰戈夫將軍負責」〔註 53〕。2 月 23 日，漢口機隊〔註 54〕在蘇聯志願隊波雷寧的指揮下出發，「於十時五分抵達臺北上空，先是因雲層濃密找不到目標，稍後發現一個雲洞而看到臺北，才確定目標，從三千多公尺高度進行轟炸。事後宣稱炸毀飛機十二架，營房十棟，機庫三座，焚毀可用三年的油料。所有各機在未遭遇攔截或高炮射擊的情況下安然返航」〔註 55〕。日本方面對此事輕描淡寫〔註 56〕，照松山機場三日後恢復運營的情況推測，中方戰果未必如報告之豐。儘管如此，我軍仍獲得巨大的宣傳效應，「世界各國同聲讚賞」；日方將松山機場指揮官撤職送交軍事法庭，駐臺行政長官亦被罷免〔註 57〕，且其「空防破綻百出顏面盡失，並導致中國空軍下一次進一步『進出』日本九州領空」〔註 58〕。

　　《文藝月刊》以外，丁布夫、黃震遐的報告文學《中國炸彈爆發在臺北》同將此役記錄在案。丁、黃之作對戰鬥場面的描繪亦爲我之英勇與敵之狼狽，

〔註 52〕陳應明、廖新華編：《浴血長空——中國空軍抗日戰史》，《航空工業出版社》，2006 年，第 160 頁。

〔註 53〕陳應明、廖新華編：《浴血長空——中國空軍抗日戰史》，《航空工業出版社》，2006 年，第 178 頁。

〔註 54〕此次任務由漢口機隊與南昌機隊共同執行，漢口機隊由蘇聯志願隊組成，南昌機隊有 5 架飛機爲中國飛行員駕駛，餘爲蘇機，中途中國空軍因故返航，故該次轟炸任務實際上由蘇聯志願隊完成。關於此次作戰的解讀參見吳餘德：《抗日戰爭初期中國空軍曾經轟炸臺灣》，《航空史研究》，1996 年，第三期。陳應明、廖新華編：《浴血長空——中國空軍抗日戰史》，《航空工業出版社》，2006 年，第 178～179 頁。

〔註 55〕吳餘德：《抗日戰爭初期中國空軍曾經轟炸臺灣》，《航空史研究》，1996 年，第三期。此說同樣見之於陳應明、廖新華編：《浴血長空——中國空軍抗日戰史》，《航空工業出版社》，2006 年，第 179 頁。關於戰果，《申報》2 月 24、25 日的報導表示我軍炸毀敵機四十餘架，但此說來源於「本市消息」，報導所引「中央社電」未有此說。

〔註 56〕《申報》報導表示，關於此次襲擊「敵對損害程度諱莫如深」。《申報》：《我空軍前日炸臺北敵兵傷亡百餘人》，1938 年 2 月 25 日。

〔註 57〕陳應明、廖新華編：《浴血長空——中國空軍抗日戰史》，《航空工業出版社》，2006 年，第 161 頁。

〔註 58〕吳餘德：《抗日戰爭初期中國空軍曾經轟炸臺灣》，《航空史研究》，第三期，1996 年。

與鄭青士無實質差別。不過，丁、黃對戰果記錄頗詳：「XX 飛行團的汽油庫已經燒著」，「場上三四十架『福特』式和『福卡』式的飛機，全體被炸力迸散，變成焦頭爛額的殘體」，「松山機場毀滅了」。作品言之鑿鑿，但如學者所言，此役後日方封鎖消息，中方僅憑參戰人員空中目測估量戰果，實在難以坐實〔註 59〕。除此，丁、黃還補充了此次行動另一成績，即「新竹大電力廠的破壞」〔註 60〕，新竹竹東確遭轟炸，損失如何難以考察。值得注意的是，此次作戰由中國空軍與蘇聯志願隊聯合出擊，且轟炸松山機場的任務主要由蘇聯志願隊完成，而以上三篇作品卻皆未提及勞苦功高的志願隊，將戰果籠統的歸之於「我軍」。無獨有偶，《申報》以《我空中勇士揚威海外昨首次轟炸臺北機場》為題，報導該事件，全文同樣未提及蘇聯志願隊〔註 61〕。文學作品中蘇聯志願隊的缺席正反映了當時微妙的外交關係，抗戰初期，蘇聯對日本頗有疑懼之心，但雙方未正式宣戰蘇方不願公開與日本為敵，故蘇空軍以志願隊形勢援華，志願隊來華後也是秘密參戰，關於志願隊各種情況，「中蘇政府都希望嚴守秘密」〔註 62〕，以盡可能避免日本干涉。由此，就有了蘇聯志願隊的隱而不彰。

描寫臺北一役，臧克家凝練，鄭青士生動。「此一重大事件，卻因當時日本的刻意淡化，與後來國府的『反共抗俄』政策影響下，被忽略了半個多世紀之久」〔註 63〕，鄭青士、臧克家、黃震遐等人之作品恰好有助於我們瞭解這段塵封往事。臧克家 1927 年曾參加國民革命軍，抗戰爆發後再次從軍，由此，作家熟悉戰場環境與國軍又有淵源，作品感情自然、真摯；鄭青士之文雅俗共賞，全篇凸顯中國空軍之威武，國人自豪洋溢其中，《文藝月刊》選此二作，既有現實基礎又合當局心思，眼光獨到。

〔註 59〕詳見吳餘德：《抗日戰爭初期中國空軍曾經轟炸臺灣》，《航空史研究》，第三期，1996 年。

〔註 60〕丁布夫、黃震遐：《中國炸彈爆發在臺北》，《光榮的記錄》，《中國的空軍》出版社，1939 年 12 月，轉引自《中國抗日戰爭時期大後方文學書系》第四編，（主編碧野）《報告文學》第一集，重慶出版社，1989 年，第 14 頁。

〔註 61〕《申報》2 月 24 日刊載《我空中勇士揚威海外昨首次轟炸臺北機場》，2 月 25 日發表《我空軍前日炸臺北敵兵傷亡百餘人》，兩則報導均未提及蘇聯志願隊。

〔註 62〕陳應明、廖新華編：《浴血長空——中國空軍抗日戰史》，《航空工業出版社》，2006 年，第 179 頁。

〔註 63〕吳餘德：《抗日戰爭初期中國空軍曾經轟炸臺灣》，《航空史研究》，第三期，1996 年。

　　淞滬會戰中起飛的中國空軍，轉戰大江南北，戰機在華中、華北、華南上空陸續出現。1937 年 9 月，淞滬戰場炮聲隆隆，華北方面敵情緊迫，華南沿海也現敵蹤。除守衛京滬，中國空軍還分兵出擊，「一路北上支持華北戰場」，「一路南下支持廣東方面作戰」。「9 月 14 日，中國空軍正北面支隊成立，由第 6 大隊陳棲霞大隊長率領，以山西的機場為基地，直接支持華北戰場的戰鬥」〔註64〕。《月下轟敵陣》描寫的就是中國空軍在山西的戰鬥。作品以轟炸機飛行員為主人公，描寫太原保衛戰期間空軍對盤踞原平之敵的一次夜襲，飛行途中「我」沒有顧及到戰鬥危險，朗月高懸令「我」豪氣穿雲，「擡頭看，一個大月亮，就準對著我們的頭頂，像高空掛著一個大火球，低下頭來，滿城的燈光，就同踏在我的腳底，我的英雄氣，我的熱極的情緒，都燃燒起來了，我是何等的興奮啊！不覺默默地這樣想：『美麗的太原城——西北政治的中心，我們要盡力保衛它』」。美麗的家園讓「我」充滿戰鬥勇氣，戰士們要將這抗爭的精神傳遞給戰火裏的同胞，「當我們的機越過太原時，我們把安置在機身上的紅綠燈開起來，同時又立刻關上，這樣開關了十多次，算是給太原城裏的同胞的一點安慰，使他們知道這是我們自己的飛機，今晚飛向西北去，要給敵人以死命的打擊」〔註65〕。「在整個支持華北陸軍地面作戰期間，中國空軍曾對晉北、大同、繁峙、平型關、陽明堡、憚縣、原平、平漢等地的敵軍陣地轟炸 42 次，在空戰中擊落敵機 3 架」〔註66〕。《月下轟敵陣》突出的是戰士保衛家園的愛國情操，另一篇《去轟炸來》〔註67〕乃「戰鬥員自述」，重點在描繪戰鬥場面。某次飛行作戰中，我們與敵機鬥智鬥勇，在敵人的火力網中機智沉著地「轟沉他們的兵艦！炸掉他們的火藥庫！燒毀他們的司令部！」，一次次追逐、爬升，一回回盤旋、投彈，戰機顛簸、「我」心狂跳、槍炮聲撕裂暗夜，緊張驚險的戰鬥如在眼前。

　　以上《偉大的空軍》、《飛將軍轟炸臺灣》、《月下轟敵陣》等作品裏基本是中國空軍一枝獨秀，日本空軍好似雲裏霧裏，難睹真容。險象環生的空戰中，日本空軍表現如何？抗戰初期，日軍海、陸航空隊的實力怎樣？由於戰

〔註64〕陳應明、廖新華編：《浴血長空——中國空軍抗日戰史》，《航空工業出版社》，2006 年，第 92 頁。

〔註65〕石幹真：《月下轟敵陣》，《文藝月刊‧戰時特刊》，第一卷第六期，1938 年 1 月。

〔註66〕陳應明、廖新華編：《浴血長空——中國空軍抗日戰史》，《航空工業出版社》，2006 年，第 94 頁。

〔註67〕客朝：《去轟炸來》，《文藝月刊‧戰時特刊》，第一卷第五期，1938 年 1 月。

時條件限制加之民族感情因素，中國作家對日本空軍未能詳細瞭解從而加以細緻描寫，但日軍航空隊還是在字裏行間露出一鱗半爪。《去轟炸來》〔註68〕描繪了敵我空戰場面，日本空軍略見一斑，當然，作家目的仍是借彼揚我。作品中，面對突襲，日機雖倉惶應戰，但還擊兇狠不減，「忽然迎頭來了一架不同於我們的驅逐機並且隨著就是一排機槍，槍彈似乎比雨點還緊，均逼我而來，我到此真有點為難了」。幸好「我」及時調轉航向，「使敵人撲了一個空」。敵「驅逐機在失望之後，還想壓來」，「我」則先發制人，「它卻看勢不對，一溜煙的飛去了」。日機開溜，但其反應之快攻擊之猛，顯然給我飛行員造成不小壓力。《0404 號機》中，敵機 27 架大編隊來襲，我僅 6 架迎敵，兩軍未及交戰，日機「那領隊的笨雁不知為什麼就突然做了一個『失速轉彎』猛可地把他的航向改變了」，「他的動作是那樣的慌張，技術是那樣的拙劣」，以致在逃竄途中誤傷僚機，「其餘的一群立刻倉皇無措的鳥獸散了」。照作品所說，敵機多於我 21 架，力量如此懸殊，日軍仍見「機」而逃，實難令人信服，如此描寫，難免沒有作家感情因素摻雜其中。作品中，「0404」與日機交戰曾多次化險為夷有驚無險，作家以此表現我之藝高膽大應對從容，若「0404」神勇無敵，則能屢次令其置於險境的對手也不應是酒囊飯袋之輩。另外，臧克家、鄭振鐸等雖將焦點對準中國空軍，但鏡頭裏也不時閃過日機對我軍事、民用目標造成的巨大破壞，照此看來，日本空軍力量豈能薄弱。同樣，《飛將軍轟炸臺灣》旨在揚我軍威，但寫及日軍機場時作家卻也借飛行員感歎：「南北兩站規模宏壯／數十架敵機排列成行／還有飛機庫和那汽油廠／一座座建築在東西兩旁／飛將軍心中暗自思想／難怪那小日寇兇狠強梁／它們的根據地真可像個樣／建築完整布置周詳」，日機軍容整齊，機場規模龐大，經營非一朝一夕，其戰鬥力可以想像。

抗戰初期，中國空軍作戰英勇，對敵人造成重大打擊，但準備充分訓練有素的日軍絕非不堪一擊的烏合之眾，日本空軍同樣不乏人才。淞滬之戰初始，我空軍戰績卓著，但強弱自是有別，「受開戰以來連續作戰後我部隊實力下降影響，中國空軍當局於 8 月 21 日發布第十二號作戰命令，將空軍作戰的方式由機群出動變為單機出動，白晝出動變為夜間出動」〔註69〕。於是，「青天白日徽的

〔註68〕客朝：《去轟炸來》，《文藝月刊‧戰時特刊》，第一卷第五期，1938 年 1 月。
〔註69〕陳應明、廖新華編：《浴血長空——中國空軍抗日戰史》，《航空工業出版社》，2006 年，第 16 頁。

飛機白天不再看見，所看見的全是紅日徽的。轟炸開始：飛機一天到晚在頭上
『轟隆轟隆』，把人趕到隱蔽部裏和屋子裏」〔註70〕。中國空軍機動能力下降，
日機到處轟炸肆無忌憚。盧冀野在上海、杭州、南京等地見識了日軍空襲；臧
克家《鄭州在轟炸中》、默容《空襲》〔註71〕表現了日機屠我同胞之慘烈；陸印
泉在南京聽到日機頻繁光顧，在太原又親見空襲遺禍市面蕭條〔註72〕。此時，
中國空軍雖開闢華北戰場，但終因戰機陳舊、後勤保障不利等因素，「無法與日
軍抗衡」〔註73〕。1937 年 12 月初，我空軍「無論裝備還是人員均元氣大傷，
幾乎全軍覆沒。淞滬會戰及南京保衛戰結束前後，所剩飛機均陸續飛漢口及南
昌。至此，中國空軍基本上失去作戰能力」〔註74〕。由此，日本空軍肆意逞兇，
中國大地上演悲慘一幕：「實可恨敵機轟炸自由來往／控制了東亞的領空出語猖
狂／那倭奴鬼畜生無理可講／轟炸城市好一似便飯家常／什麼教堂醫院它也不
買賬／哪管你中立國的國旗屋頂飄揚／無非是卑怯謀害冷箭暗放／專對著難民
投彈掃射機槍／無數的男女老幼同把命喪／實可慘妻哭夫來兒喚娘／實可慘垂
死的嬌兒睡在燒焦的娘臂上／實可慘鮮血淋漓破肚流腸」。日寇掌握制空權，無
視人道肆意屠殺，給我造成重大人員財產損失，這也折射出中國空軍力量有限
受制於人的客觀情況，侵略者空中實力不容小覷。

　　抗戰爆發後，《文藝月刊》對國民政府軍事行動多有關注，此中，空軍表
現搶眼。1937 年，「自 8 月 14 日開戰至年底，我空軍一共擊落日機 85 架」，「陣
亡飛行員 75 人」〔註75〕。梁鴻雲、任雲閣、劉署藩、閻海文、沈崇海、高志
航、樂以琴、劉粹剛等眾多空軍健兒以其年輕的生命履行了他們保衛民族國
家的莊嚴使命。在國共團結禦侮的背景下，頌揚空軍的篇章不只刊載於姿態
溫和的《文藝月刊》，中共指導下的《烽火》、《七月》等一樣閃現中國戰鷹的

〔註70〕 S.M.：《從攻擊到防禦》，《七月》，第四集第三期，1939 年 10 月。
〔註71〕 默容：《空襲》，《烽火》，第十九期，1938 年 1 月 1 日。本文署名目錄標容默，
　　　　正文標默容，從正文。
〔註72〕 陸印泉：《從太原歸來》，《文藝月刊·戰時特刊》，第一卷第五期，1938 年 1
　　　　月。
〔註73〕 陳應明、廖新華編：《浴血長空——中國空軍抗日戰史》，《航空工業出版社》，
　　　　2006 年，第 92 頁。
〔註74〕 陳應明、廖新華編：《浴血長空——中國空軍抗日戰史》，《航空工業出版社》，
　　　　2006 年，第 20 頁。
〔註75〕 陳應明、廖新華編：《浴血長空——中國空軍抗日戰史》，《航空工業出版社》，
　　　　2006 年，第 60 頁。

身影。相對於國民政府之陸軍，空軍獲得左翼作家更多贊譽，考其原因，中共此時未有空中武裝，對空戰缺乏相關經驗，難有實質性批評，且空軍表現的確可歌可泣。不過，相比空軍的貢獻，當時以空戰爲題材的作品無論數量、質量均顯單薄。本來，抗戰初期，中國空軍人數不多，作戰時間相對較短，作家與空軍接觸機會較少，對飛行作戰缺乏相關體驗，顛沛流離之中也難於對空軍作深入細緻的瞭解與刻畫。儘管如此，中國空軍搏擊長空浴血抗戰的部分畫面仍舊通過作家的努力存留至今，激勵國人勿忘自強！

第三節　淞滬會戰之地面作戰

空中鏖戰未休，陸上對決正酣。老向《女兵選夫》頌揚空戰英豪之時更不忘陸戰健兒，除提及在忻口一戰中犧牲的郝夢齡將軍外，還語涉我姚子青部「全營殉難寶山城，千古流芳名，哎喲，民族有光榮！」。姚營官兵誓死守土氣壯山河，9月7日，陳誠向蔣介石等報告近日作戰情況，提及「據九十八師夏師長魚西電稱，該師路團姚營固守寶山城，微辰起敵以優勢兵力及戰車、炮艦、飛機聯合炸擊，城壁被毀數處，該營守城官兵奮力抗戰，傷亡頗重。激戰至魚日十時，卒以傷亡殆盡，無法支持，全營官兵自營長以下偕城作壯烈之犧牲」〔註76〕。如陳誠所述，在日軍海陸空協同進攻下，姚營奮戰兩日全體殉國。寶山失陷後，艾蕪作《我懷念寶山的原野》〔註77〕悲家園淪陷，斥敵人暴行。羅卓英將軍則賦詩一首至祭寶山國殤：

　　鯨濤鰅浪打危城，全仗吾曹正氣撐，五百健兒同殉國，中原何止一
　　田橫。（弔寶山姚營官兵）〔註78〕

保家國，姚營官兵堅守危城至死不退；戰到底，五百健兒撲倒八百壯士又起，姚營成仁，隨寶山陸沉；謝團凱旋，共四行屹立，生死俱崑崙，中華正氣傳承不歇。10月下旬，姚營殉國月餘，「我軍主力退守南翔一線，一部退守蘇州河以南，一部留守蘇州河以北各要點。第88師262旅524團副團長謝晉元和2營營長楊瑞符以2營爲基幹，組成了有3個步兵連、1個機槍連、1個迫擊炮連

〔註76〕　中國第二歷史檔案館編：《抗日戰爭正面戰場》（上），鳳凰出版社，2005年，
　　　　　第427頁。
〔註77〕　艾蕪：《我懷念寶山的原野》，《烽火》，第五期，1937年10月。
〔註78〕　羅卓英詩見田漢：《前線巡歷》，《中國抗日戰爭時期大後方文學書系》第四編，
　　　　　（主編碧野）《報告文學》第一集，重慶出版社，1989年，第394頁。

共 452 人的加強營，對外宣稱 800 人，奉命堅守閘北四行倉庫，掩護主力轉移」
〔註79〕。事後，鄭青士作《八百壯士》以大鼓書詞形式歌詠這次戰鬥：

> 壯氣衝霄溢八荒，爭同日月吐光芒，岳家威武誰能撼，田島忠貞自
> 足彰；誓滅仇仇明恥辱，拼將鐵血固金湯，前身定是阿羅漢，八百
> 天神下九閭……個個逞豪強。

> 表的是八一三上海地面把日寇抵抗，遭不幸七旬的苦戰失了大場，
> 那閘北寸寸國土豈甘退讓，實只為腹背受敵突出太長；統帥有令退
> 守在第二道國防線上，掩護任務派定了謝團承當，這偉大的使命神
> 聖一般樣，民族的武德燦爛輝煌。謝團附名叫晉元與那楊瑞符營長，
> 率領著銅筋鐵骨的八百兒郎，守定了四行堆棧把強敵抵擋，掩護著
> 大隊退卻不慌不忙，視死如歸稱得起軍人榜樣，完成了任務還不肯
> 離開戰場，要殺個痛快淋漓算清血賬，這一頁民族的戰史真有榮
> 光……中外把名揚。

> 這八百壯士接受了命令盃明甲亮，精神抖擻英勇無雙，霎時間展開
> 陣線槍炮齊響，一個個左衝右突賽過虎狼；假裝著進攻把敵人騙謊，
> 斷後的妙計可說是有勇知方，我大軍退至在中央造幣廠，與瀏河成
> 一直線三十公里長，從容布置在新的戰線上，士氣奮激抵抗更加強；
> 且不言整個的戰事它是怎麼樣，急回來單把那閘北的壯烈情形細說
> 端詳：

> 十月二十七日拂曉時天將明亮，那倭寇才覺察我大隊退出了閘北戰
> 場，滿心想揮兵進擊打個大勝仗，又誰知八百壯士築成了一道鐵壁
> 銅牆，雖然他們是前仆後繼把陣地進搶，無奈是手榴彈擲機關槍發
> 遍地傷亡……鐵桶般衝不進只顯得倭奴小鬼無用阿囊。

> 那倭寇圖窮匕見把火來放，派出了大隊飛機轟炸南翔，東起江灣西
> 至周家橋延燒愈廣，火連煙，煙連火足有十里多長；但只見烈焰衝
> 霄火山一般樣，只燒的天愁地慘鬼戚神傷，只燒得屋倒牆傾雞犬皆
> 喪，只燒得美輪美奐變成了瓦礫之場。最可歎滬西的平民萬人空巷，
> 老的老小的小逃奔在蘇州河旁，租借的柵門不能夠開放，任憑那敵

〔註79〕步平、榮維木主編：《中華民族抗日戰爭全史》，中國青年出版社，2010 年，
第 160 頁。

機掃射沿路死傷。唉！你看它逞其獸性哪把公理講，殺人放火如瘋似狂，聯合了空陸兩軍橫衝直撞，實可敬孤軍奮戰毫不慌張。

雄赳赳挺起八百壯，高巍巍矗立四行倉，與陣地共死生決不退讓，哪怕是只剩下一槍一彈……決心爲國殤。

你看那太陽旗下倭兵倭將，重重疊疊把那四行倉圍在中央，那敵機不斷的在天空嗡嗡響，平射炮猛烈的攻打倉庫的垣牆，八百健兒他們一粒槍彈也不肯輕易放，穩紮穩打不慌不忙，衆寡懸殊論火力固然趕不上，曠日持久也必定要斷絕食糧；西藏路英國駐軍見此情況，不覺得激發了人類同情的心腸，喂朋友們過來吧咱們把柵門開放，只要你們解除那武器刀槍。謝謝你們的好意仁周義廣，軍人天職必須與陣地共存共亡，最後一滴血拼灑在陣地之上，怎能夠放棄陣地擅入那十里洋場。一番話只說得英軍們點頭讚賞，好一個軍人模範永世流芳。鐵一般意志打這鐵一般的硬仗，民族精神眞夠強……八百猛金剛。

這一戰中外人士誰不誇獎，英雄蓋世民族之光，仗義的人紛紛去探望，冒著萬險送進了光餅與鹽糖；勇士們說我們的糧食足夠並非謙讓，勸同胞多購公債挽救危亡，身爲軍人責任是打仗，爲國捐軀理所應當，有一些遺言寫在書信上，請代投郵政局寄往家鄉；聽此言誰不爲熱淚下……，同說道勇士們珍重報國的口子長。話畢告辭不過半晌，那日寇大舉進攻直撲四行倉，衆勇士隱藏瞄準一槍不虛放，待其逼近才使用手榴彈與那機關槍，只見那倭寇一個個翻身地下躺，傷的傷來亡的亡，遙望著四行大廈七層頂上，升起了青天白日旗一方……，迎風正飄揚。

這國旗是位女童軍冒險送往，只壓得周圍太陽旗慘淡無光，中國魂全寄在八百人與一面旗上，要知道委員長精神感召普及編氓。死守了四天四夜又悲又壯，他任務是已然達到何必延長，密令撤退敢不服從委員長，忍痛放棄寶貴的四行倉，從容準備衝出炮火交織網；三十人爲一組毫不慌張，那日寇探照燈放出光亮，機槍掃射密似蟲蝗，八百人一面撤退一面抵抗，遭不幸二十位掛了彩五位身亡，最後退出的一人是謝團附那位官長，精神飽滿器宇昂藏，受傷的弟兄

們也都運走最令人敬佩神往，可算得精誠團結義重情長，到達了安
全地帶無心休養，急歸大隊轉入新戰場……且看誰弱與誰強。

這一回閘北斷後八百兵將，驚天地泣鬼神民族臻光，似這等軍國民
人格高尚，衛國保土中外稱揚……倭奴不足亡！〔註80〕

家國危難，再現岳家威武；金湯固守，好似神兵天降。作品首先簡要介紹了戰
局變化，10月26日，日寇壓迫下，我放棄大場、廟行、江灣等陣地，為避免
「腹背受敵」，閘北守軍也開始後撤。主力轉移之際，「掩護任務派定了謝團承
當」，至此，作品將焦點對準堅守「四行堆棧把強敵抵擋」的「八百兒郎」。為
掩護主力撤退，謝團向日軍佯攻，「霎時間展開陣線槍炮齊響，一個個左衝右
突賽過虎狼」，此舉有效迷惑並牽制了敵人。國軍主力陸續後撤，日軍發覺中
計急欲追擊，四行守軍橫亙其間勇挫敵鋒。日寇進攻受阻，惱羞成怒「把火來
放」，且派空軍密集轟炸定要除謝團而後快。火勢似日寇兇狠，往日家園化為
飛灰，昔時繁華頓成瓦礫。戰火肆虐，殃及無辜。滬西民眾湧向租借尋求庇護，
誰料列強怕引火燒身罔顧公義，租借「柵門不能夠開放」，我同胞徒遭日機掃
射「沿路死傷」，景象淒慘睹之泣下。實際上，列強袖手早有端倪。七七事變
爆發，國民政府呼籲歐美主持公義，各國考慮自身利益冷漠對之。「八一三」
日寇挑起戰端，上海市長俞鴻鈞「即覆知各通訊社電告各國」，並把提交日本
領事的抗議書「抄送各國駐滬總領事知照」〔註81〕，用意在引起歐美干預，但
「國民政府的多次呼籲，開頭並沒有得到英美的正面回應」〔註82〕，各國依舊
執行綏靖政策。友邦置身事外坐視日軍行兇，國人心憂險境軍民。時在滬上的
靳以，望著戰地大火心弦緊繃，「計算時日，那火已經燒了三天三夜。不知道
那裏面還有多少人，我也不知道有多少人的血汗曾經灑在那上面，我像吞下了
一顆酸苦的果子」，「在火焰中還有那八百人的一支孤軍」〔註83〕。日寇殘暴，
更激我抗敵決心，謝團官兵不惜性命寧「與陣地共死生決不退讓」。敵人輪番
猛攻四行，「八百健兒」「穩紮穩打不慌不忙」。孤軍奮戰觸動外籍武裝，租借

〔註80〕 鄭青士：《八百壯士》，《文藝月刊·戰時特刊》，第一卷第六期，1938年1月。
〔註81〕 《上海市市長俞鴻鈞自上海報告日陸戰隊輕啓釁端向我北區守軍攻擊一案除
覆知各通訊社電告各國外並向日本女總領事提出書面抗議電》（1938年8月
13日），秦孝儀主編：《中華民國重要史料初編——對日抗戰時期第二編作戰
經過》（二），中國國民黨中央委員會黨史委員會，1981年，第169頁。
〔註82〕 張憲文等著：《中華民國史》（第三卷），南京大學出版社，2006年，第48頁。
〔註83〕 靳以：《火中的孤軍》，《烽火》，第十期，1937年11月。

英軍欲以繳械爲條件，保謝團周全，被愛國官兵拒絕，中國軍人誓死守土抗戰。
將士忠貞，巋然不動，致我民族精神高漲，國人感奮冒險探望，軍民禦侮矢志
不渝。酣戰中，「爲表達上海市民對守軍的敬意，上海商會決定派年僅 18 歲的
童子軍少女楊惠敏向孤軍堅守的謝晉元部敬獻國旗」，「29 日，楊惠敏冒著敵人
的炮火，趁著朦朧夜色和濃霧掩護，泗渡蘇州河，潛入四行倉庫，將國旗送到
孤軍堅守的 524 團陣地」〔註84〕。國旗凝聚抗戰信念，飽蘸同胞囑託關愛，鼓
舞軍心民氣，一時間，民眾紛紛走上街頭聲援謝團，靳以「夾在擁擠的人群中
朝北眺望。從一間矮屋的上面望過去，正看見那堡壘一樣的貨棧，在樓頂飄揚
的國旗下，有三五個持槍的兵士」，「我舉起手來揮著，遙遙地我也望到他們的
手在揮動，我帶了微笑；可是我知道他們是看不到的，我的眼睛爲淚水模糊了」
〔註85〕。官兵以民族爲重，留書遺言從容應敵，感動萬千中華兒女。槍聲不絕，
煙火連綿，敵寇一次次被擊退，青天白日旗「迎風正飄揚」，「支持那面國旗矗
立的正是那八百人準備好的最後血肉的犧牲和那生死如歸的勇敢」〔註86〕。孤
軍「死守了四天四夜」，完成掩護任務，奉令撤退，「30 日，四行倉庫守軍衝出
重圍，退入英租界，繼續堅持戰鬥」。八百壯士的抗敵事迹「驚天地泣鬼神民
族臻光」，中國軍人的英勇獲得高度評價「中外稱揚」，「正如一張外國報紙所
說：『即使撤退，也不是敗退，而是凱旋』」〔註87〕。主力轉移，謝團殿後，堅
守陣地遲滯敵寇；感其精誠，民眾勞軍慰問、獻旗；英勇狙敵，愛國官兵從容
突圍。鄭青士之大鼓書詞將淞滬場上一段戰事完整道出，現日寇之殘暴，表謝
團之忠勇；難民遭屠，令人悲憤，日寇殞命，使我吐氣；作品有戰鬥之激烈，
有勞軍之感人，夾敘夾議，情緒高低迴環，節奏張弛錯落，強烈的民族感情充
溢全篇。《火中的孤軍》同樣頌揚了八百壯士，但重點不在描寫戰鬥場面，四
行官兵也一直是遠處模糊的輪廓，作品主要以「我」的情感起伏爲線索，反映
似「我」一般的普通民眾對四行守軍的關切，全篇敘述簡潔感情深沉。四行抗
戰令國民揚眉，引作家稱揚，長於抒情的散文與長於敘事的傳統鼓詞交相輝
映，共同記錄了一段難忘的抗戰史事。

　　淞滬一役，戰鬥殘酷火拼迭迸，中國軍人爲民族效死，不僅依堅固守，

〔註84〕步平、榮維木主編：《中華民族抗日戰爭全史》，中國青年出版社，2010 年，
　　　　第 160 頁。
〔註85〕靳以：《火中的孤軍》，《烽火》，第十期，1937 年 11 月。
〔註86〕靳以：《火中的孤軍》，《烽火》，第十期，1937 年 11 月。
〔註87〕靳以：《火中的孤軍》，《烽火》，第十期，1937 年 11 月。

似寶山姚營捨生取義誓死不退；還有奇兵突襲，如羅店殘部冒死反擊敵後立奇功。

　　會戰期間，國軍與日寇在羅店一帶激戰。羅店地近瀏河、嘉定、昆山、上海等處，戰略位置重要，敵取羅店，「其目的在向嘉定南下截斷我軍背後連絡線」，而「我欲先消滅於我最危害方面，宜先擊滅羅店之敵」〔註88〕。鑒於此，自8月下旬始，中日在羅店及附近區域反覆爭奪。敵我頻繁交火，「彼此往返衝突，以迄天明」。如此，激戰不止戰事膠著，雙方死傷枕藉，「羅店東北，敵我死傷在四五百人，界涇河竟爲屍體填滿，至爲慘烈」、「各方面與敵激戰竟日」「敵我傷亡奇重」。連番苦戰，國軍消耗巨大，「各部每夜激戰，疲勞異常」，漸呈頹勢。正在此形勢下，經敵「優勢兵力及戰車、炮艦、飛機聯合炸擊」〔註89〕，寶山姚營全體壯烈殉國。但如羅卓英將軍詩，「中原何止一田橫」，將士前仆後繼，羅店戰鬥還在繼續。

　　由於國軍抵抗頑強，迫於壓力，9月14日，日軍大規模增兵，之後「開始全線進攻，主力指向羅店方向」〔註90〕。在此堅守之國軍處境更加艱難，爲爭奪陣地，部分守軍化整爲零，或竄擾敵後或突擊、夜襲。《鍾進士殺鬼》〔註91〕反映的正是這一階段敵我在羅店附近之拉鋸苦戰。作品首先交代了羅店守軍面臨之敵情，爲消滅中國軍隊，日寇發揮其機械化優勢，集中海陸空力量對守軍實施立體打擊：「先來幾十架飛機，沿著火線，瘋狂地丟下幾十個重量的炸彈；接二連三地用大炮轟擊我們的戰壕和炮位；最後才用坦克車，機關槍掩護著騎兵步兵，直向我們的陣地撲來」。守軍寧死不退，但強弱現實無法改變，敵優勢火力覆蓋下，國軍防禦工事遭毀滅性打擊，「許許多多的抗戰將士都做了壯烈的犧牲」。冰瑩之說並非個例，丘東平同樣講述了羅店之戰的殘酷，「在羅店擔任作戰的 XX 軍因爲有三分之二的幹部遭了傷亡」，指揮官陳誠要求中央軍校廣州分校給他補充一百五十名幹部，因此，「我」被派到了羅店前線。「我」所在的第七連，「全是老兵，但並不是本連原來的老兵，原

〔註88〕《張治中致白崇禧黃紹竑密電》（1937 年 8 月 26 日），中國第二歷史檔案館編：《抗日戰爭正面戰場》（上），鳳凰出版社，2005 年，第 370 頁。

〔註89〕以上所引爲 9 月 6、7 兩日，我軍在羅店附近作戰情況，出自《陳誠致蔣介石密電》（1937 年 9 月 7 日），中國第二歷史檔案館編：《抗日戰爭正面戰場》（上），鳳凰出版社，2005 年，第 427 頁。

〔註90〕張憲文等著：《中華民國史》（第三卷），南京大學出版社，2006 年，第 29 頁。

〔註91〕冰瑩：《鍾進士殺鬼》，《文藝月刊・戰時特刊》，第二卷第九、十合期，1939 年 1 月。

來的老兵大概都沒有了，他們都是從別的被擊潰的隊伍中收容過來的。我們所用的槍械幾乎全是從死去的同伴的手裏接收過來的」〔註92〕。作家對國軍犧牲慘烈之記述並不誇張，9月中旬，第3戰區副司令長官顧祝同向當局報告淞滬戰況，關於「羅店方面：昨（9月14日——引者注）申敵私立奪占淑里橋後，繼以機炮戰車掩護優勢兵力，向我霍師顧家角、謝宅、吳家橋陣地猛衝，與我曾旅激戰至夜，傷亡奇重」〔註93〕。昔有魯陽揮戈止日，而今敵我竟夜激戰。9月20日，羅店附近「有敵新到約一旅團」，「敵重炮在何家墳山附近者有八門，在黎家宅背後及金家宅附近者各有四門」。「皓日下午敵機在羅店西北上空」，對國軍陣地「轟炸甚烈」，「同時有敵山炮十餘門」，向我「射擊甚烈」。是役，國軍「傷亡營長以下十二員，士兵百六十七名」〔註94〕。同日，「今晨八時，敵機廿餘架，向我第四軍五九師尤梅宅附近陣地轟炸，繼以步炮兵對我攻擊，經劇烈之戰鬥，尤梅宅為敵所佔」〔註95〕。敵海量炸彈肆意拋擲，國軍陣地千瘡百孔幾無完膚，「有一次當著敵兵攻陷了我們金家店陣地之後，眼看著我們原來的壕溝炮位都已經成了一塊平原」。就是在這種艱險環境下，國軍殘存部隊的小規模反攻突襲，戲劇上演。

日寇摧毀國軍陣地後，眼見盡是廢墟、殘肢，便「毫無顧忌地只管繼續前進」。他們哪會料到，炮火撕碎的工事中，「還有許多我們英勇的將士，被埋在土裏，他們還在掙扎著出來」待機反攻。《鍾進士殺鬼》寫道，敵人炮火停息後，九十師張國成遭工事掩埋未死，他「從泥土裏探出頭來，看看天色已近黃昏，敵人踏過了這道防線，還在繼續前進」，於是「悄悄地爬了出來」。此時，其他幸存戰友趁機「也都陸續地從土裏爬出來了」，集結完畢僅存十餘人。作品提到的第九十師，師長歐震，隸屬第十五集團軍陳誠治下，在淞滬會戰羅店以南地區爭奪戰中，第十五集團軍正負責羅店、瀏河等地防務，第

〔註92〕 丘東平：《第七連——記第七連連長丘俊談話》，《七月》，第一集第六期，1938年1月1日。關於丘東平對正面戰場的表現可參見秦弓：《丘東平對抗戰文學的獨特貢獻》，《東嶽論叢》，2011年第2期。

〔註93〕 《顧祝同至何應欽密電》（1937年9月15日），中國第二歷史檔案館編：《抗日戰爭正面戰場》（上），鳳凰出版社，2005年，第434頁。

〔註94〕 《顧祝同至何應欽密電》（1937年9月20～21日），中國第二歷史檔案館編：《抗日戰爭正面戰場》（上），鳳凰出版社，2005年，第436頁。

〔註95〕 《顧祝同至何應欽密電》（1937年9月20～21日），中國第二歷史檔案館編：《抗日戰爭正面戰場》（上），鳳凰出版社，2005年，第437頁。

九十師被劃歸中央第二區作戰軍，指揮官爲羅卓英〔註 96〕。此刻，破土而出的戰士「彼此相見之下，不覺失聲大笑，原來每個人的臉上都是烏黑的，只有一雙眼睛，放出光亮的顏色，全身都是泥」。這身令戰士們感到滑稽的「僞裝」，實拜敵人所賜，覆蓋全身的泥土，不知沾染了多少忠勇將士的鮮血。劫後餘生的戰士沒有就此撤退轉移，李得功建議大家「就憑著這副怪樣子，趁著黑夜去襲擊鬼子」，「陳成福更慷慨激昂的說：『鬼子這一下，又不知殺掉我們多少弟兄』，『我們要不是埋得淺，還不是早已送了命。我們這條命是撿來的，當然要痛痛快快地和鬼子拼一下，一來替國家盡了守土責任，二來爲弟兄們報仇，三來也替自己出了一口氣』」。這時，「天已經黑得看不清人了」，戰士利用夜色掩護，組織突襲發動敵後反擊，「鬼子們」「突然聽到背後打來劈劈啪啪的槍聲，嚇得魂飛魄散，秩序大亂，大家張皇失措，喊聲震天地；有的丟下槍就跑，有的大哭大叫，沒有逃掉的都死在我們機關槍之下」。作品旨在激勵民心，所述戰果不必細究，但奇襲確使敵人心驚膽寒，據日軍士兵記錄，10 月份在吳淞河一帶，日軍於黎明前遭中國敢死隊背後突襲，「日本軍隊竟然也顯出被嚇破膽子的樣子！」，意外突襲予敵重創，日軍戰壕中已經「找不到幾個生存的人」〔註 97〕。兵以奇勝，所言不虛。

羅店之北王宅陣地也出現小股國軍奇襲敵後的情形。羅店附近區域激戰不間斷爆發，王宅陣地幾次易手，國軍一軍一師四團團長李友梅曾在此多次組織敢死隊對敵突擊、夜襲，直至 9 月 17 日夜戰死沙場。冰瑩所說北王宅，與李團防區相去不遠，通過作品，國軍當日苦戰之情景可以想見。敵人彈藥似用之不竭，鋪天蓋地一陣狂轟，「把我們的陣地都打平了，弟兄們死傷的真是慘不忍睹，一連補充四次，三營弟兄都沒有幾個生還的。死屍堆積的快成山了，流下的血把河裏水都染成了紅色。勇敢的弟兄們他們一個個從屍體上面爬過去，有些壓在底下的還沒有死，正在慘叫求救」。遺體堆積如山，將士極少生還，作品殘酷的畫面正是現實戰鬥的寫照。9 月 23 日，敵對我羅店陣地「攻擊極爲猛烈，炮聲極密（劉行方面每分鐘約六十發），並以飛機轟炸，我一五九師、五九師傷亡

〔註96〕關於淞滬會戰羅店以南地區爭奪戰中國民黨軍的編成和作戰序列詳見曹劍浪：《中國國民黨軍簡史》（中冊），解放軍出版社，2010 年，第 568～570 頁。

〔註97〕【日】荻島靜夫：《荻島靜夫日記》，人民文學出版社，2005 年，第 30～31 頁。荻島靜夫爲侵華日軍，1937 年 8 月是上海派遣軍伊東部隊加納部隊卯野部隊本部步兵上等兵，1940 年 3 月回國，這期間其日記基本未中斷。他參加了淞滬會戰，對此次戰役有詳細的記錄。此日記現藏四川建川博物館。

甚重」。「黃昏時我五九師因官長傷亡三分之二，失去統率能力」，「周家宅、龔
家宅我五九師一團，只剩二百人」〔註98〕。為抗戰，生死度外，殘存將士兵不
解甲旋即投入反攻戰鬥。可小股力量如正面「衝進敵人的防線，是會吃他們的
大虧的」，商議過後，大家決定敵後奇襲。為麻痹敵人，戰士「都埋伏在死屍下
面」，「臉上，衣上，手上都沾滿了鮮紅的血，那樣子真可怕極了，完全像鬼怪
一般」。敵人急欲進擊未加留意身後動靜，趁此時機，「我們埋伏著的二十多位
戰士，突然從屍體下面一齊衝了出來，用手榴彈猛向敵人的後面丟去，他們回
頭一看，只見一個個鮮血淋漓，駭得全身發抖，丟下槍來就向我軍磕頭求饒。
因為他們都認為這是死屍顯靈無法抵抗的。他們都閉上眼睛，嘴裏念念有詞，
兩隻手掌合起來做著念『阿彌陀佛』的模樣。更可笑的，他們見我們這副血迹
斑斑的臉孔，就連忙從胸前和口袋掏出符咒來，以為可以避免災難，哪知他們
的末日已到，只得束手待縛，一個個都做了馴良的俘虜」。兵不厭詐劍走偏鋒，
將士智勇奇襲得手，敵人反應誇張，令其驚慌失措的不僅是一張張血迹斑斑的
臉孔，更是國軍前仆後繼誓死殺敵的戰鬥意志。一次次奇襲的成功，凝集無數
將士慘烈的犧牲，敵後放手一搏，實因力量懸殊，這其中亦包含勇士們的悲憤
與決絕。勝利固然令人鼓舞，但更值得後人銘記的，卻是那為抵擋敵人炮火而
長眠於大地的萬千英烈。

　　侵略者在戰爭中變成惡魔，喪失了理智玷污了靈魂，落得與神鬼糾纏不
清。冰瑩提及，當敵人見到我們全身鮮血的戰士時，好似見鬼，「認為這是死
屍顯靈無法抵抗」，情急之下「連忙從胸前和口袋掏出符咒」，向各路神仙祈
求庇祐，而僥幸不死的也將此歸功「神靈的護祐」〔註99〕。戰鬥中，我們確
曾在敵人身上發現千人針等護符之類的東西。臧克家訪問傷兵醫院，一位戰
士向他講述，敵人隨身帶著「一具小棺木，一寸多長，裏面埋葬著一個屍體
——一條沒頭的火柴，包著這棺木的是一條紙，上邊印著天神的名字。沒頭
火柴便是他的替身，這樣他可以免得一死」。還有的「把一個泥人裝進洋火盒
內，緊緊地貼在內衣口袋裏，算作自己的替身，也就算做自己死了而不再死」。
護身符大行其道反映戰爭的殘酷，侵略不休，抵抗不止，「敵人在每次會戰中

〔註98〕　《顧祝同致蔣介石密電》（1937 年 9 月 22～24 日），中國第二歷史檔案館編：
　　　　　《抗日戰爭正面戰場》（上），鳳凰出版社，2005 年，第 438 頁。
〔註99〕　【日】荻島靜夫：《荻島靜夫日記》，人民文學出版社，2005 年，第 22 頁。

還是死的死，傷的傷」〔註100〕。多行不義必自斃，護符難擋侵略者終歸覆滅的大勢。面對我全民抗戰，敵人心理日漸虛弱，以各種方式預測自己的命運。「在陽曆年的夜晚」，「敵人捏了兩個麵人，一個是蔣委員長，一個是他們的大將——膝田，一道關在一間屋子裏，放進去一隻小狗。他們祈禱著懷著沉重的心過了一夜，天亮打開屋門一看，白麵的膝田已經不在了，他們難過的放聲大哭」。還有，「敵人把『昭和年』的昭字拆開，成爲『日』、『刀』、『口』三字，然後依據拆字法來斷定吉凶，所得結果，是免不了要過一刀，所以他們往往相對啼哭」〔註101〕。眼淚難掩罪惡，嗜血「武運」定遭覆滅。隨戰事延長，日軍戰鬥意志逐漸消沉。「敵人越來越不行了，士兵們簡直不想再打。一個人身上帶著一張妻子的照片，他們想回家鄉，想的哭」〔註102〕。淞滬之戰的慘烈令日軍士兵絕望，參戰的荻島靜夫目睹戰友大量陣亡，抑制不住恐懼，「在媽媽的照片的後面記下今天戰鬥的大致情況，看到自己寫的這些話在感覺上似乎成了最後的遺言，寫著寫著，淚水就禁不住地浮現在眼簾」〔註103〕。死亡陰影下，法西斯的神經日益緊張，敵人對滅亡的隱憂、對戰爭的厭倦正折射出侵華行動的不義與殘酷。侵略的戰火還在蔓延，全民族抗戰也將繼續。

淞滬會戰時期，國軍士氣高昂，將士拼死作戰，正面戰場火光衝天血雨飄灑。寶山姚營成仁，羅店殘部追敵，將士以血肉之軀投入敵人的火海，慘烈戰鬥不斷上演。沙雁《要塞退出的時候》描寫了 XX 炮臺守備隊與日艦及登陸之敵炮戰的場景。軍艦掩護下，日軍強行登陸，我炮營予以還擊，營長陣亡，營附接續指揮戰鬥。雙方炮戰激烈，守軍「像鋼鐵的人」，「不停的發著轟然的炮，把敵人成千百的打退去，打沉下怒吼的江波」。敵人還以顏色，「我們的炮位也在敵人猛烈的火力下，毀去了。只見眼前身周，冒著煙，飛著石塊，這些向空噴激著投射著，我們第一個，第二個炮位就是這樣被摧毀了」。國軍不止武器被毀，戰鬥減員更加嚴重，有的炮位士兵傷亡殆盡，指揮官無

〔註100〕曼冰：《河口進軍途次》，《文藝月刊·戰時特刊》，第三卷第十二期，1939 年 12 月。

〔註101〕曼冰：《河口進軍途次》，《文藝月刊·戰時特刊》，第三卷第十二期，1939 年 12 月。

〔註102〕臧克家：《一寸長的棺木》，《文藝月刊·戰時特刊》，第三卷第五、六合期，1939 年 6 月。

〔註103〕【日】荻島靜夫：《荻島靜夫日記》，人民文學出版社，2005 年，第 29 頁。

人可派就自己替補上陣，「他開始執行一個弟兄的職務。他一面瞄準，一面觀測，一面聽取射擊報告」。守軍殊死戰鬥，暫時頂住日寇進攻，可「他們的通訊聯絡斷絕了，糧食將盡了，弟兄，子彈，全絕了補充。他們在這種孤軍困守的情況中，叫誰也得為生命擔心」，如此境地，殘存將士仍「不願自動撤退。只拼死守著陣線」。炮營戰鬥至山窮水盡，陣地上「所有的炮位，差不多全毀了」，他們決心成仁，營附把「全營僅餘的不到一連人，分佩了槍，手榴彈，手槍，大刀」，準備與陣地共存亡。恰在此時，撤退的命令下來了，這一小隊孤軍才灑淚「和他們死守兩月的要塞告別了」。

國軍不分時地的死戰令人扼腕，同時也引起反思。《鍾進士殺鬼》中，炮火協同下，日軍已掀翻中方陣地並掠過防線繼續前進，針對處於絕對優勢的對手，廢墟中餘生的小股國軍仍選擇敵後反擊兵行險招，作品裏奇襲得勝，現實中如此自殺式襲擊即便成功也往往有去無回；丘東平筆下，在敵震顫大地的炮聲中，「我」率領第七連「零丁地剩下了的能夠動員的二十五個」戰士，義無反顧地衝向敵人；沙雁作品裏的炮營只剩「不到一連人」，在彈盡援絕的情況下他們仍堅守已無炮可用的陣地。國軍在戰事不利的情況下憑少數之殘兵，力戰死守，毫不退縮，犧牲之慘烈令人動容。前線將士的英勇令人欽佩，但面對敵人優勢兵力，軍事當局硬拼死守的戰爭指導方針卻值得考量。不過，謝冰瑩兩次從軍，與部隊關係融洽；沙雁身為中國文藝社職員，多少有官方背景，或礙於身份，他們對當局此時之戰略戰術未作負面評價。

對當局戰鬥決策的質疑，較明顯的體現於左翼作家筆下。丘東平《第七連——記第七連連長丘俊談話》，就已「表現出對那種刻板的『與陣地共存亡』命令的質疑」。「我」在戰鬥中的表現證明主人公「顯然不是貪生怕死之輩，他所質疑的只是徒勞無益的犧牲」〔註104〕。與之類似，蘊藻浜戰鬥中，「保安第 A 大隊」經過「一星期的肉搏，衝鋒，已經喪失了元氣，以僅剩餘的三十幾個兵士堅苦的掙扎著」〔註105〕，終因不獲支持全體殉國。淞滬會戰中，硬拼死守的苦戰不止一次，國軍有生力量的這種消耗對戰爭是否真正有利？戰鬥中的實際情況令丘東平的認識發生變化，「七七事變之前，他在作品中激烈地抨擊任何理由的撤退，弘揚不計代價的犧牲精神；而在全面抗戰打響之後，他的態度則變得審慎、複雜起來，一方面謳歌慷慨赴國難的犧牲精神，另一

〔註104〕秦弓：《丘東平對抗戰文學的獨特貢獻》，《東嶽論叢》，2011 年第 2 期。
〔註105〕駱賓基：《一星期零一天》，《烽火》，第十三期，1938 年 5 月。

方面則主張盡量減少盲目的不必要的犧牲」〔註106〕。對此問題，不止丘東平，國軍高級將領也有思考。淞滬會戰後，陳誠總結戰役提到，「我們抗戰的決策是持久戰、消耗戰，勝敗的關鍵原不在一時一地之得失」，「然淞滬一役，寸土必爭，犧牲慘重，適與我們所標榜的抗戰決策背道而馳」〔註107〕。李宗仁回憶滬戰，認為淞滬一帶，國軍「無險可守」，「敵海、陸、空三軍的火力可以盡量發揮，我軍等於陷入一座大熔爐，任其焦煉」，「所以淞滬之戰，簡直是以我們的血肉之軀來填入敵人的火海。每小時的死傷輒以千計，犧牲的壯烈，在中華民族抵禦外侮的歷史上，鮮有前例」〔註108〕。誓死抗戰，無數將士血灑疆場保民族不滅；長期抵抗，萬千健兒馬革裹屍令當局反思。待到徐州一役，「蔣介石吸取了淞滬苦戰的教訓」，果斷放棄徐州，「事實證明，這是明智之舉」。「日軍佔領空城徐州，而大約50個師的中國軍隊在其包圍空隙中基本全身而退」，當局這種做法，「體現了『以空間換取時間』的戰略構想；保存實力不與日軍爭一城一地得失的做法，也符合持久戰的方針」〔註109〕。淞滬血拼代價慘痛，痛定思痛國民政府漸啓持久之局，中日戰爭形勢開始轉變。

小　結

　　淞滬會戰意義重大，這是「抗日戰爭防禦階段最重要的一次會戰」。「此戰對粉碎日軍速戰速決陰謀，使抗日戰爭形成持久態勢；喚起民眾抗日熱情，形成全國總動員；引起國際廣泛關注，爭取國際社會同情和支持，起到了重要的作用」〔註110〕。會戰中，國軍參戰部隊表現英勇，閻海文、高志航、寶山姚營、四行謝團，多少有名、無名的中華健兒甘把熱血澆灌民族解放之花。黃沙百戰穿金甲，為破賊寇，前方將士血流漂杵，為褒揚忠勇鼓舞軍民，作家吹響戰鬥號角，唱起救亡戰歌。盧冀野、老舍、臧克家、黃源、阿壟、丘東平、謝冰瑩等人或隨軍報導或扛槍上陣，這些經歷有助於他們把自己所目睹、親歷的戰鬥場面記錄筆端，在隆隆炮聲中，將歷史鮮活地保存下來。

〔註106〕秦弓：《丘東平對抗戰文學的獨特貢獻》，《東嶽論叢》，2011年第2期。
〔註107〕陳誠：《陳誠回憶錄——抗日戰爭》，東方出版社，2009年，第43頁。
〔註108〕《李宗仁回憶錄》（下冊），中國人民政治協商會議廣西壯族自治區委員會，文史資料研究委員會編，內部發行，1980年，第694～695頁。
〔註109〕張憲文等著：《中華民國史》（第三卷），南京大學出版社，2006年，第71～72頁。
〔註110〕張憲文等著：《中華民國史》（第三卷），南京大學出版社，2006年，第30頁。

　　《文藝月刊》聚焦抗戰，不少作品描繪了慘烈的戰鬥場面，歌頌了將士慷慨赴義的愛國精神。尤其鄭青士之作，利用通俗歌謠形式，渲染抗戰濃墨重彩，達到了「激發民眾應有之民族意識及民族自信力」、「激勵民眾使其有繼續抗日之耐心」〔註111〕的宣傳目的。

　　壯士英勇，激勵我民族感情，也令人歎惋反思，敵強我弱的現實中，當局硬拼死守的決策是否完全合理？《要塞退出的時候》已顯示殘兵苦戰並非最佳選擇，但作家終未點破，本來，《文藝月刊》姿態溫和，對當局多委婉獻言少強項指責。針對不分時地的「與陣地共存亡」之僵化作戰思維，《七月》則明確表示質疑。關於國民政府領導的正面戰場，《文藝月刊》鼓勵中帶著讚揚，考其原因，刊物與當局關係頗佳，不少作家都與政府、部隊相處融洽，對國軍之英勇不吝讚揚，對當局評論也留有餘地。與之不同，胡風主持的《七月》號召抗戰盡職盡責，同時，中共指導下，刊物講團結同樣不忘鬥爭，左翼作家對當局於作戰中暴露出的問題並不遮掩其質疑、批評，在朝在野，聲音自有分別。

　　「八一三」炮響，中國退無可退，軍民全力抗戰。空中搏殺，陸上鏖戰，面對來勢兇猛的日寇，愛國將士義無反顧血沃中華。經此一役，我精銳之師傷亡約25萬，無數公私建築化為廢墟，如此巨大的犧牲羈絆了日寇的鐵蹄，為中華民族的涅槃奠定基礎。炮聲中嘶啞的喊殺，戰火裏堅毅的面龐，無數的身軀撲向敵寇，淞滬上空的硝煙將被永遠銘記。

〔註111〕《國民黨中央宣傳委員會制定之〈通俗文藝運動計劃書〉》，中國第二歷史檔案館編：《中華民國史檔案資料彙編》，第五輯第一編文化（一），江蘇古籍出版社，第321頁。國民政府1932年既有通俗文藝運動計劃，1938年，中華全國文藝界抗敵協會成立後，也有「討論通俗文藝之寫作，並協助政府擬定推行計劃」之活動，鄭青士創作或受此影響。

第五章 《文藝月刊》對南京、徐州 會戰的反映

　　淞滬會戰後，日軍兵鋒不停，破南京，攻徐州，逼武漢，戰火所到，軍民浴血抵抗。《文藝月刊》同人由南京至武漢再遷重慶，炮火紛飛中，作家們飽蘸血淚抒寫抗日畫卷，揭露日寇暴行，歌頌英雄戰績，弘揚民族精神，以筆作戰留下歷史篇章。

第一節 《文藝月刊》對南京會戰之表現

　　上海淪陷敵手，敵軍會師西侵，志在奪取南京，迫使國民政府儘快投降。頑敵當前，國民政府堅持抗戰政策不變。1937 年 11 月 25 日，蔣介石接見外國新聞記者，表示「吾人堅信，公理終必戰勝強權，抵抗到底至最後一寸土與最後一人，此乃吾人固定政策」。三天後，唐生智接見「各國領署教會報館大商行」代表，聲稱「首都或將在最近之將來，成為戰場」，並表達「最高軍事當局擬死守首都之意」。政府各部遷離南京後，國府發言人於 12 月 1 日仍對外表示「一息尚存，一彈尚在，南京均必抵禦到底」。此時南京「城門除十門已用障礙物關閉外，其餘十三門仍照常大開，城中各處均築成戰壕，街衢交通要點，均置沙包電網，城外各軍事要點亦均布置炮位埋藏地雷」。家園變戰場，「南京人民大部遷離，故市容甚為荒涼，商店大部關閉，路上行人稀少」〔註1〕，一派風雨欲來之勢。

〔註 1〕 仲足：《保衛南京》，《東方雜誌》，第三十四卷第二十、二十一號，1937 年 11 月。

　　日寇逼近，黍離之虞籠罩南京，留守軍民表現如何，《文藝月刊》留下珍貴鏡頭。「12 月初，日軍三路直撲南京」，「至 8 日，日軍突破南京外圍防線」〔註2〕，南京開始閉城。王文傑此刻尚在城中〔註3〕，目睹了軍方緊張的備戰工作。12 月 4 日，「我踱出中山門，城門只剩半扇開著，其餘的都用麻袋，水泥管，鋼條，堵塞的堅牢無比，經過孝陵衛麒麟門，沿途一帶高地，我軍已布置好堅固的陣地，炮手在那裏試炮，傳來隆隆的響聲，京湯路的中心，埋了很多的地雷，預料敵人進攻時，至少可以給他一個重大的打擊」。日寇來勢雖猛，家國豈可輕棄。敵情緊急，軍民攜手。湯山周鄉長，「一方面，忙於調遣村上的壯丁，協助駐軍守哨；另一方面，繪畫村莊附近的地形，指示給那位姓劉的連長做作戰參考」。郭外城內，層層設防。第二天，「我」回至城內虎踞關，眼前亦是備戰景象，「這幾天，工兵們正在挖掘工事，前進曲唱得貫徹雲霄」。南京守城之軍，大部新從淞滬撤下，已是強弩之末，現閉城死守，無異畫地為牢，然置之死地，將士只能放手一博，其所唱前進曲恰似易水之歌。

　　大戰在即，南京街頭人去樓空。「各商店各銀行的門上，貼了『暫停營業』的封條。太平路，中華路，不見一個行人，夜風吹著柏油路上的紙屑率率作響，著實令人可怕。燈紅酒綠的夫子廟，只留著一泓清水，聽不到秦淮河上的歌聲，也聽不到明遠樓上的鐘聲」。金融機關封庫停業，歌兒舞女難覓影蹤，昨日繁華斂迹息聲，景象雖則淒涼，但人員、物資提早轉移減少損失，未嘗不是國家之幸。

　　敵人火力猛烈，南京外圍國軍疲兵猶鬥，盡力遲滯敵寇。敵「已經竄到湯山附近，城郊的炮聲，聽得非常清晰，敵機掠京的警報，一天至少有五六次」。日隨軍記者小阪英一自上海前往南京，據沿途見聞作《南京大攻略戰從軍私記》〔註4〕。按其所見，自南翔、嘉定、太倉至常州一線，「沿途都有炮壘、戰壕、火迹、彈痕，使人如親見激戰的面目」。我軍節節抵抗，日軍推進艱難，炮火攻擊之外，還企圖在精神上瓦解我戰鬥意志。「九日下午，松井和松本雄孝曹長和粉川宗三伍長從飛機上向南京城內擲下勸降文」，南京守軍決

〔註2〕步平、榮維木：《中華民族抗日戰爭全史》，中國青年出版社，2010 年，第 162 頁。

〔註3〕王文傑：《閉城之前》，《文藝月刊·戰時特刊》，第一卷第五期，1938 年 1 月。

〔註4〕【日】小阪英一：《南京大攻略戰從軍私記》，原載日本《文藝春秋》1938 年 2 月特刊。《世界展望》1938 年第二期轉載，亦英譯。

心背水一戰，敵人勸降只是徒勞。10 日，小阪英一到達接近前線的麒麟門車站，感受我有力抵抗，「下午有猛烈炮聲──似在破天裂地，不，這個形容詞仍未能描寫出來呢，這是一種可怕的交射」。親睹國軍頑強，記者表示「出人意料」。不少日本士兵因此情緒低落，他們擔心淪為異鄉枯骨，期待戰事儘快結束，早日回國。七七事變後，日本派出大批記者如浜野嘉夫等隨軍，他們報導的真實程度有待具體考察，但至少為瞭解抗戰提供了參照系。《世界展望》的編輯就認為小阪這篇報導「相當忠實」，藉此，不但看出國軍「英勇犧牲的情況」，「還可以看到敵軍士兵的厭戰心理和思鄉的傷感主義」。

　　日軍記者感歎守軍之強硬，蘇聯人對國軍也不吝贊頌。協威列夫《南京之戰》〔註5〕同樣描述了南京外圍激戰。作者寫到，紫金山一帶「日軍的先鋒團企圖以襲擊奪取工事，終被擊退，且受很大的損失」，終靠坦克夜襲，方突破我防禦陣地；「從東南方進攻的日本師團在青龍山區域」也「出乎意料之外的遇到有力的抵抗」。國軍死戰，敵每進一步都要付出巨大代價。日軍「突擊隊的衝鋒團於十二月九日早晨進抵光華門，遇到了最猛烈的炮火，因受巨大損失，不得不在城下休息」。紫金山教導總隊的反擊令日軍錯愕，光華門守軍深夜縋城奇襲，功成身死。如此，抗戰初期，幾十萬國軍浴血鏖戰，抵抗之頑強出乎日本意料，而我犧牲之大，同樣令人扼腕。南京之戰以我慘敗收場，但這期間守軍盡忠職守，戰至最後，雖敗猶榮。通過對南京激戰的表現，小阪英一流露出對日本戰爭前景的隱憂，協威列夫則借助對國軍奮戰的讚揚，隱隱顯示了蘇聯人士對中國抗戰的肯定與支持。

　　正是國軍拼死作戰，滯留民眾得以繼續疏散。7 日，「我」踏上逃亡之旅，「沿中山路出挹江門，馬路上鋪了一層薄霜，留了許多不規則的足迹」，不少市民已趁機轉移。敵寇壓境，民眾表現各異。有無辜百姓急覓生路，也有人利字當頭不忘發財。江邊擺渡坐地起價，似「我」一般囊中羞澀的難民無奈改換陸路「渡過長江，站在浦口月臺上候車」。政府雖未全置民眾於不顧，但倉卒間，仍顧此失彼：「等到下午四點多鐘，路軌上開來一列客車，月臺上的人，你推我擠，畢竟是車少人多，容納不下，女人，孩子，都徘徊在車門口，幸虧有幾輛裝傷兵的車廂，還有幾個空位，就讓這些難民蜂擁而進」。趨利避害，人之常情，疏散民眾，多多益善；捨生取義，男兒本色：「我親眼看見幾

〔註5〕　【蘇聯】協威列夫：《南京之戰》，原載 1938 年 2 月 21 日蘇聯《紅星報》，《時事類編》1938 年第十四期轉載，李孟達譯。

個傷痕（原文如此）未愈的傷兵，不忍離開南京，向他們的長官要槍，上前線殺敵，經長官用好言安慰，才肯爬進車廂」。此時，南京尚有大批「佩了『衛戍』一字（原文如此，疑有誤——引者注）黃臂章的守城士兵，街頭巷尾，來往巡邏，他們個個具有與城存亡的決心。城門口的衛兵，已經不准行人入城，深恐敵人混迹其間」。明知不可而爲之，留守將士馬革裹屍慷慨成仁。

兵臨城下，南京已成死地，保家衛國，去留俱是崑崙。7 日「拂曉起，敵大舉合圍進擊；同時敵機群大肆轟炸，我守軍雖誓死抵抗，犧牲壯烈，終以火力不足，迄八日我秣陵關、淳化鎮、湯山相繼陷落」〔註6〕。屏蔽盡失，城內守軍寸土不讓，準備巷戰。至 12 日上午，經「中華門激戰」，日軍爬城，但「中國軍隊直到十二月十二日夜間才放棄城門」。及至於此，「忠勇的中國戰士不管中華門及光華門之陷落，仍然繼續防衛的戰爭」〔註7〕。13 日上午一點，「內岡本保部隊在城頭豎了旗」〔註8〕，日軍佔領南京。

對南京失利原因，《文藝月刊》委婉提及。城破關頭，「城裏的部隊得到了撤退的命令，守城門的可沒有；一邊要退，一邊不要退；雙方沒弄明白就自己跟自己打了起來，打了一陣才拿出命令來看，可已經遲了，雙方犧牲不少！」。指揮失靈，將士枉死，當局難辭其咎。部隊尚且失序，民眾更亂作一團，「逃難的人擠滿了城門洞，都想搶先出去，都擁擠的出不去，人一擠，被擠躺下去的就爬不起來，給踩死在下面。這就人重人，屍首重屍首，堆了半城門洞」；「過江沒有船——連小木船也找不著，大家就在附近一家木廠搶木板，伏在木板上，冒險渡長江！心慌意亂，力氣不繼，就掉了下去，一個、兩個、三個、四……無數個」，「行李箱籠堆滿江岸，銀行裏的鈔票滿地飛」〔註9〕。撤退無序，軍民自相踐踏九死一生；組織紊亂，人多舟少搶渡喪命；在劫難逃，無數同胞滯留城中慘遭屠殺。客觀上講，南京敗局無可避免。「我們是個工業落後的國家，我們不能自造飛機與坦克，四個月的東線鏖戰，已把我們所買來的那些重兵

〔註6〕《蔣總統來臺批閱之〈淞滬會戰經過與南京撤守〉》（1937 年 8 月～12 月）秦孝義主編：《中華民國重要史料初編——對日抗戰時期》第二編作戰經過（二），中國國民黨中央委員會黨史委員會編印，1981 年，第 231 頁。

〔註7〕【蘇聯】協威列夫：《南京之戰》，原載 1938 年 2 月 21 日蘇聯《紅星報》，《時事類編》1938 年第十四期轉載，李孟達譯。

〔註8〕【日】小阪英一：《南京大攻略戰從軍私記》，原載日本《文藝春秋》1938 年 2 月特刊。《世界展望》1938 年第二期轉載，亦英譯。

〔註9〕王餘杞：《歲暮下行車》，《文藝月刊·戰時特刊》，第二卷第九、十期，1939 年 1 月。

器，都相當的消耗了，我們將恃著血肉之軀，與極少數的重兵器，來守這大南京，雖然這是個龍盤虎踞的所在，在立體戰爭下，這是一個精神與物質對比的廝拼了」〔註10〕。國力懸殊，消極防禦難挽頹勢。雖則如此，若當局計劃周詳，從容撤退，兵民必可減少死傷，慘劇上演，實有人為因素。

　　《文藝月刊》記錄了國軍護衛南京的拼死一搏，《烽火》、《七月》等則重點描繪了城破後的悲慘景象。《我在俘虜中》〔註11〕就借被日軍俘虜之救護隊員，講述南京城破慘象。12月11日，「日軍突破雨花臺右翼陣地，一度突入中華門，銀花山失守」，12日，「隨著雨花臺主陣地失守和一股日軍突入中華門，中方軍隊已呈崩潰之勢」〔註12〕，血腥大屠殺即將襲來。日寇破城後大肆搜捕，12月13日，「我」在「中央路鐵路的柵門口」被日軍擄去。「被擄去的人被分為三組，第一組是在他的身上足以證明是軍人的」，第二組是疑似軍人的「健壯的青年」，第三組是「我這類病夫樣子的人」。對「支那陸軍」，日寇滅絕人性「以極嚴厲的手段來處置」，「有時是以機槍來掃射，有時就以刺刀亂戮，這就要看人數的多少」。阿壟在《南京》〔註13〕中也提到，守城士兵姚法勤、何興常被日軍俘虜後，與四百多軍民未經訊問即遭機槍掃射，後被焚屍滅迹。對放下武器的國軍，日寇「以極不人道的刑法使他們慢慢死去的」，犧牲者痛苦的哀嚎，令聞著彷彿置身無邊地獄。為掩蓋罪行，日軍遮蔽行刑場面禁人探視，否則一體殺戮，「我們所知道的是活的進去，而出來的呢？則只是一堆肉一束骨與一滴滴的鮮血而已」。大批同胞遇難皆是事實，經歷南京光華門之役的軍官曾向張恨水講述南京失陷慘狀，殉難同胞「不但是中國的壯丁，老人也有，女人也有，小孩也有。有的直躺在枯的深草裏，有的倒在枯樹根下，有的半截在水溝裏。而唯一的特徵，女人必定是被剝得赤條條的，直躺在地上，那女人的臉上，不是被血模糊了，便是披髮咬牙，露出極慘苦的樣子，有的人沒有頭，有的人也沒有了下半截」〔註14〕，種種死狀，慘不忍睹。其他被擄去的「縱然不死也要做挑水，擡子彈等等繁重工作」，多少同胞遭日寇役使一旦喪失勞動力仍難逃一死。

〔註10〕張恨水：《大江東去》，《張恨水全集》，北嶽文藝出版社，1993年，第142頁。
〔註11〕李偉濤：《我在俘虜中》，《烽火》，第十四期，1938年5月。
〔註12〕張憲文等著：《中華民國史》（第三卷），南京大學出版社，2006年，第32頁。
〔註13〕阿壟《南京》作於1939年，因故未能出版，本文所引版本為2005年寧夏人民出版社之《南京血祭》。
〔註14〕張恨水：《大江東去》，《張恨水全集》，北嶽文藝出版社，1993年，第174頁。

　　日軍入城後，南京各使館尚有外僑滯留，他們也成為大屠殺的目擊者。在 1938 年「三月上旬廣東省吳主席舉行的一個茶會中，一個最近從南京回來的美國人詳細地敘述了日軍佔領南京後的種種暴行。」〔註 15〕會戰前，為保平民安全，中方與各國大使議定成立難民區，日本迫於各國壓力，「在協定上簽了字，承認難民區的中立性」。但日軍言而無信，入城第一天便向難民區開槍，殺害平民。日軍還闖到中立區強行搜捕中方已解除武裝的散兵，他們在難民營發現中國軍服，「睡在這堆軍服旁邊的一千三百人便被捉去了」，在江邊被日軍「掃射死了」；「佔領的第四天，另外又有一千人被從中立區的難民營裏拖了去行刑」；「在難民營有一千個婦人，她們的丈夫和兒子——都是平民——被拉了去，永遠沒有下落」；日軍在難民營宣稱，主動承認曾在中國軍隊服役之人，將不受責罰，於是有二百四十個人坦白，「結果，他們被拖出去縛了起來，而在那天晚上就被處決了」。肆意屠殺下，南京城內「屍體滿街山積」，「一個難民區的職員獲得到挹江門外去的機會和特許，可是在路上他卻不得不把汽車在堆得三尺高的屍體上碾過去。這是他唯一的駛出城外的方法」。日寇軍紀蕩然無存，「外僑代表團通知日本大使館，說他們的團員曾經親眼看見日本軍隊在軍官的指揮下，有計劃地焚劫。百分之八十的商店和百分之五十的住宅受到搶劫而且被焚燒」，「外僑亦不能免」。對此，日本「大使館的解釋是軍士們已經失去紀律的拘束」，他們也無能為力。劫掠而外，「強姦案件無數」。「從佔領後的第三天起」，「強姦案越來越普遍」。「每天有一千以上的強姦案發生。很多婦女被輪奸以後再被殺死」，「這些女人的年齡從十歲到七十歲為止」，難民區職員向日本大使館抗議無效，「暴行繼續了兩個月，最初兩星期最厲害」。如此獸行之下，日軍竟然還在南京張貼安民招貼，「這是模仿基督教的宣傳畫的；日本人用一個日本兵士代替了原畫上基督的地位，手裏抱著一個中國的小孩。左面站著那孩子的父親，向他感激的鞠躬，右面那母親跪在一袋米旁邊。底下寫著這樣一行字，『信任保護你們的日軍』」。暴行明目張膽，謊言恬不知恥。

　　《文藝月刊》觸及了軍民因撤退無序造成重大死傷等問題，罪魁指向日寇，未公開討論當局責任。《我在俘虜中》則沒有如此含蓄。作品指出，國家控制下，輿論仍報喜不報憂，「報紙上傳來的消息還是樂觀」，「半月來，報紙

〔註 15〕South China Daly News：《南京大屠殺目擊記》（汪思夢譯），《世界展望》，第三期，1938 年 4 月。

上何曾有過失利的消息，局勢退卻也堆上一些『策略』、『有計劃』、『誘敵深入』等等好聽的名詞，而在這些好聽的名詞下，炮聲是逼近南京城了」。城破之際，「那負有守土責任的長官」「早已離陣遠走」，「長官走了以後，南京就陷入混亂狀態」。軍民群龍無首，心理極度恐慌陷入絕境，兵民四散潰逃，走脫無門任人宰割，官長貪生，同胞慘死，政府實應負責。《世界展望》斥責日寇殘暴而外，亦不忘批評當局，「因所用的交通工具被官眷們獨占而來不及退出的平民，和因司令官現行潛逃而被隔斷的軍隊，在這二十世紀的活地獄裏邊，被用種種最殘暴的手段慘殺」。《文藝月刊》與當局關係頗好，《閉城之前》突出守城軍人視死如歸，對政府在會戰中的過失只旁敲側擊；《烽火》的左翼立場使刊物言論尺度較大，批評當局毫不客氣；《世界展望》自由知識分子的標榜也使雜誌出言直白，二者明確指出，指揮者貪生畏死乃南京慘敗重要原因，矛頭直至當局，這與《文藝月刊》的收斂自是有別。

關於南京之戰，《七月》主要從日寇、漢奸罪行切入，進而反思政府過失。日寇屠城，同胞慘遭蹂躪屍骨不存，僥幸生還者回顧噩夢悲憤莫名，激勵民眾抗戰到底光復山河。基於此，《七月》推出《當南京被虐殺的時候》、《魔掌下的兩個戰士》，[註16] 描述 12 月 11 日至 23 日南京城內、郊外境況。南京兵敗城陷，「我」因病滯留城中，見證人間地獄。日軍攻擊導致南京大火蔓延，至 12 日，「整個的南京城已陷入火焰的包圍——鐘鼓樓、新街口、太平路一帶繁華的街道，都在火神的掌握裏了，鮮紅色的火焰迎風飛舞著，一陣陣的熱浪和黑煙，嗆得人喘不過氣，睜不開眼睛」。十年積聚頓成瓦礫，火光中，日軍炮彈不時炸響，無辜老弱身首異處，「十二日就在這樣煙火漫天，槍聲混雜中結束了」。13 日，「南京完全陷入了大混亂的狀態。零碎的槍聲，隨時隨地還可以聽見，這是我們英勇的戰士散伏各處，和強暴的敵人作最後的拼命抵抗」。寧為玉碎，余勇尤戰；人廈將傾，獨木難支，「十四日早晨已經到處飄揚塗著鮮紅色的太陽旗了」。

太陽嗜血，石頭飲恨，入城日寇無惡不作罪行髮指。闖民居，十七歲少女被鬼子奸殺，四歲幼童「胸口和肚皮上被刀戳穿了兩個窟窿」；當街行兇，鬼子「用刺刀殺我們的壯丁」，光天化日「調戲我們的婦女」。對我同胞，日寇不止摧殘肉體踐踏人格，更羞辱我民族尊嚴。「這兩天准許在街上通過的，只有

[註16] 汝尚：《當南京被虐殺的時候》，《七月》，第二集第八期，1938 年 2 月。汝尚：《魔掌下的兩個戰士》，《七月》，第二集第十期，1938 年 3 月。

佩戴皇軍順民通行證的人」，此物與日後所謂「良民證」頗相似。爲逃出「屠場」，「我」與同伴強忍屈辱，用「四塊錢換來了兩塊白布上面印著皇軍順民的通行證」，「含著淚在臂上縫好」，「張德還設法得來了兩張臨時應役證，那是用了十塊錢託人換來的」。17 日，「我」冒險出城，此時「馬路兩旁的景物全變了。殘餘的火燼尚在繼續半熄半燒的燒著，到處可以看見紫紅色的血漬」。

日軍逞兇作惡，漢奸爲虎作倀。在中華門搜查來往行人的除日軍外，還有漢奸。民族敗類靦顏事敵，欺壓同胞破壞抗戰。出城後，「我」在郊外破廟遇到傷兵劉文舉，戰士滿腔悲憤痛斥漢奸，「我們正在前方用生命抵禦敵人的進攻，但後方突然發現了幾百個便衣漢奸，他們到處放火燒殺引誘敵人抄襲我們的後路」。打散的戰士四處尋找部隊，路遇「漢奸似的土棍」，「他們結夥繳我們散兵的械，賣給敵人。聽說每杆槍可以賣得五塊錢，難道爲了五塊錢就出賣他們的良心和祖國嗎？」將士效命，怎料同胞相殘，漢奸橫行，豈顧民族大義，國民啓蒙，任重道遠。

南京何以慘敗，漢奸何由滋生，引起作者反思。「我」脫險後與開明鄉紳唐文安討論漢奸問題，唐認爲漢奸之多，原因之一乃保甲制度「處置失當以及欺上瞞下的小老爺們」，「保甲辦好了就是沒有連生法（原文如此，疑爲連坐），也不會有漢奸的。下等漢奸容易清除，上等漢奸是最可怕的。直接漢奸易見，間接的漢奸那就難防了。一般不與民衆協調而又榨取的小官僚們，都是間接的漢奸」，就像利用制度漏洞「弄錢」的「區長鄉長小老爺們」，「這些漢奸如不鏟除，根本就談不到組織民衆抵禦敵人」。漢奸登場原因複雜，僅靠保甲非能杜絕，不過，官僚謀私利忘國家，上行下效，也是漢奸由來之一。漢奸問題頭緒萬端，但南京潰敗，在《七月》看來確是「冤有頭債有主」。《我怎樣退出南京的》〔註17〕明確指出，正因指揮者「毫無計劃的撤退」，故「損失了無數的財產（軍火和給養），成萬的未發一彈的弟兄們都成了甕中物！」。南京失守，軍事主官唐生智等向蔣介石請罪，報告中有「既不能爲持久之守備，又不克爲從容之撤退，以致失我首都，喪我士卒」〔註18〕等語，短短數

〔註17〕倪受乾：《我怎樣退出南京的》，《七月》，第三卷第五期，1938 年 7 月。
〔註18〕《軍事委員會侍從室第一處主任錢大鈞彙轉南京衛戍司令長官唐生智副司令長官羅卓英、劉興呈蔣委員長爲衛戍南京未能持久守備自請處分報告》（1937年 12 月 24 日），秦孝儀主編：《中華民國重要史料初編——對日抗戰時期》第二編作戰經過（二），中國國民黨中央委員會黨史委員編印，1981 年，第223 頁。

行字，背後喪生之軍民不知凡幾。教訓慘痛，當局無可推諉，蔣介石在南嶽軍事會議做出檢討：「又南京的失敗，將士受了莫大的犧牲，國家受了無上的損失，這是我統帥一生的無上恥辱！」〔註19〕

軍事有過失，政治須改革。《失掉南京得到無窮》〔註20〕進一步指出，經此一役我方損失不小，但痛定思痛放眼全局，「南京的失守，對於全面抗戰決不算是嚴重的打擊，剛剛相反，在無意中倒給予抗戰一個莫大的幫助」。作者認為此前中國政界腐敗，「中國的政治機構如果不改革，政治舞臺上的人物如果還不覺悟」，就難以抵禦外侮。南京本是「腐化的首都不足以領導全國的抗戰」，遭逢此難，達官貴人產業付之一炬，「官老爺們的腐化生活的憑藉，貪污卑鄙的成績也被摧毀了，如果這樣能促成他們的覺醒，加強他們抗戰到底的決心，於民族解放運動的前途是有莫大利益的」，從這個角度說，「失掉的是南京得到的將是無窮」。南京一敗，是撕心裂肺的痛楚也是繼續抗戰的契機，作者希望政府藉此澄清吏治從而領導民族解放，批評中仍有期待。不過，作者認為南京「那些飯店，咖啡館，影戲院」，「什麼院什麼部的衙門，什麼禮堂會場之類」與官僚私產一般，「都是與國計民生沒有什麼裨益的東西」，「在抗戰期間都是些無用的廢物」，失之不必可惜。此等建築不乏國家公器俱是民眾心血，作者「恨屋及烏」未免偏頗。抗戰期間，中共對國民黨既團結又鬥爭，受此影響，胡風等關心民族命運，悲悼遇難軍民，但政黨意識又使得《七月》對政府態度格外嚴厲。南京潰敗，當局有過，《七月》指責當然在理，但其批評動機很難說不含政治意義上的考量。

日寇在南京犯下滔天罪行，「撤至武漢的中國國民政府始終關注著南京的局勢，在得到日軍在南京野蠻屠殺中國戰俘與平民的消息後，立即發表聲明，對日軍的暴行給予強烈的譴責，並呼籲國際社會制止與譴責日本的侵略與戰爭暴行」。1937年12月24日，蔣介石「致函美國總統羅斯福，嚴厲譴責日軍的野蠻暴行，表達中國抗戰的決心，呼籲美國政府與美國人民給予中國有效的援助」〔註21〕。在最高當局指示下，「中國國民黨中央宣傳部與國民政府軍

〔註19〕《蔣委員長第一次南嶽軍事會議訓詞》（1938年11月28日出席第五次會講），秦孝義主編：《中華民國重要史料初編——對日抗戰時期》第二編作戰經過（一），中國國民黨中央委員會黨史委員會編印，1981年，第177頁。

〔註20〕耳耶：《失掉南京得到無窮》，《七月》，第一集第六期，1938年1月。

〔註21〕經盛鴻：《戰時中國新聞傳媒與南京大屠殺》（下冊），南京出版社，2010年，第457頁。

委會政治部等機構對調查與揭露日軍南京大屠殺暴行給予高度的重視，進行了大量艱苦與卓有成效的工作。他們除了組織中國各新聞傳媒與各出版機構對日軍南京大屠殺暴行進行調查與報導外，還十分注意對外宣傳，要把南京大屠殺這一『遠東大陸上黑暗吞噬光明的最瘋狂的一幕』展現在全世界人民的面前」〔註 22〕。中共方面，儘管傳媒力量有限，但也盡力揭露日寇南京暴行。在國內，「《群眾》周刊與《新華日報》在宣傳全民抗戰時，對揭露日軍侵華暴行，尤其是對南京大屠殺，給予高度的重視與多次報導」，「因爲採訪條件所限，這些報刊在報導南京大屠殺時總體數量是有限的，而且報導的內容常常只能利用外國報刊，特別是國民政府中央通訊社的新聞資料與稿件，但常常加以自己的編排與評論，顯示出中共自己的新聞宣傳特色」〔註 23〕。

國共宣傳策略影響下，《文藝月刊》、《七月》較早反映了南京保衛戰，並與《中央日報》、《新華日報》等相呼應，記錄我軍奮戰之英勇，暴露日寇屠城之殘暴，爲日後伸張正義、揭露暴行留下參考資料。總體上看，這些作品中表現國軍奮戰的較少。究其原因，南京之戰隨政府撤退，作家雲散，倉促間鮮有戰場親歷者；慘敗之結局，降低了對愛國軍人的評價；事後，焦點更多集中日軍暴行，故對國軍表現相對忽略。關於敵之殘暴，比之南京大屠殺幸存者與參戰日軍證言，作品對日寇罪行之記述並無誇張。對於此次會戰當局之過錯，《文藝月刊》措辭婉轉；《七月》以在野身份，直白地批評政府在軍事、政治上的錯誤，並涉及漢奸問題批判國民性，救亡、啓蒙共生。然而，大敵當前，中共以和爲貴，貫徹抗日民族統一戰線政策，故《七月》基本立場仍是國共攜手外禦其侮。

表現南京會戰的作品，須當一提的還有阿壟於 1939 年創作的《南京》。作家出身軍旅經歷抗戰，細節描寫更加眞實。作品中心事件起於 1937 年 9 月敵轟炸南京，截至 12 月 20 日鄧光龍部撤出首都，描繪了南京保衛戰之前後情形。作品全面展示了我各兵種軍人在城內、外各個角落慘烈的戰鬥，揭露了日軍佔領南京後滅絕人性的姦淫、屠殺。作家從軍人角度分析、評價此次會戰，認爲此戰「就是從戰術說，從防禦本身說，在相對的力的運用上，一

〔註 22〕 經盛鴻：《戰時中國新聞傳媒與南京大屠殺》（下冊），南京出版社，2010 年，第 458 頁。
〔註 23〕 經盛鴻：《戰時中國新聞傳媒與南京大屠殺》（下冊），南京出版社，2010 年，第 510～511 頁。

樣有重大的缺陷」；「南京的防禦戰，我們雖然承認是不利的，劣勢的，脆弱的，但是並不等於說，它一定得那樣狼狽，非那樣落花流水不可」，「這是血淋淋的教訓」〔註24〕。敵強我弱是現實，但當局在防禦、退卻等環節的確有重大失誤，對此，蔣介石、唐生智之檢討既是明證。《南京》之特別，還在於作家獨特經歷。阿壟自國軍部隊負傷後，輾轉延安進入抗日軍政大學，與中共人士接觸，其寫作得到胡風鼓勵、支持，下筆成文，中共政治、軍事、宣傳思想都會對作家產生影響，從而多側面考量國民政府之表現。也正是基於這段往事，有論者述及此作，往往突出阿壟下級軍官身份，強調作品對國軍下級官兵英勇奮戰的刻畫，指出作家以此反襯高層指揮者的顢頇、自私，與中共將國民黨高層與下級官兵相區別抑彼揚此的宣傳、統戰策略暗合，進而點出作品的進步性。問題在於，我們是否需要特別強調作品這種潛在的政治覺悟？《南京》的意義在於它對日寇大屠殺的揭露，在於對國軍乃至中華民族誓死抵抗精神的刻畫、頌揚。國民政府組織全國軍民八年抗戰，這場戰爭已「是屬於全民族、屬於全體中國人民，每一個將士都有血肉在內的」〔註25〕，面對抗日英靈，我們是否還需要刻意區分他們官階的高低、階級的成分〔註26〕。1939 年 2 月，「周揚在《〈文藝戰線〉發刊詞》中指出：『抗戰以來文藝對現實的態度是消極的批判揭露多於積極的發揚。許多民族英雄的新的典型，無數可歌可泣英勇壯烈的事迹，都還沒有在文藝上得到應有的反映。」〔註27〕在當時，作家對正面戰場之表現已有乏力之嫌，將士浴血少人問津，今天硝煙散盡，如果刻意利用作品對當局的批評，片面突出階級學說，只強調國民政府在抗戰中的過失，面對歷史，這是否有失公允。

　　南京慘狀成為民族永遠傷痛，逝者難以瞑目，生者無限悲憤，只有收復山河才可告慰亡靈：

> 當我來到江漢匯流的武漢，／—— 我們這全國的心臟，／我心頭湧
> 起了一股無限的悵惘。／並非因為我再度重遊，／有一些往事足堪

〔註24〕 阿壟：《南京血祭·後記》，寧夏人民出版社，2005 年，第 200、201 頁。

〔註25〕 阿壟：《南京血祭·後記》，寧夏人民出版社，2005 年，第 205 頁。

〔註26〕 經盛鴻對《南京血祭》有專節介紹，並對反映南京大屠殺的紀實文學有專章論述，參見經盛鴻：《戰時中國新聞傳媒與南京大屠殺》（上冊），第五章《記述南京大屠殺的紀實文學》，南京出版社，2010 年。

〔註27〕 轉引自秦弓《抗戰時期作家與正面戰場的關係》，《抗戰文化研究》（第一輯），2007 年。

回首；／那些船舶上裝載的來客，／如今是一群喪家的難民喧喧嚷嚷；／但黃鶴樓上的白雲呢，／依然千載如一的悠悠。／我的心象江潮似的起伏，／夢一般地蕩漾，／彷彿又想起六朝脂粉的金陵，／想起那十年建設的南京，／那裏是詩人謳歌的勝境，／那裏是政治經濟文化的中心，／那裏有百萬的人民相親相愛，／而今是一片廢墟，／蓬草生滿了荒徑，／那裏有巍峨的鍾山，／人們都按時瞻拜聖靈，／而今雨冷風淒，任狐兔奔走侵凌。／啊！雨花臺上的石子，想也被碧血污染的暗淡陰沉。／秦淮河畔的明月，怕已被妖氛籠罩的昏黑淒清！／呵！北極閣的鐘聲，快喚起聞雞起舞的志士！／鶴鳴寺的梵語，應覺悟那些賣國求榮的人們！／是中華民族的子孫，要收拾棲霞紅葉的詩情，／執起干戈收復綿亙六十里的雄城！／憶否？殺盡夷寇光復民族的明故宮之遺址？／憶否？誓死不屈血書篡字的方孝孺的忠魂？／寄語臺城上的楊柳，勿教他人攀折，／玄武湖的櫻桃，靜候著我們重來和您親吻。〔註28〕

金陵易主，血染秦淮，昔日沉醉詩情畫意，如今知恥聞雞起舞，漢家忠魂威武，抗戰鐘聲震耳，拿起刀槍全民動員，向敵人討還血債。此後諸役，國民政府接受南京會戰的經驗、教訓，消耗敵人，同時避免無謂犧牲，舉國悲憤裏，民族艱難崛起。

艱難歲月中，《文藝月刊》等以萬般堅忍，抒寫南京保衛戰之悲壯，記錄日寇屠城之殘暴，刻畫人性之多端，將血與淚的歷史影像存留，向後人再現民族苦難與抗爭，激勵來者牢記屈辱勿忘自強。

第二節 《文藝月刊》對徐州會戰、武漢會戰的表現

日軍佔領南京後，為打通津浦路連接華北、華中，又將戰火迅速燒向徐州。《文藝月刊》描繪了我軍在徐州一帶奮勇作戰重創日寇的歷史畫面，藉此堅定軍民抗戰信心，激發民族愛國熱情。

臺兒莊大捷乃徐州之役影響較大一戰，《文藝月刊》緊扣時局，快速推出相關作品，借臺兒莊勝利，鼓舞士氣。「臺兒莊的大捷，是我們給侵略者一個最確實的教訓，奠定中國最後勝利的基礎，而且影響到國際方面的視聽」，故

〔註28〕希孟：《南京的回憶》，《文藝月刊·戰時特刊》，第一卷第十期，1938 年 4 月。

「在慶祝大捷之餘,特由西冷先生撰了一篇小說,作爲本刊對臺兒莊大捷的一個紀念」〔註29〕。西冷即王平陵,此文由主編操刀,重視程度可見一斑。

作品中,日軍驕橫狂妄輕敵敗陣,我則同仇敵愾重創來犯。1938 年 3 月下旬,日軍向臺兒莊突進,妄圖一鼓作氣直下徐州。敵人來勢洶洶不可一世,「敵酋磯谷廉介的悍部,會同板垣的一個師團,再配上現代化的機械化部隊」,「向著韓莊蜂擁而來了,且分出主力沿臨臺支線冒進,企圖採取大包圍的形式,一舉而掠去臺兒莊,再舉而掠取軍事重心的徐州,達成他們打通津浦線的迷夢」。進攻臺兒莊的日軍分屬以善戰著稱的磯谷、板垣師團,「那些狂慢的賊酋,一向是瞧不起冒死血戰的中華健兒的」,他們「並沒有把那些死守據點的中華健兒,放在眼裏,依然冒險深入」,驕兵必敗,孤軍深入的日寇漸入死地。面對機械化悍敵,我軍各部毫不畏懼從容布置協同作戰:「在正面的中央鐵路線,有川中健兒在據守著,右翼是張,龐的勁旅,他們在沂河東岸,殺敗了敵寇,即向臨沂費縣間推進,發揮銳不可當的機動性,堵塞了敵寇東奔棗莊嶧縣的退路;在左翼的孫曹軍,臨時又編上幾支驍勇的游擊隊,一部襲濟寧,撲兗州,克復大汶口,一部渡南陽湖,微山湖,克復界河,並將臨城以北的鐵路線,盡量毀壞,絕滅了敵寇的歸路」,「名聞於世的湯軍,百戰百勝所向無敵的孫軍,便擔任掃蕩臺兒莊敵寇的主要的任務」。此次參戰各部除湯恩伯軍團,均非中央嫡系,但捍衛國家不分彼此,各部拼死殺敵力戰不退。4 月 6 日,我軍全線出擊,日寇陷入重圍,「東竄西突」「始終沒有能突圍而出」。經合圍猛攻,日寇不支潰敗,「雖有許多精良的兵器,仕慌忙中都不知怎樣應用了,輜重糧食山一般的堆積著,阻礙他們的退路,他們除了各自逃命以外,什麼希望都沒有,大家誰也不能照顧誰,身上的負擔愈減輕愈好,連槍杆都拋棄了」。訓練有素的瀨谷支隊倉皇逃竄,「甚至不顧第 5 師團長不准撤退的命令」〔註30〕。「磯谷,板垣在這樣無可奈何的情形下,已感覺束手無策,沒有方法穩定戰敗的殘局。最後下了一個命令,如有向後退縮的,即開足機關槍掃射,但是,那些賊寇還是激潮似的向後退縮」,敵軍垂死掙扎奈何兵敗如山倒。「至 7 日夜,日軍大部被殲,其餘殘部向嶧城、棗莊撤退。我軍收復臺兒莊」〔註31〕。

〔註29〕西冷:《臺兒莊》,《文藝月刊‧戰時特刊》,第一卷第十期,1938 年 4 月。

〔註30〕張憲文等著:《中華民國史》(第三卷),南京大學出版社,2006 年,第 69 頁。

〔註31〕步平、榮維木:《中華民族抗日戰爭全史》,中國青年出版社,2010 年,第 167 頁。

　　王平陵緊扣紀念大捷的主題，全篇凸顯國軍英勇，至於戰鬥之慘烈，作品並未細緻反映。自 1938 年 3 月 24 日瀨谷支隊進攻臺兒莊至 4 月 6 日我軍全面反攻，中日於彈丸之地反覆拼殺，是役「日軍傷亡 11000 餘人」，「中方傷亡數比日軍還略多」〔註32〕。戰後臺兒莊一片焦土，「實在是已經分不清這是什麼街，那是什麼巷了，殘破湮沒了一切！你所能見到的，只是一些散佈在破磚斷瓦中的染著血的黃呢大衣、灰色軍服、太陽牌罐頭、太陽旗、慰問袋、千人針、臂章、大刀、刺刀、帽子、枕頭、手套、皮靴、皮帶、瓶子、彈箱、步槍、沙袋……還有那些已炸和未炸的炮彈、槍彈、手榴彈，蝌蚪形的，花瓶形的……到處是斷了的牆頭，半坍了的房屋，燒焦了的泥土。到處是死的雞，死的羊，死的豬……」〔註33〕，斷壁殘垣見證戰鬥激烈，廝殺吶喊猶響耳畔，勝利的歡呼中，多少將士慷慨成仁。

　　王平陵之作雖非面面俱到，但仍鑲嵌了不少相關的歷史細節。作品提及來犯日軍為「磯谷廉介的悍部，會同板垣的一個師團」，且為配備先進的「機械化部隊」。來者的確了得，磯谷廉介、板垣徵四郎分別為日軍第 10、第 5 師團長，兩支部隊在日軍中號稱「無敵」。攻擊臺兒莊的瀨谷支隊屬第 10 師團，3 月 29 日，第 5 師團的阪本支隊會同瀨谷支隊加入戰鬥。瀨谷支隊乃華北日軍於 1938 年 2 月以「第 10 師團之第 33 旅團為骨幹」組建，並特別配備野戰重炮兵第 1 旅團、獨立戰車第 10、12 中隊〔註34〕，實力雄厚。阪本支隊同樣配備野炮兵、山炮兵，日軍火力如此強大，不到半個月臺兒莊一片瓦礫。臺兒莊守軍主要為孫連仲第 2 集團軍第 31 師池峰城部、第 27 師黃樵松部、第 30 師張金照部。為增強防禦能力，31 師特配「野炮 1 個營（75 毫米野炮 10 門）、重炮 1 個連（德制 150 毫米榴彈炮 2 門）和鐵甲車 1 個中隊」〔註35〕，相比日軍，我方配備仍顯單薄。

　　日寇火炮、戰車造成守軍重大傷亡。3 月 24 日，「日軍集中炮兵火力摧

〔註32〕張憲文等著：《中華民國史》（第三卷），南京大學出版社，2006 年，第 70 頁。

〔註33〕王西彥：《被毀滅了的臺兒莊》，《戰地》第五期，1938 年 5 月 20 日。轉引自《中國抗日戰爭時期大後方文學書系》，第四編《報告文學》第一集，重慶出版社，1989 年，第 107 頁。

〔註34〕曹劍浪：《中國國民黨軍簡史》（中冊），解放軍出版社，2010 年，第 638 頁。

〔註35〕曹劍浪：《中國國民黨軍簡史》（中冊），解放軍出版社，2010 年，第 645 頁。

毀了莊東北城墻,並突入莊內」。至 27 日,「日寇每日發炮至五六千發」〔註36〕,31 師苦戰四日,「傷亡已達 2000 餘人」。28 日,日寇在「1 個野炮大隊、2 個野戰重炮大隊、1 個 150 毫米榴炮小隊及 30 餘輛坦克掩護下」,會同莊內殘餘日軍「對臺兒莊守軍發起第三次強攻」〔註37〕,他們先由炮兵轟開臺莊外圍城垣,步兵隨即擁入。29 日,27 師、31 師向敵反攻,「但爲敵戰車反擊,攻擊頓挫」〔註38〕。4 月 2 日,「在獐山附近的瀨谷支隊之第 10 聯隊爲支持莊內的第 63 聯隊,集中了 40 餘門火炮和近 40 輛坦克」,向 27 師陣地猛攻,27 師終因「傷亡過大,被迫後撤」〔註39〕。戰士們不怕與敵人面對面搏殺,他們憤懑的是「發覺不到一個敵人,只看見敵人的重兵器,像坦克車,裝甲車之類,在沙場橫衝直撞」,這使人無從下手。日寇火炮狂轟猛打,城墻、工事被毀無數,在裝備遠不如人的情況下,中國軍人以性命相拼。臺莊城墻被轟開缺口,「我們底兄弟曾經一批接著一批地拿血肉填補了這寨墻的缺口,終於擋住了敵人底侵襲!」〔註40〕敵人火炮藏在後方發威,戰車部隊竄上前線逞兇。就在此前的南京會戰中,爲破戰車,部分戰士不惜玉石俱焚,發動自殺式襲擊。兩個中國士兵「每人身上捆縛了十幾個手榴彈,向敵人的戰車跑去。章復光躺在斜坡下面,看見兩輛戰車向下衝來,連忙拔下了拉火繩,但是,戰車速度太快,手榴彈還沒有爆炸,第一輛已經從他的身上爬了過去。他被碾成了一攤血肉,紅的熠熠有光,如同夏天的怒雲一樣。隨即,手榴彈爆炸開來,密集的白煙和火光吞食了後面的戰車」〔註41〕。

日戰車部隊橫行一時,國軍冒死力戰,終至其折戟沉沙,有來無回。戰後,隨軍採訪的臧克家看見「北邊麥田中,嘿呀呀的一群在吶喊著拖那個空腔的『鐵烏龜』」,「靠近寨墻的麥田中滿印著『龜迹』,當日它那衝撞的勁兒

〔註36〕 范長江:《臺兒莊血戰》,《長江戰地通訊專集》,重慶開明書店,1938 年 5 月。轉引自《中國抗日戰爭時期大後方文學書系》,第四編《報告文學》第一集,重慶出版社,1989 年,第 219 頁。

〔註37〕 曹劍浪:《中國國民黨軍簡史》(中冊),解放軍出版社,2010 年,第 646 頁。

〔註38〕 張憲文等著:《中華民國史》(第三卷),南京大學出版社,2006 年,第 68 頁。

〔註39〕 曹劍浪:《中國國民黨軍簡史》(中冊),解放軍出版社,2010 年,第 647 頁。

〔註40〕 以群:《臺兒莊戰場散記》,《戰地》第五期,1938 年 5 月 20 日。轉引自《中國抗日戰爭時期大後方文學書系》,第四編《報告文學》第一集,重慶出版社,1989 年,第 293 頁。

〔註41〕 阿壟:《南京血祭》,寧夏人民出版社,2005 年,第 136 頁。

只在人的想像裏存在著了」〔註 42〕。「敵人底坦克車」吸引百姓圍觀，「這是我們底戰利品！是無數戰士底血肉換得的」。27 師兵站站長閻樹棠講述了我擊毀戰車之經過：「在 3 月 27 那天，臺兒莊正展開激烈的戰鬥的時候，敵人就拿八輛這樣的東西打先鋒，掩護步兵推進，想一下子衝破臺兒莊底寨子。他們沒有想到，在武器落後的中國部隊中，也有了最精粹的機械化的防禦武器——平射炮。在出乎他們意料的幾聲『砰，砰』的震響中，那幾隻精壯的鐵獸不動了——兩個變成了一堆紅鐵，兩個瘋狂地滾到了路側，兩個靜靜地撲在黃土中」〔註 43〕。臺兒莊一戰，國軍揚威，但抗戰初期，平射炮配備極其有限，面對機械化的敵人，戰士們更多的是像「章復光」一樣，以命相博。

臺兒莊戰場不止有日軍戰車，國軍裝甲部隊也驚鴻一現。4 月 1 日，到臺兒莊拍攝抗戰宣傳片的美國導演伊萬斯「在越過臺兒莊五里地方」，見到「有三十多輛日本裝甲車」「被中國的炮火消滅在那裏」〔註44〕。日方損失有待考證，但我以有限火炮力拼敵機械化部隊則是不爭事實。有意思的是，伊萬斯此次不止見到了被毀的日軍戰車，還與我裝甲車部隊擦肩而過。「突然有一架飛機在我們頭上出現了，正好這時路旁停有中國裝甲車，當時便開炮將飛機打跑了」。這一幕，為我裝甲部隊留下難得影像。「抗戰初期的中國裝甲部隊，是一個神秘的話題」，「由於存留資料極少，這些部隊的詳細戰鬥情況鮮為人知」。「中日戰爭全面爆發的時候，中國裝甲部隊只有戰車不足百輛，最精銳的戰車部隊為杜聿明將軍率領的裝甲兵團，裝備戰車三個中隊」。淞滬會戰時期，我裝甲部隊有精彩表現，但損失也較大。之後，「隨著蘇聯援華裝備的到達，蘇聯戰車逐漸成為中國裝甲部隊主力」〔註45〕。蔣介石指示何應欽，「俄國裝甲武器，擬在孝感或洛陽訓練」，並以此部為裝甲師之「主力重心」〔註

〔註42〕 臧克家：《再弔臺兒莊》，《津浦北線血戰記》，生活書店，1938 年 5 月。轉引自《中國抗日戰爭時期大後方文學書系》，第四編《報告文學》第三集，重慶出版社，1989 年，第 2037 頁。

〔註43〕 以群：《臺兒莊戰場散記》，《戰地》，第五期，1938 年 5 月。轉引自《中國抗日戰爭時期大後方文學書系》，第四編《報告文學》第一集，重慶出版社，1989 年，第 289 頁。

〔註44〕 孫陵：《從臺兒莊來》，《烽火》，第十四期，1938 年 5 月。

〔註45〕 薩蘇：《國破山河在——從日本史料解密中國抗戰》，山東畫報出版社，2007 年，第 80、83 頁。

〔註46〕 《蔣委員長指示軍事委員會軍政部部長何應欽分地訓練裝甲師手令》（1938 年 2 月 5 日），秦孝義主編：《中華民國重要史料初編——對日抗戰時期》第二編作戰經過（一），中國國民黨中央委員會黨史委員會編印，1981 年，第 110 頁。

46〕。由此,「蘇聯 Ｔ－26 型坦克」成爲「中國裝甲部隊在抗戰中期的主力車型,是中國第一支機械化部隊 200 師(前身爲戰車第二團)的主要坦克裝備,先後參加過徐州會戰、桂南會戰、遠征軍入緬作戰等戰鬥」〔註 47〕,伊萬斯看到的或許就是見證中蘇友誼的 Ｔ－26 坦克。美國人見到了我裝甲車攻襲敵機,王西彥、臧克家則參觀了被擊落的敵機殘骸。日軍動用大量重型武器配合作戰,其被擊毀的戰車、飛機殘骸上,不知沾染了多少我忠勇將士的鮮血,臺兒莊苦戰可以想見。

臺兒莊勝利,全賴將士用命,作品形容參戰各部進止有度配合密切,實際上,此戰並非盡是令行禁止,那「名聞於世的湯軍」便有不聽調度之嫌。此前王銘章戰死滕縣,湯便有見死不救之嫌,如今「百戰百勝所向無敵的孫軍」即孫連仲部第 27、31 師在臺兒莊死戰之時,「湯恩伯部以其所具備的強大火力,卻仍在日軍背後作騷擾,逡巡不前」,第五戰區司令長官李宗仁難以駕馭,直到 4 月 5 日,蔣介石電責湯恩伯,湯「這才行動起來」〔註 48〕。湯部如此桀驁,正賴其中央軍嫡系身份,桂系李宗仁官階雖高仍無可奈何。國軍內部派系互鬥並非秘密,湯恩伯不聽調度或鑒於戰場形勢另有打算,但與長官不和、保存實力也是實情,王平陵隻字未提一團和氣,也許作家果不知情,亦或另有他慮,畢竟,外敵當前,作品旨在揚我軍威壯我士氣,內部摩擦所提甚少。

《臺兒莊》好似全局鳥瞰,大致形態具備,此中拼殺一筆帶過,全篇突出國軍如虹氣勢。現未有記錄說明臺兒莊血戰之際,王平陵曾到前線,故作品對戰爭場面之描寫難免語焉不詳。國軍在臺兒莊表現可圈可點,《文藝月刊》同人與當局關係良好,如此,作家盛贊國軍之英勇,既不違背事實,又合政府之意,何樂不爲。王西彥、臧克家、孫淩等隨軍採訪,眼見爲實,描摹戰鬥之激烈、記錄軍民之死傷,筆觸眞實、細緻。此外,王平陵之作突出戰鬥勝利而不計其餘,頌揚的基調中,對戰爭信心百倍,呼應政府「軍事第一、勝利第一」之號召;王西彥、臧克家等身在戰地,親睹戰爭殘酷,筆下有對勝利的自豪,更有對軍民巨大犧牲的慨歎,比之王平陵,這二人文字少了一分霸氣,多了一絲沉重,家國危亡,個人福祉與國家利益難解難分。

〔註47〕 薩蘇:《國破山河在——從日本史料解密中國抗戰》,山東畫報出版社,2007
年,第 83 頁。
〔註48〕 張憲文等著:《中華民國史》(第三卷),南京大學出版社,2006 年,第 69 頁。

　　臺兒莊一戰，我將士效命、戰術得當故力剋日寇。不過，徐州諸役並非孤立之局，第五戰區司令長官李宗仁總結道：「若無滕縣之死守，焉有臺兒莊之大捷？臺兒莊之戰果，實滕縣先烈所造成也」。滕縣一役，「我軍以犧牲 2000 多人的代價，堅守滕縣 4 晝夜，爲我魯南部隊贏得了魯南會戰的備戰時間」〔註49〕，臺兒莊大捷由此成爲可能。《抗到底》登載馮玉祥的《守滕縣》，描摹此役祭奠先烈：

> 孫軍長，守滕縣，戰況激烈實少見。敵步炮，攻東關，彈下如雨無間斷。我守軍，浴血戰，苦戰八時齊爭先。至黃昏，形勢變，退守城內東關陷。敵用炮，擊城墻，復用飛機來幫忙。我師長，王銘章，統率三千士氣揚。城被擊，坍兩方，速用鹽包來堵上。城堵上，轉堅強，官兵奮勇死抵抗。一晝夜，戰不停，敵以大部圍四城。飛機炸，大炮轟，掩護步兵把城登。我槍彈，猛還攻，無數倭兵喪性命。這時候，火燭天，全城之中煙迷漫。陳師長，字靜瓏，受傷不退仍督戰。我守兵，犧牲慘，至此終益拼死幹。拼死幹，戰極酣。三千健兒少生還。
>
> 趙參謀，王團長，此時先後亦陣亡。王師長，受重傷，堅守危城遽自戕。臨終時，大聲嚷，要爲民族爭榮光。泣鬼神，事悲壯，殺身成仁爲國殤。縣城內，有傷兵，總數不下三百名。大軍退，失縣城，不甘遭敵所淩辱。手榴彈，互拋扔，弟兄全數皆犧牲。天亦驚，地亦驚，大壯大烈驚寰瀛。不論進，不論退，不論攻，不論守，一動一作美名留。不論死，不論傷，不論追，不論防，可歌可泣萬古芳。爲民族，求自由，爲祖國，求獨立，犧牲不怕大，只求達目的。孫震軍長訓練精，各位官長能盡忠，全軍將士皆赤膽，繼續努力定成功。〔註50〕

3 月 14 日，日軍 3 萬餘人向滕縣方向進攻。滕縣守軍王銘章部原爲川軍，屬孫震第 22 集團軍，裝備破舊，衆將士乃以血肉與強敵死拼，喪亡慘重。戰鬥中，敵曾轟破城墻，守軍用鹽包堵住缺口。3 月 16 日後，敵以飛機、坦克、重炮等連續向城內猛攻。17 日，日軍「以大口徑火炮猛轟城墻，致使城墻守

〔註49〕步平、榮維木：《中華民族抗日戰爭全史》，中國青年出版社，2010 年，第 166 頁。

〔註50〕馮玉祥：《守滕縣》，《抗到底》，第八期，1938 年 4 月 16 日。

軍大部犧牲」，「日軍從城墻坍塌處突入城內」，「守軍殘部與敵展開巷戰」〔註51〕。王銘章師長在指揮部隊突圍時，壯烈犧牲。事後，國民政府隆重追悼王銘章，中共中央也送上輓聯至祭烈士。

　　滕縣死守之時，臨沂激戰正酣；滕縣終被日軍占據，臨沂我軍卻收穫勝利，兩地結局不同，將士奮勇無異。馮玉祥不止記錄滕縣之慘烈，對臨沂大勝也有歌詠：

> 廿七年，三一七，寇軍師團攻臨沂。魯南段，驟緊急，龐部拼命抗，
> 竭力把敵禦，張自忠部出抄擊。一團兵，擊敵背，敵分一部將我圍；
> 我增兵，再圍寇，敵又一部襲我後；我三增，把敵包，敵亦三次向
> 我抄，敵三層，我三層，最後我用一萬兵：一萬兵，大包繞，寇軍
> 不支潰敗了。這一次，大俘獲，三門大炮被我奪。我得炮，先裝彈，
> 瞄準猛擊把禮還；把禮還，真痛快，打死倭寇七八百！殘餘敵，心
> 膽寒，拋屍數千齊鼠竄；聯隊長，亦棄屍，恐懼慌張可想知。軍用
> 品，棄無算，我軍一一往後搬。敵北退，我緊追，誓將全數被殲摧。
> 精神勝物質，於此已表現；我們為生存，奮勇須爭先！〔註52〕

3 月 5 日，日軍板垣第 5 師團猛攻臨沂，守軍龐炳勛部僅 5 團人馬，仍死守城池不退，張自忠馳援臨沂，兩部協同與日寇殊死作戰。戰鬥至 15 日，我軍「向後攻佔東西沙莊、鄭家寨、柳行頭、停子頭、沙嶺等地。日軍見勢不妙，乃全力反撲，向我崖頭、劉家湖、釣魚臺猛攻，雙方慘烈肉搏，劉家湖失而復得 4 次，崖頭失而復得 3 次，張、龐兩部死守不退，敵漸漸不支」〔註53〕。17 日，蔣介石發電激勵前線官兵。18 日，板垣部成崩潰之勢，「龐、張全線進擊，日軍死傷慘重，聯隊長野裕一郎、大隊長牟田、中隊長中村等 3000 餘人被殲」〔註54〕，「聯隊長，亦棄屍」應指此事。臨沂之戰我軍「以傷亡 3000人的代價殲敵 3000 餘人，壓制了敵人的攻勢」，「使日軍第 5 師團主力終未能按預定計劃與沿津浦路北段南下之日軍第 10 師團在臺兒莊會合，為中國軍隊在臺兒莊的勝利創造了條件」〔註55〕。

〔註51〕曹劍浪：《中國國民黨軍簡史》（中冊），解放軍出版社，第 639 頁。
〔註52〕馮玉祥：《臨沂大勝》，《抗到底》，第七期，1938 年 4 月 1 日。
〔註53〕張憲文等著：《中華民國史》（第三卷），南京大學出版社，2006 年，第 67 頁。
〔註54〕張憲文等著：《中華民國史》（第三卷），南京大學出版社，2006 年，第 67 頁。
〔註55〕步平、榮維木：《中華民族抗日戰爭全史》，中國青年出版社，2010 年，第 165頁。

　　徐州會戰我軍屢挫強敵，國人精神爲之一振，繼《臨沂大勝》、《守滕縣》、《臺兒莊》等作後，《七月》也推出莊湧的《頌徐州》，紀念「五七邳城血戰」。詩歌將徐州比喻爲「中國的凡爾登」，將士們在此浴血奮戰「叱止敵人的進攻」。敵人占我家園，「曾撕食了千萬人的血肉」，如今，我們要在徐州「爲千萬個死者做復仇的怒吼」。徐州凝聚著國人的戰鬥精神，它勇敢地站在「祖國的最前線」抵擋侵略的刀鋒，爲了最後的勝利與民族的再生，它不惜「英勇的死去」〔註 56〕。徐州一役，我「以運動戰消耗敵之兵力，而收『集小勝爲大勝』之功」〔註 57〕，不斷予敵重創。達到作戰目的後，國軍於 5 月 15 日主動放棄徐州，保存有生力量，堅持長期抗戰。

　　我軍撤守後，雲翔作《別徐州》〔註 58〕紀念軍民血戰，表達繼續抗戰的堅強信念：

> 徐州：／我的故鄉——／別了一年了。／這用血洗遍的地方。／經過五閱月的苦鬥，／你創出光榮的一頁：／在臨沂，在臺兒莊……／聚殲了「磯谷」「板垣」／數萬毀棄文明的魔王。／我們的健兒揮灑鮮血，／把你殘酷的魔鬼／記錄在人類的歷史上！／徐州：／我的故鄉，／別了一年，／這用血洗遍的地方。／現在雖然落入敵人的手掌，／那房屋變成了瓦礫，／那田莊變成了荒場。／然我徐州兒女決不悲傷！／他們有的是血，／都更堅強的衝上戰場！

自 1938 年 1 月初日軍開始實施打通津浦線的作戰計劃，我軍在徐州附近堅持作戰近五個月，戰勝日軍精銳磯谷、板垣師團，破除日軍不可戰勝之說，堅定了國人抗戰信心，贏得國際支持，更重要的是使「日本在中國陷入更深的泥潭」〔註 59〕，對我日後抗戰意義巨大。

　　爲其如此，在臺兒莊大捷一週年之際，《文藝月刊》又推出《勝利的史迹》〔註 60〕，紀念這場影響深遠的戰役：

〔註 56〕　莊湧：《頌徐州》，《七月》，第三集第二期，1938 年 5 月。

〔註 57〕　《李宗仁等致軍令部密電》（1938 年 4 月 13 日），中國第二歷史檔案館編：《抗日戰爭正面戰場》（上），鳳凰出版社，2005 年，第 684 頁。

〔註 58〕　雲翔：《別徐州》，《文藝月刊·戰時特刊》，第二卷第十一、十二合期，1939 年 2 月。

〔註 59〕　張憲文等著：《中華民國史》（第三卷），南京大學出版社，2006 年，第 72 頁。

〔註 60〕　常任俠：《勝利的史迹》，《文藝月刊·戰時特刊》，第三卷第一、二合期，1939 年 5。

我們將一個偉大的勝利，／擲在全世界人的面前。／在臺兒莊，／泰山之南，／運河的左面，／我們居住著／四千餘戶良善的人民；／耕種著，灌溉著，／從祖先遺下的田園。／在清晨的古道上，／有牛鐸的聲音，／夕陽爬過村落的老屋，／臨流的城堡上繞著晚煙。／幾千年流傳下和平的歌聲，／在老年人，在少年人，／在孩子與婦人們的中間。／在一個殘暴的晚上，／日本帝國主義，／這魔鬼，它闖進／這古堡的中間。／在鱗鱗的老屋上，／浮起一片紅的笑，／在廣大的人群中，／慘呼，哭泣，奔逃，／死的恐怖，／在夜氣中抖顫著，／傳播去，傳播去，／向遼遠的原野，／向林中，／向水邊，／魔鬼在暗中，／用殺，用淫污／用鐵的利爪，／用槍刺，用驕傲的洪笑，／向奴隸的身上，／揮動瘋狂的皮鞭。哭泣從此停止了，／接著是憤怒，／是鬥爭，／是正義與兇暴的角逐，／是和平與人道的／勝利的開端。／壯年人，／起來了，／老年人，／也起來了／婦人與孩子也起來了。／擡著忠勇的，／受傷的戰鬥員，／襲擊著，／進行著，／像鐵的流，／通過森林與山岩。／在火焰中，／在炮彈爆裂中，／前仆後繼的，爭奪著，／血的光芒／顯出偉大的力量；／一座肉的城堡，／橫在，驚惺的／敵人面前，／我們雄大的突擊軍，／到了，洶湧的到了，／向前向後，／向左向右的包圍著，／展開而且配合著，／游擊戰與運動戰。／破壞盡：／每一條公路，／每一座橋梁，／進擊著：／每一個高地，／每一個據點。／在黑夜，／在黎明，／沸騰著，／喊殺的聲音，／火光下／是一片劇烈的白刃戰。／鋼鐵一般的／戰鬥意志，／擊破了精銳的，／磯谷，板垣。／敵人，成千成萬的倒下了，／軍馬凌亂的／僵臥著，跑著，／在戰壕中，／澤地或是麥田，／丟棄著，／鋼盔，大的小的殘缺的炮，／機槍，空了的飯袋，／血污的氈毯。／受著重創的，／在血泊中呼救著，／半死的，／已經飢餓四五天的，／在蠕動著，／張著乾渴的口，／眼，失望的／向遠遠癡望著，／不能回去的／東海的天邊。／而且燒著大堆大堆的骨灰，／掩埋著一千兩千的，／殘破的屍體，／在日本軍閥強盜的指揮下，／在異國，寂寞的，／做了腐臭的長眠。／在三次的總攻下，敵人，完全失去戰鬥的力量了，／殲滅，大的殲滅，／血的活劇，到了／最高的頂

點。／在彈雨下衝殺，／爆炸的聲音，／躍起的柱形的塵土，／燒斷了的林木。／逼住了呼吸的／濃重的煙。／大隊大隊的飛機／在頭上，低飛，／旋繞著，／機槍掃射著，／轟炸，猛烈的轟炸／鋼鐵的相觸，／石油的燃燒，／旗幟撕破了，／坦克的履帶向著天。／我們高喊著：／同志，丟下槍械，／我們歡迎你們，／成千成萬的都過來了，／你們是東方苦難的兄弟，／我們誠懇的向你們伸出手，／乾糧你們吃，吃吧，兄弟；／傷，爲你們療養。／到戰爭終結，／到法西的勢力消滅的時候，／我們送你們回到大海的東岸：／你們的父母，／你們的愛妻，／你們的兒女的身邊。／那時我們同你們，／都爲了人類的向上，快樂，／盡情的工作，／唱歌，而且駕著播種機，／耕我們美麗的田園。／你們被強迫著，／被法西的繩索捆縛著，／做著日本帝國主義的／野心的工具，／爲狂暴的強盜，你們困苦，／你們飢餓，你們死，／你們離開你們和平的生活，／踏上我們的國土，／做著火與血的遊戲，／殺了人也殺了自己，／一個痛苦的懺悔，／永遠在你們的靈魂迴旋。／我們這裏沒有俘虜，／你認清：日本帝國主義，／這法西的魔鬼／是我們同你們／共同的仇敵，／你們便是我們的同志，／這熱情，像兄弟，／像鋼鐵一樣聯繫，／像水同乳，／融成人類的愛，／掃清舊世界的污濁，／這責任，落在我們同你們的兩肩。／來，握緊手，／我們共同向前，向前。／你們同我們的稻田荒蕪了／你們同我們的家屋毀敗了，／我們的孩子被慘殺了，／而你們的孩子也飢餓著了，／我們的父母妻子奔走死亡著，／而你們的父母妻子也枯黃病瘠了。／早遲都是一樣的死，／我們，你們，爲誰，／爲了誰的原故，／我們清楚的知道，／是爲了日本帝國主義。／同志，你看在東京吃的肥飽的／人們，／在那裏斜睨著獰笑，／他們得意的，／賞玩著大的血鬥，／喝著混合酒，／支著手杖，／銜著，重價的煙。／讓全世界變成一個大的鬥獸場，／讓奴隸們互鬥著慘死，／讓他們喝著人類的腦髓，／讓法西的魔鬼，／在場上，舞動，／指揮的皮鞭。／同志，我們在苦難中的兄弟們，／聽我們在壓迫下，／在魔鬼的揶揄中，／在血泊裏，／在爲正義的鬥爭中，／做一次洪大的吶喊，／共同聯合起鋼鐵的手臂，／在火焰中，／踏著步，／向前，向前。

／這一大勝利，／是公理的勝利，／是和平勝了凶殘，／中國的色
當，／中國的坦能堡，／中國人的正義，／中國人的力量，／寫成
這一頁／光榮的詩篇，／堅定了新的／勝利的信念。／前方同後方
／群眾的血液在沸騰了，／在世界上，／每一個有正義的人類，／
都在爲著這勝利，／張起歡呼的手臂，／高高的向著明朗的天。／
人的行列，／旗幟的行列，／戰利品的行列，／抗戰將士畫像的行
列，／奏著進行曲的行列，／燈彩的行列，／火炬的行列，高呼著，
／爲公理而戰鬥的勝利；／聲音啞了，／代替以舞動的拳頭，／以
繁響的爆竹，／以大隊大隊的軍號，／以洪鑼大鼓／以百萬千萬人
的／輝煌的眼睛。／起來，全世界正義的人們，／這是我們共同的
勝利，／在臺兒莊，在魯南；／自廣大的群眾中間。／血腥的風，
卷起在亞細亞的莽原，／勝利的高呼，也卷起在亞細亞的莽原。／
我們將一個偉大的勝利，擲在全世界人的面前。

憶往昔，日本法西斯來我家園殺人放火，用恐怖撕裂我們平靜的生活。至如今，
敵人皮鞭下，國人攜手抗戰，正義與兇暴激烈角逐，魯南一場激戰，和平戰勝
凶殘，預示著我們光明的前景。作品洋洋千言，對敵我戰鬥前後之情形描摹細
緻，生死搏殺如在目前。值得注意的是，作者常任俠供職政治部第三廳，後被
委派爲周恩來的聯絡秘書，左翼文化背景使詩歌在抒寫民族戰爭之時，透露出
中日無產階級大聯合的呼聲。詩人將日軍官兵稱作「同志」、「東方苦難的兄弟」，
階級屬性讓敵對雙方成爲「水與乳」的兄弟。作家眞誠地呼喚被法西斯蒙蔽的
日本士兵放下武器停止戰爭。那些「東京吃的肥飽的人們」爲了自己的野心發
動戰爭，驅使日本「苦難中的兄弟們」到中國「做著火與血的遊戲，殺了人也
殺了自己」。只有擊敗法西斯魔鬼制止侵略，中日人民才能快樂地歌唱，建設美
麗的家園。作品號召所有被侵略壓迫人們「聯合起鋼鐵的手臂」，爲正義奮戰。
詩人筆下，普世價值已經超越民族矛盾。最終，勝利的呼聲在亞細亞咆哮，沸
騰的血液淹沒「法西的魔鬼」，澆灌出和平、自由之花。詩歌將臺兒莊大捷譽爲
中華民族的奮起，同時呼喚日本勞苦大眾的覺醒與反抗，抗戰及黨派意識影響
下，民族與階級話語糾纏、碰撞。此前被視爲民族主義文藝陣營的《文藝月刊》
刊載此作，民族、階級話語並存，其包容性折射出國共攜手的時代背景。

　　需要指出的是，日本作家也參與了此次會戰的文學表達。日軍佔領徐州，
侵華分子火野葦平創作《麥與士兵》，美化侵略蒙蔽世人，煽動日本民眾戰爭

狂熱。作者鼓吹日軍的無窮力量：「我在這行進的隊伍中感到了一種雄壯的力量，彷彿那是一股有力的浩蕩洶湧的波濤。我感到自己身處在這莊嚴的波濤之中。在這廣漠的淮北平原，面對一望無際的麥田，我爲踩在這片大地上的頑強的生命力而讚歎。……我將有力的雙腳踩在麥田上，眺望著蜿蜒行進的軍隊，那飽滿的、氣宇軒昂而又勢不可擋的雄壯的生命力撞擊著我的心扉。」〔註61〕。對如此描寫，參加會戰的曾根一夫不以爲然，「回憶起歌頌攻佔徐州的軍歌《麥與軍人》（即《麥與士兵》）」，「這首歌的歌詞中帶有羅曼蒂克的意味，但是在我記憶的徐州進擊中，卻絲毫沒有這種感覺」。「如歌詞中所示，眼前有一片廣闊無垠的麥田，然而它卻被無情的軍鞋和鐵蹄所踐踏，呈現一片凄涼的殘缺景象。」，「在麥田中行走的軍人，由於連日的不停行軍而感到疲憊不堪，不但無法暢懷唱歌，而且都面帶憤怒表情」。對於此戰結局，曾根一夫表示，「徐州之役是一場以 50 個師爲對象的大戰役」，「中國方面的 50 個師，爲了避免激戰產生人員的耗損，大都不戰而退，偷偷避開日軍的正面攻擊。因此，以預期的目的看來，徐州包圍戰可以說是在失敗中草草結束」〔註62〕。《麥與士兵》、《勝利的史迹》對讀，戰爭、士兵成爲描寫、宣傳對象，法西斯與反法西斯文化層面的較量，略見一斑。

以上表現徐州會戰的作品，詩歌爲數不少。馮玉祥與《抗到底》主編何容、老向頗有過從，積極爲刊物投稿，馮氏久在行伍，熟悉戰場生活，這幾首「丘八詩」多出於戰鬥剛剛結束之際，簡潔利落的詩歌便於對事件做出快速反應，朗朗上口的特點也符合《抗到底》力求通俗的初衷。另據老舍回憶，當年他「逃到武漢，正趕上臺兒莊大捷，文章下鄉與文章入伍的口號既被文藝協會提出，而教育部，中宣部，政治部也都向文人們索要可以下鄉入伍的文章」〔註63〕。其時，老向、何容、老舍在馮玉祥邀請下共聚一堂，討論「怎樣使文章下鄉」〔註64〕，中華全國文藝界協會的通俗文藝工作委員會由馮玉

〔註61〕轉見王向遠：《「筆部隊」和侵華戰爭——對日本侵華文學的研究與批判》，崑崙出版社，2005 年，第 193 頁。

〔註62〕【日】曾根一夫：《一個侵華日本兵的自述》，《悲憤·血淚 南京大屠殺親歷記》，時事出版社，1988 年，第 142 頁。

〔註63〕老舍：《我怎樣寫通俗文藝》，《老舍生活與創作自述》，人民文學出版社，1982年，第 49 頁。

〔註64〕何容：《怎樣使文章下鄉》，《抗到底》，第十期。老舍、老向、何容、馮玉祥相聚之事，老舍在《我怎樣寫通俗文藝》、《八方風雨》中皆有提及，參見《老舍生活與創作自述》，人民文學出版社，1982 年。

祥領銜，其直白的「丘八詩」「下鄉入伍」正逢其時。徐州大小戰鬥的勝負凝結了國人太多的情感，詩歌發揮了它長於抒情的特點，《別徐州》與《勝利的史迹》無不飽含淚水與熱血。至於王平陵《臺兒莊》，或許由於時間倉促，作家對臺兒莊血戰的描寫失之細緻，另外，倘若沒有長時間的戰地生活體驗，作家也很難對激烈之戰鬥做真實地刻畫，只能利用事後的報導、訪談加以想像，這就好似霧裏看花，始終隔了一層。儘管如此，作家在戰火連天的歲月，熱切關注正面戰場，其中的愛國激情如今依舊炙熱。

徐州戰火尚未熄滅，日軍炮口又對準了武漢。1937 年 11 月南京危急，國民政府軍事委員會等部門陸續駐蹕武漢，加之其重要的地理位置，武漢遂成中國在抗戰防禦階段的政治、軍事、文化中心，為日軍所必攻，在我則必守，保衛武漢成為國民政府第三期作戰計劃的核心內容。1938 年 1 月 22 日，《申報》（漢口版）刊發《從武漢出擊！》的社評，呼應國民政府「組織大武漢保衛大武漢」的號召。1938 年 6 月初，日軍向武漢方向運動，「6 月 18 日，日軍大本營下達漢口作戰命令，武漢會戰正式開始」〔註65〕。7 月 15 日，《申報》發表社評《保衛大武漢》，宣傳保衛武漢在安定人心、生產建設、穩定局勢等方面的重要意義，動員民眾積極擔當「抗戰任務」。在此之前，《抗戰文藝》已經提出保衛大武漢的口號〔註66〕，並發表《保衛大武漢專號徵稿啓事》〔註67〕，要求文藝工作者「站在文藝戰線的哨崗」，「把我們每一滴汗和每一滴血都獻給『保衛大武漢』這艱苦而緊張的工作」。7 月份，《抗戰文藝》如約推出「保衛大武漢專號」（上、下），以各式作品為保衛大武漢助威〔註68〕。關注武漢的不止《抗戰文藝》，1938 年 1 月 1 日，自南京遷漢後的第一期《文藝月刊》出版，身在其地，刊物同人對武漢在抗戰時期的重要性頗有認識：此地之於民國意義獨特，「武漢起義，北伐，我們不用聽老年人的瑣碎故事，這樣光榮偉大的民族革命紀念，每一個人的心底都深印上了血紅的記載」，「在現在舉國上下同心協力，以肝膽頭顱為國家民族爭生存，而與倭奴決死戰的時候」，「武漢的地位，更是一日比一日重要，他擔負著如同一個中年人所負的家庭的擔負，上要對得起祖宗，下要對得起子孫，要保存遺產，要振奮這幾

〔註65〕張憲文等著：《中華民國史》（第三卷），南京大學出版社，2006 年，第 80 頁。
〔註66〕《本刊緊急啓事》，《抗戰文藝》，第一卷第九期，1938 年 6 月。
〔註67〕《保衛大武漢專號徵稿啓事》，《抗戰文藝》，第一卷第十期，1938 年 6 月。
〔註68〕關於《抗戰文藝》對保衛大武漢的表現，參見秦弓：《抗戰文學中的武漢會戰》，《抗戰文化研究》（第三輯），2009 年。

乎中落的大家族。他的責任是艱巨的」。為了完成這艱巨的任務，民眾在努力
著，「戰爭的威脅已把武漢居民教育到懂得鎮靜，而抗戰的意志更為堅定」。
堅強的武漢寄託了民族的希望，「我致民族的敬禮於武漢，卻望他更努力地向
進步中走去」，「珍重地努力吧，你這巨人！」〔註 69〕處在風口浪尖的武漢三
鎮牽動著國人的神經，8 月份以後，西遷重慶的中國文藝社依舊聚焦武漢，10
月份，《文藝月刊》推出廠民《武漢・敵人的墳墓》，歌頌武漢所象徵的革命
意志，鼓舞在炮火中奮戰的軍民〔註 70〕：

> 武漢，歷史的驕子，／二十七年前，／你首先揭起了／反抗異族侵
> 淩的旗幟；三百年的橫暴統治，／剎那間歸於毀滅，／誰不驚奇你
> 勇敢的神姿？／一九二五年大革命的浪潮，／曾激動過你的狂嘯。
> ／全世界的人為你側目，／四萬萬同胞的心頭，／燃熾著殷紅的火
> 苗。／你是光明的集體，／奴隸們解放的最早的信號。
>
> 武漢，地理的鐵軸！／萬里長江／挾著洶湧的洪流東注，／正好穿
> 過腹地的三鎮。／你洗沐著古蜀的雄邁，／也調節了江淮平原的柔
> 順。／兩條鐵軌展向南北，／為要呼吸海洋的暖風／曾不辭艱辛的
> 跨越南嶺；／回轉頭來，／又馳騁這廣漠的中州黃土／去溝通北國
> 的平津。／你是十字架的主宰，／中國大地堅實的核心。
>
> 武漢，抗戰的支柱！／日本侵略強盜的火焰，／燒毀了萬千人的平
> 安，／甘願馴順地做奴隸，／我們發起全面的抗戰。／你撫育著疲
> 乏與受創的兄弟，／又把新的更堅強的戰士／補上每一條塹壕。／
> 那些塗著清白徽的／英勇無比的鐵翼鳥，／晨曦裏飛去了前方，黃
> 昏天帶著勝利的高歌歸還。／武漢，你是抗戰的輸血者，／民族革
> 命的偉大的搖籃。
>
> 武漢，敵人的墳墓！／今天，那殘暴的鐵蹄／越過了長城，越過了
> 黃河；／從河南，從皖北，從鄱陽湖，／想更瘋狂的進襲，／挖取

〔註 69〕封禾子：《致武漢的敬禮》，《文藝月刊・戰時特刊》，第一卷第十期，1938 年
4 月。

〔註 70〕《文藝月刊・戰時特刊》第二卷第一期（1938 年 8 月 16 日）推出雲菽《熱烈
蓬勃的武漢抗戰文壇》，第二卷第五期（1938 年 10 月 16 日）發表廠民長詩《武
漢・敵人的墳墓》，旨在渲染武漢雄風，振奮抗戰士氣，學者對此已有論述，
詳見秦弓：《抗戰文學中的武漢會戰》，《抗戰文化研究》（第三輯），2009 年。

你熱血沸騰的心窩。／好吧，來，放肆地撲上來，／我們什麼都準
備犧牲了！／幾千年的文化，經濟，建設，／以及我們的恥辱，頭
顱！／每一顆心象一顆炸彈，／早埋進了廣闊的土地裏，／那一天，
它將豁然崩裂，／作為侵略者葬身的墳墓！〔註71〕

經過長達4個半月的鏖戰，我於武漢諸役殲滅大量日軍，為保存抗戰力量，
10月24日，我軍放棄武漢。31日，蔣介石發表《告全國軍民書》，聲明武
漢會戰後「因疏散人口、轉移兵力，皆已完畢，作戰之部署，重新布置，
業經完成，乃即自動放棄武漢三鎮核心之據點」，「此次兵力之轉移，不僅
為我國積極進取轉守為攻之轉機，且為徹底抗戰轉敗為勝之樞紐」〔註72〕。
自此，中日戰爭形勢逐漸發生變化，抗日戰爭由戰略防禦階段轉入戰略相
持階段。

南京保衛戰、臺兒莊大捷、保衛大武漢，戰略防禦階段的幾次重要戰役
皆於《文藝月刊》留下影像；悲痛、歡呼、同仇敵愾，刊物記錄著民族的呼
吸、命運；或長或短的作品中，一個民族不屈的抵抗精神熊熊燃燒。當然，
民族話語並非僅體現於對戰爭的書寫，但在那個山河破碎的年代，抗戰建國
實凝聚著全民族的心血，大批愛國作家為此放棄成見努力呼號。郭沫若服膺
當局「國家至上，民族至上，軍事第一，勝利第一，意志集中，力量集中」
的理念；老舍認為，國難期間，「男兒是兵，女子也是兵，都須把最崇高的情
緒生活獻給這血雨刀山的大時代。夫不屬於妻，妻不屬於夫，他與她都屬於
國家。」〔註73〕；為了「便於團結到一處，共同努力於抗戰的文藝」，作家們
積極組織、成立全國文藝界抗敵協會，「文藝協會的籌備期間並沒有一個錢，
可是大家肯掏腰包，肯跑路，肯車馬自備」，「這是，一點也不誇張，歷史上
少見的一件事。誰曾見過幾百位寫家坐在一處，沒有一點兒成見與隔膜，而
都想攜起手來，立定了腳步，集中了力量，勇敢的，親熱的，一心一德的，
成為筆的鐵軍呢」〔註74〕。此時，舉國上下對正面戰場傾注滿腔熱情，中華

〔註71〕廠民：《武漢‧敵人的墳墓》，《文藝月刊》，第二卷第五期，1938年10月。
〔註72〕《蔣委員長告全國國民書》，秦孝儀主編：《中華民國重要史料初編——對日
抗戰時期》第二編作戰經過（二），中國國民黨中央委員會黨史委員會編印，
第352頁。
〔註73〕老舍：《一封信》，《老舍生活與創作自述》，人民文學出版社，1982年，第355
頁。
〔註74〕老舍：《八方風雨》，《老舍生活與創作自述》，人民文學出版社，1982年，第
384頁。

民族因禦侮而凝聚，烽火連天，作家們對正面戰場的認同、支持，體現的正是大時代的最強音。

第六章 《文藝月刊》對游擊戰的反映

全面抗戰開始後，我軍在正面戰場拼死阻敵，遲滯、殲滅了大量日軍，隨著淪陷區擴大，中國軍隊的旗幟又逐漸插遍敵後戰場。兵以奇勝，陣地戰為主的正面戰場，也會出現游擊戰、運動戰的穿插配合，在敵後，機動靈活的游擊戰更是大展拳腳，有力地牽制、消耗了敵人，為抗戰勝利做出貢獻。《文藝月刊》同人投身抗戰事業，他們記錄正面戰場之重大戰役，對化整為零竄擾敵後的游擊戰鬥一樣畫影圖形，為我們觸摸歷史留下線索。

第一節 游擊戰之民眾基礎

民眾是抗戰的基礎，《文藝月刊》通過描寫國人對游擊戰的支持、配合，激發民族意識，鼓舞軍民抗敵。中共人士董必武認為，「堅持抗戰下去，政府軍隊愈需要與群眾合作」，「戰時群眾起來不僅要散傳單、貼標語、開大會、喊口號、列隊遊行示威，還要為革命軍隊燒水送飯、引路探信、運軍需、捉敵探、擡傷兵、打掃戰場、武裝游擊擾亂敵人後方兩翼等等」〔註1〕。相反，「如果得不到百姓的援助」，「無論是正規軍或游擊隊」都「很難取得勝利」，「過去戰場上因此而挫敗的不知凡幾」〔註2〕。戰時「敵人荒唐的殘暴，喚醒了任何知識落後的國民」，這些從噩夢中驚醒的民眾，就成為「運動戰與

〔註1〕董必武：《怎樣動員群眾積極參戰？》（1938年1月），彭明主編：《中國現代史資料選輯》第五冊（1937～1945）上，中國人民大學出版社，1989年，第510頁。

〔註2〕老向：《好樣兒的游擊隊》，《抗到底》，第二期，1938年1月。

游擊戰之良好基礎」〔註3〕。《勝利的史迹》展示了民衆對游擊部隊的協助：百姓在侵略者的槍刺下覺醒，他們停止哭泣萌生戰鬥信念。伴隨游擊戰的爆發，「壯年人，起來了，老年人，也起來了，婦人與孩子也起來了」，他們各盡所能，或「擡著忠勇的，受傷的戰鬥員」轉移後方，或直接加入戰鬥「襲擊著，進行著」，「在火焰中，在炮彈爆裂中，前仆後繼的，爭奪著」，民衆支持下，游擊戰「顯出偉大的力量」。軍民攜手，處處湧現：荒寂的山叢中有軍民聯動的身影〔註4〕，游擊隊某排爲襲擊敵人運輸隊，上山埋伏，山村裏居住著「質樸的村民，他們靠著土地的豐厚，由於山嶺的阻斷，幾世紀來，一向過著平和的，淡靜的生活，很少和外界接觸，當祖國的烽火照遍了每個角落的時候，這兒的居民也從東方的古夢裏醒過來了。他們已經知道喪失家園的慘痛，奴隸生活的可恥」。樸實的山民主動協助我軍，「這山地的住民，把自己的糧食分了一部分給我們，替我們把乾枯的樹木砍下，當做柴燒。他們引導我們走路，打扮賣茶的人，到十多里外的敵陣裏打探軍情」，甚至在「我們到這兒的次天，便有一些住民自願投進我們的隊伍裏了」；長江岸邊也有軍民同唱戰歌，日寇的屠殺令張大哥家破人亡，他時刻想著殺敵復仇。游擊隊來了，他把自己的屋子借給戰士們宿營，爲戰士們做飯，其他村民有的爲游擊隊當向導，有的負責運輸任務，最後張大哥還隨游擊隊上場殺敵，用生命澆灌了勝利之花〔註5〕；村莊蕭索民心猶熱，飽受鬼子欺凌的村民，聽說來了游擊隊，「自動的給他們燒茶啊，做飯啊，做的做，送的送」，雖然累但「他們是情願的」；游擊隊與敵人展開激戰，村民們自發前來殺敵助陣，軍民齊心，贏得戰鬥勝利〔註6〕；抗日國軍受到百姓支持，這不是《文藝月刊》一家之言。「晉綏是國民黨敵後戰場中，較爲重要的一塊，尤以衛立煌部據守中條山爲日軍所深忌」，「1939 年春季以後，日軍乃八次圍攻，均未得手」〔註7〕。將士奮勇，日寇攻擊受挫，健兒負傷，老嫗拼死救護。中條山下曲村鎮的趙老寡婦平時就留意游擊隊的消息，「她最討厭村鎮上信口亂講

〔註3〕 《津浦戰局好轉以後》，《大公報》，1938 年 3 月 11 日。
〔註4〕 郭嘉桂：《守著荒寂的山》，《文藝月刊・戰時特刊》，第二卷第七期，1938 年11 月。
〔註5〕 管君翔：《嘴角上的血花》，《文藝月刊・戰時特刊》，第二卷第七期，1938 年11 月。
〔註6〕 巴人：《圍殲之夜》，《文藝月刊・戰時特刊》，第二卷第五期，1938 年 10 月。
〔註7〕 張憲文等著：《中華民國史》（第三卷），南京大學出版社，2006 年，第 100頁。

的閒人們，她一聽到他們講游擊隊潰敗的情況，她那股暴躁的性情便立刻發作起來」，「咒罵這信口亂講的閒人們」〔註8〕。敵人掃蕩中條山，趙寡婦一家逃進深山的土窯洞安身，在敵人眼皮底下，趙寡婦把七個傷兵藏在自己的窯洞，日夜照看，「把他們看作自己的『娃兒』一樣，每天替他們換洗衣服纏傷口，把自己的棉被替他們蓋住」。從此，傷愈回隊的戰士，每逢「關了薪餉便買一些乾柿餅和雞蛋酬謝趙寡婦，趙寡婦有時候也購買些『薄荷糖餅』進『營盤』去送給娃兒們吃，當她從『營盤』返回時，便帶回一大竹籃娃兒們的破衣服，帶回窯洞裏替娃兒們補洗，窯洞口外的小樹上栓了幾條數丈長的繩荊，繩荊上時常晾滿了娃兒們的衣服」。抗日不分國共，將士一樣可敬，中條屢退敵寇，民眾出力不少。

　　《文藝月刊》刻畫了軍民互助游擊獲勝的動人景象，民眾眼中，國軍並非盡是紀律敗壞之輩。不過，歷史面相多樣，戰時環境複雜，軍民隔膜、抗敵工作推進困難的情況也時有發生，啟蒙與救亡缺一不可。《津浦戰局好轉以後》中提到，「國民的普遍覺醒」，乃由於「敵人荒唐的殘暴」。試問，國民覺醒是否一定要等待敵人鞭打？就敵後民眾言之，倘其未切身感受敵人殘暴，他們又將如何明瞭侵略之不義，從而以身犯險協助游擊隊？退一步講，即使民眾受到敵人壓迫，但不敢反抗，則軍民合作又將如果展開？救亡離不開啟蒙，「五四」以來的啟蒙運動還有很長的路要走，這不僅是知識分子的使命，更是政府的責任。《嘴角上的血花》寫到，「八一三」消息傳來後，張大哥與「大家都說，他們打他們的，反正我們糧稅總得完，上海還遠著呢！我們依舊收穀，依舊餵豬和餵雞，料理過年」。國難當頭，村民仍未能理解這場戰爭對中國意味著什麼。王文傑《閉城之前》提及，日寇兵臨南京城下，一位鄉長目睹戰事「深深地慨歎中國的軍民不能合作，尤其是青年不肯負起一部分責任」。漠視國難，頗有人在，「廣大群眾沒有積極起來參加這次的抗日戰爭，不是少數人或某一部分人這樣指明，而是極大多數人，上自最高統帥，下至草野編氓都有這種感覺。至於報章雜誌小冊傳單指出這種戰時病態的更是數不勝數」〔註9〕。國民亟待啟發，倘張大哥們未遭日寇殘酷屠殺，他們或許眞

〔註8〕 田濤：《中條山下》，《現代文藝》，第一卷第五期，1940年8月。
〔註9〕 董必武：《怎樣動員群眾積極參戰？》（1938年1月），彭明主編：《中國現代史資料選輯》第五冊（1937～1945）上，中國人民大學出版社，1989年，第509頁。

會在侵略者統治下，繼續完糧納稅的生活。董必武認為，爭取抗戰勝利離不開民眾參與，若要民眾積極參加抗戰，政府必須放手動員民眾，使大家「懂得日寇怎樣侵略中國，現在侵略到什麼程度，日寇是怎樣的凶殘和狡猾，亡國奴殖民地是如何的痛苦，提高全國人民的民族意識和愛國心」〔註10〕。董氏之說強調政府在啓蒙、救亡方面的作用。面對外敵入侵，不少同胞若無其事，政府亟須加大對民眾宣傳、動員之力度，國人覺醒才能奮起救國。若當局對動員民眾心存顧忌，人力、物力收穫難免有限，不利長期抗戰。《勝利的史迹》、《嘴角上的血花》、《圍殲之夜》等作品，無不揭露無日寇之殘暴，讚揚軍民之合作，如此設計未嘗不含鼓動民眾之意，但我們同時看到，民眾反抗實屬被逼無奈，政府在組織、動員方面的工作，似有缺失。

抗戰時期，社會環境複雜，若國家缺乏有力之啓發、引導，民眾極可能在敵人的威逼下充當「良民」，阻礙抗日。《七月》就曾揭露這一問題：游擊隊進駐晉東某村，戰士們在村民房屋牆壁上書寫抗日標語，對此，村民「非常的不高興」；「我們個別的向他們談話中，他們很懷疑我們一片抗日的話，並且他們有許多說話非常支吾，比如問他們有自衛游擊隊沒有，他們有些說完全沒有，有些說快要組織，有些說已組織好了，並且每天還在訓練放哨，而我們卻沒有看到他們放哨的人和有訓練的壯丁」；「我們向村民買糧食等物，老是說沒有，我們在幾個兒童的口中聽到他們家裏還有大湯餅呢。戰區裏的民眾，若是我們忽略，他們便會走出抗日門外，而且給漢奸敵人作了很好的幫手，這是多麼嚴重的問題呵」。「這一帶的民眾，也可以說受盡了敵人殘酷的痛苦了」，可他們「為什麼還沒有走入抗日的門裏去呢？」。作者認為，當局不重視對民眾宣傳、動員，這無形之中幫了敵人，在日寇「剿撫並施」的手段下，「這些民眾生了極端的『恐日病』」，「作了日本的『良民』了」〔註11〕。在晉西北，面對闖進家園的強盜，不少農民心懷「聽天由命吧」、「日本來了也不過當老百姓」〔註12〕的想法，不少漢奸「應運而生」助紂為虐，以致「各地的壯丁被抽調，供給敵人驅使，運輸，挖戰壕，做苦工，到前線上去向自己的同胞進攻，殺害自家兄弟」。同胞手足相殘，敵人坐收漁利，個中

〔註10〕董必武：《怎樣動員群眾積極參戰？》（1938年1月），彭明主編：《中國現代史資料選輯》第五冊（1937～1945）上，中國人民大學出版社，1989年，第512頁。

〔註11〕尹休：《夜攻舊關》，《七月》，第三集第三期，1938年6月。

〔註12〕李林：《鳥視晉西北》，《七月》第二集第十期，1938年3月。

原因發人深思。山西是「國民黨游擊戰最重要最活躍的地區」〔註13〕，除中共第十八集團軍，國民政府在此還留有八個軍，實力雄厚，就在這標杆似的游擊戰區，仍出現民眾不理解抗戰意義、不願配合游擊隊的狀況，啓蒙、救亡其路漫漫。

　　民眾力量發則難收，當局疑懼之心難消，或限制或激發，圍繞民眾國共博弈不止。山西淪陷後，西北戰地服務團於1937年底隨八路軍總政治部來到晉西。「1937年12月下旬，戰區擬定游擊指導方案，將山西劃爲七個游擊區，分別指定游擊方向」〔註14〕。八路軍總政治部副主任鄧小平提出，「在正規軍抗戰失敗，紛紛潰退的現在，我們應動員廣大的人民起來參加游擊隊，組織游擊隊，進行廣泛的游擊戰爭，作爲山西持久抗戰的支點」〔註15〕。國共均強調在山西開展游擊之重要，但在紅色的戰地服務團看來，國民政府的工作遠未到位，「固然山西當局過去也曾有一種自衛隊的組織」，「但那所謂自衛隊」卻「沒有嚴格的訓練，沒有正式的組織，表面上是在動員，實際上不過是村長對區長，區長對縣長寫一本花名冊的工作成績而已」。並且，山西當局各項政治、經濟舉措也不利於發動群眾。爲此，西北戰地服務團整頓當地捐稅、吏治，並武裝民眾組織游擊隊。但戰地服務團的政、經改革觸碰了地方利益，武裝民眾更刺激了當局神經。於是，「當我們離開晉西的時候」，地方紳士不止要恢復舊政策「主張依舊照收各種苛捐雜稅」，還「企圖慫恿上級政府用壓力去限制人民，甚至主張解散游擊隊」。前文《守著荒寂的山》、《嘴角上的血花》、《圍殲之夜》等作品，竭力表現民眾協助游擊隊的熱情，但對民眾武裝，《文藝月刊》出言謹慎：《嘴角上的血花》張大哥隨游擊隊作戰，身份乃是編外人員，《守著荒寂的山》中，山民加入游擊隊，屬於政府對民間力量的吸收、制約，執行作戰任務的仍是正規游擊部隊。難道民眾眞的難以擔綱游擊作戰的「主角」？這也是《七月》質疑、不滿當局的原因之一。抗戰時期，國共對游擊戰與民眾武裝有不同的看法，「由於兩黨所處的地位、擁有的力量、信奉的理想、代表的階級利益根本不同，因此分別採取了依靠政府爲主導與動

〔註13〕唐利國：《關於國民黨抗日游擊戰的幾個問題》，《抗日戰爭研究》，1997年第1期。

〔註14〕唐利國：《關於國民黨抗日游擊戰的幾個問題》，《抗日戰爭研究》，1997年第1期。

〔註15〕鄔契而：《晉西人民是怎樣動員起來的？》，《七月》，第二集第八期，1938年2月。

員人民爲主導的兩條根本相異的政治路線。影響到戰略上，分別確立了依靠正規軍與依靠人民群衆兩種完全不同的原則」。此外，「國民黨中央害怕地方勢力發展會形成尾大不掉、枝大披心的局面，更害怕共產黨力量壯大後會危及他們的統治」〔註16〕，故對民間武裝始終不敢掉以輕心。地方紳士在戰地服務團撤離後的「反動」，實際上反映的正是國共分歧。

如同《文藝月刊》，《七月》也反映了敵後軍民攜手抗戰，但這裏的「軍」應指八路軍，由此展示中共在組織、武裝民衆等方面的政治、戰略思想，反襯國民政府動員民衆不力。抗戰大旗下，國共暗自較量。1937 年 8 月，洛川會議後，中共關於開展獨立自主游擊戰，發動、武裝群衆的抗戰方針逐漸成型。太原淪陷後，戰區長官根據國民政府軍委會命令，布置山西游擊戰：「東路軍，朱德率八路軍建立太行山根據地；南路軍，衛立煌指揮第十四、十五、十七、十九、六十一軍及第八十五師，在中條山呂梁山建立根據地」；「北路軍，傅作義指揮第三十五軍、第七十一師及騎兵第一、二軍，在太原、雁門、大同以西山地建立根據地」；「第九軍及第六十六師爲游擊總預備隊，控置於大寧、河津附近」〔註17〕。實際上，八路軍的活動並未受制於此，在中共中央、八路軍總部的領導下，「八路軍各部迅速挺近敵後，分別依託五臺山、呂梁山、管涔山、太行山創建敵後抗日根據地。從 1937 年底到 1938 年上半年，第 115 師一部創立了晉察冀邊區根據地，115 師師部則率第 343 旅創建了晉西南抗日根據地，第 120 師創建了晉西北抗日根據地，第 129 師及 115 師之一部創建了晉冀豫抗日根據地」〔註18〕。八路軍在山西的活躍，使此地成爲表現中共游擊思想的理想舞臺，加之山西同是國軍勢力範圍，一山二虎，國共在游擊戰略上的差異，通過《文藝月刊》、《七月》等之比較，或明或暗。

對八路軍之游擊活動，《七月》表現有力。中共指示下，劉伯承率 129 師活躍於呂梁山脈一帶，後創立晉冀豫軍區。劉白羽的《光榮牌》〔註19〕通過呂梁山某村民衆對敵後抗戰的支持、參與，展示了中共在動員、組織民衆方

〔註16〕唐利國：《關於國民黨抗日游擊戰的幾個問題》，《抗日戰爭研究》，1997 年第 1 期。
〔註17〕唐利國：《關於國民黨抗日游擊戰的幾個問題》，《抗日戰爭研究》，1997 年第 1 期。
〔註18〕步平、榮維木：《中華民族抗日戰爭全史》，中國青年出版社，2010 年，第 193 頁。
〔註19〕劉白羽：《光榮牌》，《七月》，第二集第九期，1938 年 2 月。「光榮牌」即「抗日軍人家屬光榮牌」，釘在軍屬門口。

面的努力。爲爭取民衆支持抗日，中共展開宣傳攻勢，「用一切宣傳鼓動方法」
啓發、教育民衆，使其明瞭抗戰的意義，從而「克服一切困難，忍受一切犧
牲，誓與日寇抗戰到底」〔註 20〕。作品中，城裏的宣傳突擊隊來到了呂梁山
脈腳下的 XX 村，「那是一批批年紀青的，和藹的朋友，他們常常關心到農民
的飢寒飽暖。和那些老頭子，老太婆們談著話，讓他們也知道了日本人在各
處是怎樣燒殺，搶掠——像水的溶進土壤，他們的話溶進樸實的農民的心
坎」。宣傳隊關心農民疾苦、宣講敵人殘暴，態度眞誠、感人，工作方式也多
種多樣，「有時單獨的和農民談話，有時招集小集團的會議有時演出讓人家看
著流眼淚的戲，永遠印在腦子裏，擦不掉」。細緻耐心的工作收到良好效果，
村裏的人們開始明白「是有人要來搶去他們的田野，房屋，慘殺活人。他們
也認清了自己的任務」，加入了訓練隊，「天天還下操，跑步」，「村裏的年青
人，都不再閒蹲著吸葉子煙了」，民衆覺醒了，「眼看著汾河兩岸的沉寂的一
片散沙，那麼迅速，那麼徹底的粘結起來了」。中共高級將領徐向前指出，發
動游擊戰必靠人民支持，「如何能把散漫的人民造成團結的人山呢？那就必須
在人民中進行廣泛的深入的教育說服，宣傳組織等艱苦的工作，提高人民的
民族意識與政治覺悟，使人民本身的利益，與抗日的利益，連繫起來，使每
個人民認識要想自己不受日本的蹂躪，那就只有爲中華民族的自衛戰爭而犧
牲一切，爲民族的生存而奮鬥到底，這是每個人民的天職，是每個人民應擔
負起的責任」〔註 21〕。中共能以游擊戰馳騁敵後，與其自上而下對群衆工作
的重視分不開。

　　宣傳之外，中共部隊注意接近群衆。村民感覺中共游擊隊，「可同從前腦
子裏記住的不同，他們是要群衆的，而且親近群衆的。他們買一個銅錢的就
給一個銅錢，從來沒有看見他們向人橫眉瞪眼。大的同志趕著小的叫：『小鬼！
小鬼！』挺和善，親熱，從沒有看見誰打過誰。這一支隊伍來了，就招集群
衆大會，演出，唱秧歌」，歡聲笑語中，軍民打成一片。與從前隊伍不同，村
民明顯感覺到這支隊伍「是要群衆的」，短短數語暗示國共不同的群衆態度。

〔註20〕《中共中央致國民黨臨時全國代表大會電》（1938 年 3 月 25 日），彭明主編：
　　　　《中國現代史資料選輯》第五冊（1937～1945）上，中國人民大學出版社，
　　　　1989 年，第 516 頁。

〔註21〕徐向前：《開展河北的游擊戰爭》（1938 年 5 月），彭明主編：《中國現代史資
　　　　料選輯》第五冊（1937～1945）上，中國人民大學出版社，1989 年，第 521
　　　　～522 頁。

「親近群眾的」自然受到群眾的愛戴，八路軍的優良作風感染了大家，村民爭先為隊伍提供糧食，當游擊隊重返戰場時，村裏「許多許多的年青人，都不再甘心關在家裏，紛紛加入了那鐵的隊伍。因為他們對它是親切的無疑的，這是它長時間的艱苦奮鬥，在年青人的心裏換來的」。經過中共動員、組織，民衆還組建了自己的武裝及相關團體。中共中央表示，要大力扶植各種民衆組織以配合抗戰，「首先用最大力量，普遍組織民衆的自衛隊、聯莊隊、游擊隊」，並「給以各方面的援助與指導，提高他們的政治認識與軍事技術」。同時，「各種抗敵後援會、動員委員會等，應該實際上成為有廣大民衆參加的民衆團體。大量扶植與發展一切抗日救國的與工人的、農民的、青年的、婦女的、各界的、職業的民衆團體」〔註22〕。劉白羽筆下，經八路軍宣傳隊、游擊隊指導，村裏「一部分壯年人，組織了自衛隊，游擊隊。年青的婦女就組織了一個廣大的服務隊。她們主要的工作，就是幫助出征者的家屬做事，譬如燒火，做飯，洗衣服，有時還用些巧妙的話來安慰老年人或小孩子的遐想。她們在整個鄉村裏到處突擊著，使一個村莊，變成了一個大的家庭——中間有友愛有互助」。友愛、互助正反映中共與人民的關係，整篇作品洋溢著溫暖、光明，軍民魚水，一片和諧。

上述經八路軍組織起來的民衆，絕大部分處在社會底層，只有創造較寬鬆的生存條件，底層民衆才會減少顧慮參加抗戰。因此，中共積極推動減輕戰區農民負擔，國民政府之下的各方政治勢力不斷磨合，不少地方推出戰時舉措，民衆抗戰熱情逐漸高漲。「民族革命戰爭戰地動員委員會，在許多縣份，它成為一個雛形的各黨各派的民主政權：公道團代表，犧盟會代表，縣長，雖然還有士紳，但駐軍代表（XX 師，騎兵第 X 軍，八路軍）也同樣的參加了」〔註23〕，「通過動委會，合理負擔實行了：百分之三十以上的人民，有兩千元以上財產者分作三等九級，按累進法攤派，抗戰軍人家屬優待辦法開始實行。苛捐雜稅逐漸廢除，減租減息正在醞釀著」。負擔減輕後，「一天天覺醒的人民是更加廣泛地洶湧起來了。一千，兩千，三千，自衛軍在各縣召集起來了」，戰火的考驗使人民「相信了自己的力量」，在八路軍率領下，他們「炸壞了鐵

〔註22〕《中共中央致國民黨臨時全國代表大會電》（1938 年 3 月 25 日），彭明主編：《中國現代史資料選輯》第五冊（1937～1945）上，中國人民大學出版社，1989 年，第 517 頁。

〔註23〕李林：《鳥視晉西北》，《七月》，第二集第十期，1938 年 3 月。

路,斷絕了交通,不斷地打擊著敵人」。民眾在戰鬥裏成長,他們勇敢地打擊
侵略者,對於「明明暗暗直接間接地拖累分裂著發動民眾參加抗戰的工作」
的勢力,也敢於團結抗爭表達不滿。這些「反動勢力」未必盡是土豪劣紳,
也有因群眾運動「某些過左的行動與行會傾向」,而心存恐懼的「地主富戶」,
日後,中共也很快作出了糾偏指示〔註24〕,但此時的《七月》,階級感情略勝
一籌。

　　通過作品,《七月》大力宣傳、強調中共動員、組織群眾的各項措施,借
助群眾擁戴,展示八路軍游擊隊的優良作風,在團結禦侮的前提下,委婉的
批評了山西弊政,與當局依靠正規軍制約民間力量的游擊策略形成對比,頌
揚中共政治理念,此時,敵後不只是抗日戰場,也是傳揚政黨政策、爭取民
心的舞臺。《七月》主編胡風屬左翼作家,接受黨的領導,政治立場明確。1937
年10月,胡風到武漢後與中共董必武、周恩來、博古等有密切接觸,並一度
供職《新華日報》,作家熟悉黨依靠人民的群眾路線及反對右傾、堅持鬥爭的
原則〔註25〕,這些都影響了刊物的聲音;胡風主持下,《七月》宣揚全民抗戰,
但對國民黨不忘保持警惕,有的放矢態度激進:刊物編發阿壟《閘北打了起
來》,藉此反映「國民黨的不合理的軍事制度」,批評國民黨部隊「輕視以至
壓迫群眾」,其後再出《從攻擊到防禦》,「對國民黨的錯誤的戰略和戰術提出
了含蓄的,但卻是痛烈的批評」〔註26〕;活躍於《七月》的曹白「是遭受過
國民黨特務迫害的青年美術家」〔註27〕,艾青、田間是有名的人民歌手,刊
物傾向略見一斑;此外,胡風晚年回憶,《七月》「是在國民黨的種種壓迫下
出版的,是在惡劣的經濟條件下出版的」〔註28〕,現實生存問題與編者的政
治傾向都令其對國民黨難有好感。在敵後,國民黨「基本保持正規軍的作戰

〔註24〕《關於鞏固與擴大晉察冀根據地指示》(1938年4月20日,毛、洛、劉致彭
　　　　真、聶榮臻及朱、彭),彭明主編:《中國現代史資料選輯》第五冊(1937～
　　　　1945)上,中國人民大學出版社,1989年,第518頁。
〔註25〕胡風回憶,周恩來在與其交談中,提出兩點工作要求,「一要工作面廣闊,二
　　　　要堅持原則立場。沒有前者,就會陷於宗派關門主義,脫離廣大人民的要求;
　　　　沒有後者,就會陷於機會主義甚至投降主義,兩者都會招致抗戰的失敗,即
　　　　革命的失敗」。詳見胡風:《胡風回憶錄》,人民文學出版社,1997年,第78
　　　　頁。
〔註26〕胡風:《胡風回憶錄》,人民文學出版社,1997年,第101頁。
〔註27〕胡風:《胡風回憶錄》,人民文學出版社,1997年,第100頁。
〔註28〕胡風:《胡風回憶錄》,人民文學出版社,1997年,第99頁。

方式，目標較大，運動不靈活，易被日軍捕捉打擊；民眾動員能力較弱，使其頗難耐受敵後極端艱苦的環境；而抗戰中後期，它與中共之間無休止的摩擦，削弱了抗戰力量」〔註29〕，如此，《七月》對國民政府的批評也是有道理的，不過，「應該說，國民黨方面對敵後戰場是重視的，也寄予很高的期望」〔註30〕，同時，依靠正規軍作戰在紀律性、戰鬥力方面也有積極意義，國民黨八個軍的正規游擊部隊在山西堅持抗日，愛國將士在敵後戰場同樣灑下熱血，其抗日功績《七月》絕少提及，這未嘗不是一種偏頗。

第二節　各戰區之游擊戰

武漢會戰結束，抗戰進入戰略相持階段，在此前後，華北、華東、華南大片領土為日軍所佔，各地軍民廣泛開展敵後游擊，誓將侵略者趕出家園。國破山河在，1938年初，「自東戰線的正規軍作戰失利以後」，《文藝月刊》即著手討論「如何發動游擊戰」〔註31〕，邀請馮玉祥、方振武、王平陵、林適存、老舍等人從軍事、宣傳、文學等方面各抒己見，配合政府游擊戰略。炮火肆虐中，國人抗爭似原上青草破土而出，千瘡百孔的版圖上，民族新生之律動日趨強烈。

《文藝月刊》記錄了山西太行山、同蒲路一帶的游擊戰。山西屬第二戰區，戰略位置重要，太原淪陷後，經國民政府布置，「朱德率八路軍建立太行山根據地」；衛立煌「在中條山呂梁山建立根據地，『並竭力襲擊同蒲路之敵』」；傅作義「在太原、雁門、大同以西山地建立根據地，並威脅敵同蒲路北段」；另有「第九軍及第六十六師為游擊總預備隊，控置於大寧、河津附近」〔註32〕。山西游擊戰對日軍極具牽製作用，至1939年春，敵曾「七次會攻中條，九路進攻晉東南」，對山西游擊區一再掃蕩，均被我「以逸待勞，個別擊破」。但隨著山西「各重要城鎮」、「交通幹線」的陷落及「重要據點拉鋸式的得失退進」，「各方面對於山西的戰鬥，發生很大的疑忌和憂慮，甚至一些失

〔註29〕 張憲文等著：《中華民國史》（第三卷），南京大學出版社，2006年，第101頁。

〔註30〕 張憲文等著：《中華民國史》（第三卷），南京大學出版社，2006年，第101頁。

〔註31〕 《編輯小語》：《文藝月刊·戰時特刊》，第一卷第六期，1938年1月。

〔註32〕 唐利國：《關於國民黨抗日游擊戰的幾個問題》，《抗日戰爭研究》，1997年第1期。

敗主義者和那些別具心肝的漢奸們更無恥的向人宣揚：『山西，不，整個的華北已經全部為敵人所統治，山西的抗戰已無法進行了……』」。傳言不足信，但「地理上的隔閡，和交通的不便」，使各地同胞難以清楚地瞭解山西抗戰形勢，「因之，而發生的許多疑慮，在情理上實際上都免不了的」。為澄清事實，堅定抗戰信心，《文藝月刊》推出戴富《同蒲線上的鬥爭》、陳曉楠《太行山的落日》〔註33〕等戰地通訊，介紹當地軍民的抗日活動。

截至 1939 年底，太原等城鎮陷落已逾二載，同蒲鐵路被敵侵佔一年有餘，為消磨我戰鬥意志，日偽、漢奸借機散播謠言，誇大日軍實力，掩蓋山西抗日實情。敵人是否真的控制了山西、當地軍民鬥爭真的被撲滅了嗎？「在同蒲南段沿線上，侵略者花了很多的兵力分駐沿鐵路線的城鎮和村莊」，並扶植漢奸成立偽政權。實際上，這些偽組織中看不中用，「臨汾偽縣府成立了一年，公務員壓根兒就不敢下鄉，只好顧全面子說是免稅不完糧」；「鄧莊以東八九里」的「區公所」，成立不久就「被游擊隊打毀了」；設在趙曲的襄陵縣偽政府，「政權只能施及已經沒有人了的趙曲村」。太行山一帶的「漢奸維持會政權」，勢力限於幾個城市，至於廣大的「田間和村莊」卻在我們控制中。為破壞抗戰，敵人費盡心機，但結果往往心機枉費。為製造「良民」，日寇絞盡腦汁：「第一，整頓日偽軍紀律」，「用各種方法宣傳，敵軍是如何有紀律，如何愛護人民」，可「整頓」後，日軍燒殺淫掠依舊；「第二，多開各種會議」，例如「村長副會議」，「專門談些『軍民』如何對付游擊隊」，「開一次會可以得到三斤鹽」，「誰不去誰的房了就得挨燒」。「群眾大會」則「完全是欺騙手段」，「開會時間，有不定期的，像敵軍游擊到某一個村子，就去以敵兵封鎖了村口，不准進去，在內將老百姓完全集合起來，還有是定期的，像臨汾偽政府，就是每逢三逢九，就開一次群眾大會，召集人民是老法子，哪個村不去就燒哪個村子」，開會內容無非「『赤匪』、『黨軍』如何可惡，敵軍如何可親，晉綏軍應該覺悟，人民應該幫助消滅游擊隊」。百姓眼裏，這會「簡直就是派差」，不去「保不住房子」，去了不止浪費時間，更有「被當作游擊隊偵探而槍決的危險」。水來土掩，人民有辦法應付敵人，「哪天要開什麼會了，游擊隊去路上打幾槍」，「敵軍如果出來就走，反正你得打大炮，這樣，既可以不去開會，

〔註33〕戴富：《同蒲線上的鬥爭》，《文藝月刊‧戰時特刊》，第三卷第十二期，1939 年 12 月；陳曉楠：《太行山的落日》，《文藝月刊‧戰時特刊》，第四卷第二期，1940 年 3 月，本段引文皆出《太行山的落日》。

而理由也可以冠冕堂皇：昨天打炮的，鄉下人害怕，游擊隊又攔住路，不是我們不願開會，你們肅清了游擊隊才好」；日寇還聲稱要「改善人民生活」，可人民都知道，「免稅不納糧是因為游擊隊的活動」，日軍發給人民的東西，也「都是從二十里遠近的村莊搶來」的贓物，如此「改善」，荒謬且霸道。

日寇自作聰明的舉措只會激化矛盾，敵人眼皮下的抗日活動日趨頻繁。白天，游擊隊「只離鐵道十來里，夜晚就都在鐵道上活動了，電線一割就是幾十斤，鐵軌一破壞就是幾里路」。「人民呢，沒有一個願做亡國奴的，一個軍隊的便探，走到敵人駐在村去，百姓全知道，但沒有人告密。游擊隊的戰士白天也可以去鐵路線上，村長會借給通行證或良民證，有東西自然有人來替你搬，不會感到一點困難。軍隊和人民，在侵略者的鐵蹄下，再不會感到有什麼區分了」。太行山區同樣是「發動游擊的新搖籃」。附近百姓「自動的幫助抗日軍隊打聽消息，破壞公路，電線和橋梁」，「所有的民眾和村莊只要當地民軍和政府有命令去了，他們就會從那遼遠的地方趕得來，配合作一致行動。時常幾個知識青年幹部在各村召集了群眾大會，抓漢奸，捕間諜，所謂淪陷的地方仍舊是一樣，因為我們的群眾隱蔽了一切，我們的政令公開秘密地行使到山上溝下大大小小的村莊，我們的自衛團，游擊隊，只要不佩戴明顯的武器，到處可以出入」。軍民一心，游擊戰的槍聲令敵人坐臥不寧疲於奔命。

山西軍民的游擊成為敵人噩夢，日寇露出凶殘本相，向游擊區大肆進攻，軍民頑強抵抗，風聲鶴唳中敵人似驚弓之鳥。在同蒲路附近，日偽也發動了游擊戰，企圖以游擊對游擊。與我晝伏夜出、避實擊虛的打法不同，敵軍游擊戰「兵總是步騎炮，攻在拂曉，走，不但總是大路，而且總是選擇熟路。臨襄一帶離鐵路廿來里就是山地，敵軍只在山地前面遊一下：擊是未必的，胡亂的山上打炮，打不著半個人」。敵人這種不熟悉地理環境又無群眾基礎、呆板笨拙的「冒牌游擊戰」〔註34〕除了騷擾百姓外，並不能阻止國人繼續戰鬥。為打擊晉東南游擊根據地，惱怒的日軍集結重兵「沿著公路進占我們的重要城市」，「想分區個別的肅清掃蕩，一刀忍痛地割掉心頭的累贅」。敵人來勢洶洶，我游擊部隊早有準備，憑藉天時地利各路出擊，「把深入山地的鬼子用快刀切藕的手段，各路切斷，結果，活活的兩萬多鬼子的性命，又白白地

〔註34〕淮南敵軍曾採取類似的「游擊戰」，被軍事家識為「冒牌游擊戰」，見《申報》，1938 年 3 月 8 日。

葬送在我們的山壑裏了」。遭軍民襲擾的日軍退守「重要城市」，如同甕中之
鱉。在長子，敵人「把城內所有的樓房完全鑿通，大街上平常是沒有人走的，
不是今天關了大北門，就是明天關了大西門」，還常常「用卡車裝載著幾個憲
兵由南開出去，再向北面轉回來」虛張聲勢，敵機也時時在城外投彈，諸如
此類均為「防止我們游擊隊的襲擊活動」。出沒無常的游擊戰令敵人神經緊
張，撲滅山西乃至華北的抗日烽火只是癡人說夢。

　　英勇軍民在山西堅持鬥爭不屈不饒，中條山、呂梁山、太行山處處飄揚
著抗戰的大旗。《文藝月刊》之外的作品同樣勾勒了山西抗日圖景，頌揚了抗
擊日寇的血肉長城：

> 是一支固執的鐵手／撐住長城，在南口／繫下了湯恩伯的十萬哀
> 兵，／緊急的重炮／大聲呼喚，／要喊醒垂死的北平！／敵人的炸
> 彈雖重／也炸不倒八達嶺，／毒瓦斯／闖不過迎面的西北風，／碰
> 破了頭／才知道此路不通，／回轉身／偷襲察北，／像一股倒卷的
> 狂流／在張家口／潰奔向大同。／含兩眼痛淚，破壞了居庸關／
> ——平綏路的鼻孔，／南口的衛隊／擺脫敵圍，／向廣靈轉動。

> 平型關，八路軍埋伏——突擊，／板垣的「奇兵」，潰不成師，／三
> 四千皇軍葬身在夾谷裏，／西北線第一次大勝利／游擊隊也就此建
> 立了根據地。

> 忻口的堅守，／娘子關的截堵，／血肉的長城／阻不住用機械助長
> 了暴力的瘋獸，／正太線，太原，同蒲路一半，／線和點都不必死
> 守，／轉進向臨汾，／發動全面戰鬥。

> 韓信嶺，山高鳥難渡，／三千發排炮／也打不破深雲古寺的寂寞，
> ／石樓山，西北角的炮樓，／大麥郊苦戰不低頭！／東南上，一道
> 沁水／替日本兵開了條陰溝，／坦克軍，像黑甲蟲，偷偷的爬過了
> 伏牛山，／猛撲侯馬連城，／三百鐵騎，／輕機槍手，／向禹門渡，
> ／星夜疾走，／要截斷我軍的後路；／「大殲滅」／在帝堯的故都！

> 為輕避敵鋒，待機反攻，／三十萬輛，炮，步，馬，／乘月黑風急，
> ／轉移山窩中；／敵人的左，右，正，奇，／大迂迴，／捉住一座
> 空城；／兩片鐵鉗碰出了火星，／盤七十二圈山頭，／也追不上旋
> 風！／山叢裏，響亮著游擊隊的歌聲……

剩一條同蒲路，／做毒蛇的孔穴，／先頭敵騎，／揚三千里風砂，／爭飲黃河；／風陵渡，／剎住車，／用二十生重炮，／向潼關噓聲吆喝！／讓縱橫的狐兔自覺得意，／連山萬里／我們在慢慢的張布網羅！／

寺內壽一的算盤，／一招不准全盤錯，／到處撲空，禁不住心頭冒火！／猛烈的追擊／才能收到戰果，／草根不除／是腹心大禍！／「掃蕩！」／「肅清！」／鼓起餘勇，／閉上眼睛，／向呂梁山／突進／河津，襄陵，汾陽，／三處敵軍拉起手，／向軍渡，向壺口。／荒涼的呂梁山，太平靜，／他們要開墾，要耕種！／要用中國人的血／把枯草染紅，／每一個村鎮，／每一座窰洞，炸開石縫／把仇恨播種！／

山，河灣，／溝，坑。／登雲，落井，／火光，槍聲，／飢餓，疾病……／五個月／進退不休，／高低馳走，／揚起了臂膀，砍斷了手，／歎一口氣，收了兵／，回城去，休息，補充，調整。／中條山——一道盲腸，／一道恐怖的黑影，／留下怕發炎，／割去又不能！五臺山——一塊鐵骨，／卡在狗嘴裏，／吞吐都不能！／用中國的山軍／襲擊日本的海盜，／積小勝爲大勝——／三十萬「皇軍」／經不住五千和六十來乘，／一大筆血債，／讓敵人零碎還清！／

日本人腿子雖短氣魄凶，／大本營（瘋人集中營）／要強渡黃河／進攻西蘭路／截斷中蘇的交通。／士兵的疲病未復／又接到了命令，／第二次總攻：／向垣曲，向吉縣，向五臺，／三路散兵，／「掃蕩」華軍殘餘！／「肅清」山西全境！／重轟炸機／抖起一陣嚇詐的風，／太行山，毛髮直立，／爲諷笑故作吃驚，／躑躅的狼／盤旋的鷹，／踏遍萬山叢／也尋不見勝利的蹤影；／像未來派的詩句，磊落不平，／有刺天的刀山，／有神話裏恐怖的坑，／有明滅的火光，有陣雨似的，夜襲的槍聲……／坦克車，爬不動，／毒氣也無法使用，／一座空城！／一個吃驚的黑窟窿！／「掃蕩隊」的掃帚／掃不動山裏的石塊，／磨光了自身的毛／禿著頭髮呆，／冷不防，一腳踏塌了陷坑，／斷了糧草，／斷了交通，／辨不清方

向，／用大炮亂轟。／像俯伏的野獸／斥候的列兵，／呂梁山，／躺直了身子／屏息諦聽，／黃河水／響得更遠／更清，／是歡喜和驚疑／在胸中交迸！

一聲突鳴的號炮／扯開了低回的山風，／伏兵齊起／喊一聲：衝！／手榴彈，發了瘋，／像風卷砂石，／落入山溝中！／機關槍／「哇哇」叫，／滿天飛火星，／黑龍關跺跺腳，／呂梁山跳起來，／抖一身黃毛，／千年的睡獅今天要作怪。一小隊，／一排，三座大窰洞／組成山寨／，軍民男女聯合在一塊，／分散的隊伍／集中的火力，／用暴雨／向蜂蟻射擊！／雁門關，娘子關，／太行山，五臺，／以山爲牆，／隨處都有活動的營寨，／鎖關，／封口，／進來的，／就不要再走！

雲橫秦嶺／遮不住三秦健兒殺氣騰空，／生力軍／北渡黃河，／大舉反攻！／師老兵疲者／今天要崩潰／困守涸轍的死魚／不要在妄想天雨來救命。

同蒲路——敵人的死亡線，／慢慢的割，／猛猛的砍，／錐子錐，／剪刀剪，／折了！斷了！毒蛇的孔穴裏／燃燒其硫磺彈，／倒了火焰山／誰能阻攔！／黑死病的毒菌／飛速傳染：／正太，平綏，／平漢，津浦線，／綏，熱，察，冀，魯……／掀起了全面游擊戰。／反攻呵，／向山海關！／勝利的火焰／點燃在山西高原，／放綠了汾河柳／笑迎春天！〔註35〕

詩歌回顧了抗戰以來，敵我圍繞山西展開的大小戰役。1937 年 8 月，日寇集中兵力猛攻南口，自 8 月 12 日至 15 日，敵憑優勢火力向南口反覆衝鋒，守軍湯恩伯部在陣地工事全毀之情況下，頑強阻擊，幾次打退來犯之敵。日軍「碰破了頭／才知道此路不通」，將主攻方向轉往張家口。8 月底，張家口、南口相繼失守，湯恩伯部「向廣靈轉動」，在蔚縣、廣靈、淶源集結，與傅作義、楊愛源等部拱衛山西。9 月份，爲配合友軍，八路軍 115 師一部在平型關東北關溝至東河南村的公路兩側高地設伏，「將又靈丘向平型關進攻的日軍殲滅於峽谷中」〔註36〕。不過，此次殲滅日軍一千餘人而非「三四千」。10 月，

〔註35〕 莊湧：《同蒲線——敵人的死亡線》，《七月》，第四集第一期，1939 年 7 月。
〔註36〕 步平、榮維木：《中華民族抗日戰爭全史》，中國青年出版社，2010 年，第 191 頁。

中日在忻口反覆拉鋸戰鬥慘烈，但「血肉的長城／阻不住用機械助長了暴力的瘋獸」，至 11 月，忻口、娘子關、太原相繼陷落。「1938 年 2 月上旬至 3 月上旬，國民黨軍反擊太原失敗」〔註 37〕後，山西游擊戰全面展開。時人評論道，「日軍攻佔山西，——延長了四百公里的正面」，因此「戰線也更薄弱」，「防衛更不容易」，而「我軍主力並沒有退」，如詩歌所說，大隊人馬「轉移山窩中」；加之「山西新銳廣大的游擊隊，多半具有優良的素質」，如果能與「廣大的民眾配合起來，形成洪流之力，壓向日軍的側背，戰略上是一莫大的威脅」〔註 38〕。反抗洪流打亂了敵人方寸，游擊隊此起彼伏的歌聲中，侵略者鑽進了中國山軍的網羅。1939 年 5 月，日軍第八次進攻中條山，同時「對五臺山抗日根據地發動春季『掃蕩』」〔註 39〕，晉西北、晉東南都出現「掃蕩隊」，敵人妄圖「『肅清』山西全境！」。日寇在中條、太行、呂梁、太嶽織就的網中東奔西突，萬山叢中「尋不見勝利的蹤影」，只有一座座空城冷眼旁觀。坦克、飛機望山興歎，敵兵更是暈頭轉向，陷坑、夜襲、切斷糧草、交通，我游擊隊在山中馳騁，山溝、窯洞、營寨到處都埋下我們的伏兵，「分散的隊伍／集中的火力」，「軍民男女聯合在一塊」要「積小勝為大勝」！抗日火焰在山中升騰，游擊健兒遍佈華北。作品對英勇抗戰的國共將士表達了敬意，正面、敵後一寸山河一寸血；抗擊侵略的民族使命使山西成為戰鬥的堡壘，山上溝下響徹爭自由的戰歌；反抗的種子隨日寇「掃蕩」播撒四方，樸實的男女換上戎裝捍衛家園，抗戰洪流似黃河澎湃洶湧。

　　《文藝月刊》刻錄了山西軍民四出遊擊的身姿，第五戰區健兒奮勇殺敵的場面同樣立此存照，羽飛《印臺山》〔註 40〕就描寫了發生在大別山區的一次奇襲。大別山一帶劃歸第五戰區，「為戰時安徽省政府駐地，設豫鄂皖邊區游擊總司令部。該地駐軍為桂系主力，戰鬥力較強」〔註 41〕。印臺山屬大別山支脈，鳥瞰應山縣城，日寇以殺戮佔領縣城，掃射、焚燒，無辜民眾慘死。我家園一片狼藉，入侵者群魔亂舞召開慶祝大會，國人掩埋了遇難者，誓予

〔註 37〕唐利國：《關於國民黨抗日游擊戰的幾個問題》，《抗日戰爭研究》，1997 年第 1 期。

〔註 38〕《醞釀中的「山西大游擊戰」》，《申報》社評，1938 年 3 月 5 日。

〔註 39〕步平、榮維木：《中華民族抗日戰爭全史》，中國青年出版社，2010 年，第 197 頁。

〔註 40〕羽飛：《印臺山》，《文藝月刊‧戰時特刊》，第四卷第二期，1940 年 3 月。

〔註 41〕張憲文等著：《中華民國史》（第三卷），南京大學出版社，2006 年，第 100 頁。

打擊者以打擊。侵略者驕橫、自恃放鬆警惕，我軍民聯動秘密布置；月黑風高，日軍酒酣耳熱不辨東西，我奇兵突襲關門打狗「解決了原村聯隊的三分之一」。一擊成功，游擊隊「並不再攻縣城，只收集武器，彈藥和許許多多的罐頭食品」，迅速抽身滿載而歸。正義槍聲不止響徹應山一縣，戰火中熔煉的鄂省兒女已在抗戰大旗下風起雲湧：

上帝伸出聖手，在中原畫了一條白練，多少年代了，壽命向永恒的藍天。

從陝南，橫過鄂北，奔放的金濤，蜿蜒地，唱過群山，唱過平原，望翻騰的江流，互問了一聲平安！

中流的風帆，縫著交織的水紋，襄河的兩岸，響起了叱吒的反抗的鞭。

早晨，山歌吻醒了太陽，彩雲印紅了江面，農夫淘好青白菜，趕往城中的早市！

傍晚，暮靄燒紫西天，河水泛黃了波瀾，村姑吟著梁山伯，洗完了衣裳，從河邊打轉。

晚秋時節，漁歌唱白了蘆花，小艇彎過了葦叢，沙洲裏，閃爍的金粒，在淘金者的心底，寫下了愉悅的笑影。

於今時代變了，魔鬼的氣焰，逼近了河岸，襄河騷動了，再不像往昔一樣的安閒。

烽煙燒沸了江流，浪濤響徹了雲天，縣崖嶺，黃土壘，中原的天險，築成了鋼鐵的憑欄。

這襄河，從峻高的谷頂，叫過幽古的樊城，在中原，張開了嘹亮的喉嚨，在武漢，彙成了巨響像洪鐘！

這襄河，兩岸的陣地，揚起了戰爭的交響，火舌舐紅了天，彈花織成了網，波浪滾滾的，雲浪滔滔的，像一隻真理的號角，呼喚著中原的村莊。

中原大地蜇動了，千百萬英勇的兒女，換上了戰鬥的戎衫，游擊的歌唱，結成壯烈的吶喊。

而今是時候了，正義喚起藍天高，戰火燒的波濤紅，男兒殺敵為國

死，風暴卷走享樂夢！南國山花紅，北地風沙湧，天崩地裂，浪花
翻騰，悲壯的熱情，燒青了悲壯的吼聲！〔註42〕

農夫的漁歌與村姑的笑影被硝煙吞噬，游擊的歌唱在襄河兩岸結成壯烈的吶
喊，悲壯的吼聲傳揚風中喚起無數英雄兒女。扛槍衛國的隊伍中有赳赳男兒
也不乏現代木蘭，活躍在皖南的蔡金花即是其中一位：

是一顆流星，是一串光明，劃過黔暗的長天，照出偉大的前程！提
起花，想寫首悲壯的史詩！爲你當代的木蘭，烽火中的英雄！把生
命馳騁在戰場，在挺近中披一身風霜！像西風送來的消息，我眼前
實的淒迷了；狂風掃落了希冀的花朵，哦，輝耀的流星已化成隕石！
把精神植在民族的心底，把鮮血灌漑祖國的大地！詩人們將用他們
的筆尖再把它蘸起，爲你寫英雄的序曲！〔註43〕

據編者按介紹，蔡金花爲游擊隊員，有傳言其在作戰中犧牲，作者遂以此詩爲
紀念。後據「X 隊游擊大隊長謂：殺敵如麻之巾幗英雄蔡金花，最近蔡在皖南
某戰區，身體極健康。蔡之個性極強，自參加游擊隊工作以來，每日歸隊必殺
死一倭兵始安心就寢，蔡射擊術極精，左右手均可開槍，並能以腳裝子彈，與
男子同食同宿，態度尊嚴，無人敢與之狎昵，某日蔡因殺倭兵誤入敵陣，竟被
敵兵五六人包圍，圖加活捉，蔡毫不慌張，兩手放槍，無一不中，安然突圍而
歸，此蔡在營中告隊員之一事，前傳蔡金花已死說完全不確，蔡今尚建在，仍
從事殺敵工作」。祖國危亡，溫婉的東方女性也奮起抗爭，看護傷員乃至上陣殺
敵，抗日之花傲立風中，愛國精神點亮夜空，民族戰士值得我們永遠銘記。

山東同屬第五戰區，「1937 年 12 月，日軍攻佔濟南、青島，青島市沈鴻
烈奉命率領海軍陸戰隊、地方部隊於諸城、沂水一帶發動游擊；龐炳勛第三
兵團一度收復蒙陰」〔註44〕。胡蘭畦介紹了「山東日照縣游擊隊中最精銳最
強悍的隊伍，他們就是從前的所謂『土匪』和『海盜』」〔註45〕即第十七中隊

〔註42〕谷明：《襄河曲》，《文藝月刊・戰時特刊》，第四卷第二期，1940 年 3 月。襄
河乃漢江的地域性名稱，襄陽下游一段被當地民眾稱爲襄河——引者注。

〔註43〕梅英：《蔡金花之死》，《文藝月刊・戰時特刊》，第三卷第三、四期合刊，1939
年 4 月。

〔註44〕唐利國：《關於國民黨抗日游擊戰的幾個問題》，《抗日戰爭研究》，1997 年第
1 期。

〔註45〕胡蘭畦：《第十七中隊——記山東游擊隊的活動》，《婦女生活》，第七卷第九、
十期合刊，1939 年 8 月。

的四次對敵交鋒，其中有個細節，十七中隊奇襲敵人之際，「那兒的正規軍想參加作戰，可是被十七中隊謝絕了，因爲他們怕正規軍不沉著，倘若他們距敵尚遠就開始射擊的話，敵人一警覺，這對於他們奇襲的計劃，具有妨害的」，這頗透露出人們對正規軍參加游擊戰的顧慮。《文藝月刊》登載的《范築先》〔註46〕與山東抗戰頗有關聯，范築先將軍領導魯西北軍民堅持抗戰多年，最後戰死疆場，此作即表現了將軍生前檢閱軍民的場面。戰時文藝難免粗糙，不過，作品頌揚了活躍在敵後的抗日將領，《文藝月刊》將其推出，自是對敵後正規軍抗日活動的肯定。1939 年 1 月，魯蘇游擊戰區成立，「6 月，日軍向山東南部進攻，第 114 師師長方叔洪殉國。新四軍和八路軍進入山東、蘇北後，雙方矛盾不斷加劇，國民黨軍實力下降」〔註47〕。

在其他地區，國民政府也組織了敵後游擊，當時不少作品皆有反映。1938 年 3 月，隨軍記者黃源來到浙東 XXX 游擊司令部，此時部隊正組織人員渡錢塘江潛回浙西游擊。隊伍出發前，杭州、嘉興、海寧、海鹽、平湖一帶的青年如知識分子、公務人員、小學教師等紛紛要求隨軍渡江游擊，他們「抱定犧牲決心，克復任何艱難，始終一心，抗戰到底」〔註48〕。漫天風雪中，作家「最後終於決定了」，「作爲魯迅先生的一個學徒，作爲文化界中實踐自己口號的一名工作者，我願將熱血灑在故土，此刻即將隨隊出發了」。浙江屬第三戰區，我忠勇軍民血戰之下，「浙江國民抗敵自衛團曾進入日僞統治的核心地帶，杭嘉湖平原地區，克復海鹽縣城等」〔註49〕。靠近蘇南的上海，也有我游擊隊在活動，「浦東的南匯，奉賢，川沙三縣，由羅卓英軍長派高級將官指揮」，「太湖區域的游擊戰，是淞戰名將八七師師長王敬玖在指揮著」，由此「可以知道中央現在如何重視游擊戰略了，至於軍火接濟，這不用疑問，敵軍所佔據的不過一些沿鐵道公路線的城鎮及一些車站而已，此外全是我方可以活動的區域」〔註50〕。《五十七條好漢——蘇滬籍游擊勇士談話瑣記》〔註

〔註46〕徐盈：《范築先》，《文藝月刊·戰時特刊》，第二卷第九、十期合刊，1939 年 1 月。

〔註47〕張憲文等著：《中華民國史》（第三卷），南京大學出版社，2006 年，第 100 頁。

〔註48〕黃源：《打回老家去》，《烽火》，第十四期，1938 年 5 月。

〔註49〕張憲文等著：《中華民國史》（第三卷），南京大學出版社，2006 年，第 100 頁。

〔註50〕憾盧：《上海的一些現狀》，《烽火》，第十五期，1938 年 5 月。

〔註51〕雲壯：《五十七條好漢》，《抗戰文藝》，第一卷第五期，1938 年 5 月。

51〕，通過戰士自述，展示淞滬一帶的游擊現狀：血與火中，游擊隊員由毫無鬥爭經驗的工農群眾成長爲破壞交通工事、奪取敵人武器的堅強戰士，文章讚揚了游擊隊的功績，同時也借戰士指出軍民隔閡問題，態度客觀。馮玉祥的《上海游擊隊》〔註52〕則充滿戲謔：「游擊隊／在上海／出沒無常忽來忽去／屢次突擊立奇功／打的日本鬼子只叫爺爺奶奶／在上海／游擊隊／出沒無常如神如鬼／一聲號令槍齊響／嚇的日本鬼子只是瞪眼咧嘴／游擊隊／打日本／行動飛快放槍又準／打的敵兵屍遍地／奪得千萬的軍械成束又成捆／游擊隊／在滬西／不分早晚突然襲擊／敵屍累累積如山／日本小鬼心驚膽怕白著急」。江浙、皖南、荊楚、晉綏，游擊隊的歌聲一路飄揚。

以上《太行山的落日》、《同蒲線上的鬥爭》、《印臺山》、《打回老家去》等作品，主要反映了第二、第五、第三戰區的游擊戰，此外，《七月》的《一支游擊隊的發生》〔註53〕、《北中國的炬火》〔註54〕等則涉及第一戰區的戰鬥。《一支游擊隊的發生》中，平漢線附近保定某村村民難忍日寇侵擾，在游擊隊支持下，設計殲滅敵人，之後全村奔赴晉察冀邊區，「投入了廣大游擊戰的漩渦」。《北中國的炬火》講述了一支由農民、學生、散兵組成的游擊隊在北平西郊的戰鬥故事。抗戰爆發，中共對華北游擊戰重視有加，1938 年上半年建立晉察冀等邊區根據地，4 月，中共中央「發出指示，要求在河北、山東平原地區大力發展游擊戰」〔註55〕，5 月，徐向前發表《開展河北的游擊戰》〔註56〕，從戰術、組織、戰鬥意義等方面對平原游擊戰進行指導。在此期間，《七月》推出這兩篇作品，講述河北一帶的游擊故事，戰鬥主力均非正規游擊部隊，突出民眾力量，與中共廣泛發動民眾、開展平原游擊戰的政策吻合，作品打上紅色烙印，話裏話外，民眾游擊戰正在興起。

中共勢力在第一戰區逐漸發展，國民黨游擊隊同樣在此活動。「第一戰區的主力於 1937 年 9 月調往晉東，乃於河北留置游擊部隊，委呂正操爲獨立第一游擊支隊司令，李福和爲獨立第二游擊支隊司令，孫殿英爲冀西游擊司令，

〔註52〕 馮玉祥：《上海游擊隊》，《抗到底》，第四期，1938 年 2 月。
〔註53〕 柳林：《一支游擊隊的發生》，《七月》，第二集第十期，1938 年 3 月。
〔註54〕 倪平：《北中國的炬火》，《七月》，第三集第六期，1938 年 7 月。
〔註55〕 步平、榮維木：《中華民族抗日戰爭全史》，中國青年出版社，2010 年，第 193 頁。
〔註56〕 徐向前：《開展河北的游擊戰》，《群眾周刊》，第一卷第二十三期，1938 年 5 月。

軍委會又任命張蔭梧爲河北民團總指揮」。「1938 年 1 月 11 日，軍委會指示第
一戰區：『以軍隊聯合組織訓練之民衆，施行游擊，破壞敵之後方。』1938 年
2 月至 3 月，敵第十四師團向我道清鐵路進攻，我第五十三軍向陵川、林縣游
擊，騎兵第四師與張蔭梧、孫殿英、呂正操各部游擊隊於太行山東南要地實
施游擊，以策應正面戰場」。「爲進一步加強河北游擊戰，1938 年 6 月 8 日，
軍委任命鹿鍾麟爲河北省主席兼第一戰區游擊總司令，駐冀縣，統帥中央主
力部隊第九十七軍。另外，當時在河北的還有石友三之第六十九軍。正規軍
構成了國民黨軍游擊隊的主力」〔註 57〕。這些正規軍游擊表現如何？傾向中
共的作家此番對國軍游擊隊不吝贊頌。碧野《太行山邊》就反映了孫殿英部、
石友三部在第一戰區的活動。1938 年 3 月底，碧野總結此前半年時間的生活：
「最先，和田濤參加了孫殿英的冀察游擊隊。我們在那太行山角艱苦地流動
著，從房山，淶源，一直作戰到滹沱河，後來又開進磅礴的太行山中的山城
武安和涉縣」，「在那個期間，正是高粱葉子紅透了的時候。秋大的雨水淋濕
了單薄的衣裳，隊伍困苦地在黑夜裏作著每次百里以上的夜行軍。在那時，
吃的又惡劣，每個戰士都消瘦了！」。「後來，我和黑丁〔註 58〕從開封又重新
度過那兩岸已經凍結了的黃河，參加到石友三的一八一師〔註 59〕。在滄州，
馬廠血戰過的一八一師八千個弟兄，是非常精壯的。在內黃，濮陽一帶又跟
敵人作了一次英勇的血刃戰」〔註 60〕。其後碧野「因公事脫離部隊」，卻將這
段游擊生活刻寫下來，是爲《太行山邊》。幾乎同時，《文藝陣地》推出黑丁
《行進在太行山》，記述作家在一八一師的見聞。

首先，碧野、黑丁頌揚了孫、石兩部英勇抗日的事迹。碧野出入「冀察
游擊隊」，在他筆下，孫殿英身先士卒作戰彪悍，帶領所部「死守滹沱河」，
拼力血戰擊退敵寇。早在 1933 年熱河戰役之時，孫殿英即率部英勇奮戰，幾
次打退日寇進攻，鏖戰多日直至彈盡援絕。《太行山邊》中，孫部抗日熱情不

〔註57〕 唐利國：《關於國民黨抗日游擊戰的幾個問題》，《抗日戰爭研究》，1997 年第
1 期。
〔註58〕 即於黑丁，原名於敏道，山東即墨人蘇口村人，1933 年參加青島左聯小組，
後經左聯小組黨代表喬天華介紹加入中國共產黨。抗戰爆發後，與碧野、魏
伯等創辦汨水劇團，在豫西山區宣傳抗日。後劇團解散，黑丁與地下黨領導
的北平青年流亡學生參加石友三一八一師宣傳隊，黑丁負責主編《戰地報》。
黑丁事參見戴傳林：《於黑丁的足迹》，《新文學史料》，1985 年第 3 期。
〔註59〕 石友三此時爲六十九軍軍長，以軍長兼任一八一師師長。
〔註60〕 碧野：《太行山邊·序》，漢口大衆出版社，1938 年 5 月。

減，血染滹沱河，使西銅冶免遭日軍佔領。來到一八一師，碧野、黑丁又感受到石部的抗戰決心。《太行山邊》主要通過戰士的講述，再現部隊奮勇殺敵的場面，並記錄了第二團開赴濮陽，「協助友軍作戰」的雄壯景象。游擊隨時展開，黑丁隨一八一師「行進在太行山」時，附近村莊出現敵人便衣隊，石友三果斷派手槍隊去「解決」了敵人。正因我軍殊死作戰，故「在 1938 年度，游擊隊的積極活動效果非常顯著。『國民政府政令之推行，仍能普遍於各地，並加緊組訓民眾，增加抗戰力量，敵欲統治其佔領區域之迷夢，蓋已根本粉碎無餘』」〔註61〕。碧野、黑丁隨游擊隊轉戰，目睹將士忠勇即訴諸筆端，「謹將這書獻於為祖國苦難而戰的英勇的戰友之前」，「這本書所寫到的，不過是全民族英勇抗戰的一面，是鮮紅的血流中的一滴；但是這一滴鮮血，也已經從戰士們的身上灌溉到祖國的原野上了」〔註 62〕。對以生命為賭注與敵人周旋的先烈，我們應心懷崇敬，無論其所屬。

除刻畫國軍游擊隊作戰勇敢外，作品值得注意的地方還在於作家對的國軍形象的塑造。部隊缺乏給養，孫殿英請求百姓接濟，「農民們很慷慨地答應了，大家公議每一家均攤四斤麵粉，三斤小米，六斤乾柴」。當孫表示日後要償還糧餉時，「農民們在空中搖晃著手，齊聲叫了出來」，「說哪裏的話？俺們的東西是不要還的，只是苦了『同志』們啊！」。作品中農民送糧積極，「司令溫善地微笑著，看著同志們把牛車上的麵粉、小米和乾柴搬進司令部去」。還有送茱農夫走到司令的跟前說，「你是守門的同志吧，勞駕你進去說一聲我們要見司令」。「因為昨天司令跟農民談話的時候，是穿著大褂，今天身上卻穿著一副破軍裝，腰間縛著一條二指寬的小皮帶」，司令衣著簡樸，被百姓當成衛兵後，仍十分和善：「『有什麼事嗎？我就是司令。』司令笑著，鬍子翹了起來，顴骨顯得更高了」。這樣的場面似曾相識，前面提到《七月》推出劉白羽《光榮牌》宣揚八路軍優良作風，其中就有百姓積極給游擊隊送糧，八路軍首長樸實可親等描寫。人民高漲的熱情、其貌不揚的長官、魚水情深的對話，這些刻畫八路軍的典型細節如今出現在國軍身上。碧野還強調了游擊隊的軍紀嚴明。有軍官強姦民女，執法隊將其抓獲公審，村民欲網開一面讓其帶罪殺敵，但政治部代表義正嚴詞地說道，「農民弟兄們，你們錯了！在我

〔註61〕唐利國：《關於國民黨抗日游擊戰的幾個問題》，《抗日戰爭研究》，1997 年第1 期。
〔註62〕碧野：《太行山邊·序》，漢口大眾出版社，1938 年 5 月。

們游擊隊裏要嚴明紀律，我們革命同志中不許存有這種壞人！」，犯罪軍官被正法。孫部的優良作風令村民十分感動，部隊開拔時，農民自發組織牛車隊幫助轉移傷員，被司令婉拒後，農民「苦勸」司令：「看在俺們村子里人的面上，領領俺們的情吧，俺們知道有好些同志走不動的哪！」。農民不止出力還要出人，「『司令。讓我把這兩個孩子也跟著你們打游擊去吧，他倆整天鬧著要當『同志』哩！』一個老農夫用抖顫的手把他的兩個兒子拉過來，懇切地對司令說」。於是，「我們的隊伍比前延長了，在隊伍的中間插進來許多紅纓槍和土銃，隊伍後邊還跟著一長列的牛車」。習慣思維下，百姓如此愛戴的應是八路軍，人民送兒女參軍的場面也應跟八路軍聯繫在一起，國軍基本以抗日無功、摩擦有術、欺壓百姓的形象示眾，但在此，孫殿英所部形象似與八路軍一般高大。

得到正面頌揚的還有石友三。碧野、黑丁等人從孫部轉至一八一師，「石友三司令聽說我們來了，特地從十里外」來看望我們。燭光下，「石司令胸前的那顆金星章閃閃地發光」，「他的眉毛濃黑得像兩個粗刷子，這正表明他的驃悍（原文如此），說起話來，抖動著他那兩片紫溜溜的厚嘴唇，聲音暗澀而沉毅：『我除了用這些粗酒粗菜來表示歡迎你們諸位同志之外，還有的就是一顆殺敵的心！……』這話聲，在初次會見中，是深深地打動了我們的心」，作家由此評價石友三「性情質樸而雄豪」。作品幾次突出石的抗日言論，「我們這八千人絕不退過黃河南岸，只有沉著氣，硬著拳頭和鬼子拼到底！我們的民族才有救呵」、「我希望以後我們這突擊隊裏五百個同志，每個人都有這樣的一批大白馬，幾天內就把鬼子趕出國境！我們要使每個日本人見到我們的白馬隊就膽寒！」，豪言壯語襯托其威武形象，還是石友三，日後卻因叛國投敵為當局處死，歷史就是這麼複雜。碧野、黑丁筆下，石友三愛護部下，注意維持與駐地民眾的關係。行軍途中，一八一師戰士向害怕軍隊騷擾的百姓宣傳，「我們司令常對當弟兄的說，我們要打勝仗，必須有老百姓們幫忙，我們千萬要好好對待他們。如果有人到老百姓家騷擾，知道一定要重重的處罰……我們吃老百姓的東西都要給錢，我們不讓老百姓怕我們」〔註63〕。消除顧慮的農民主動為部隊提供飲食，「街的那頭有好幾個老人和士兵爭持著，他們手裏都拿著幾只用繩子串好了的燒雞，往每個兵士的槍上都掛上一隻」。由此看來，對一心抗日的隊伍，百姓都盡力支持，不分國共。孫殿英做過勒

〔註63〕黑丁：《行進在太行山》，《文藝陣地》，第一卷第四期，1938 年 6 月。

索、盜墓等勾當，匪氣十足，石友三人稱「倒戈將軍」，後因叛國被殺，二人聲名不佳，雖不能因此遮蔽二人抗日功績，但在國軍衆多抗日將領中，左翼作家爲何對此二人「情有獨鍾」大力頌揚呢？碧野、黑丁等人在孫、石二人處受到較好的對待爲其一，除此，則應與中共統戰工作有關。抗戰爆發前，「中共中央軍委華北聯絡局根據中共中央關於建立抗日民族統一戰線的總方針，對爭取華北各派軍閥的工作作了總的部署，把爭取石友三的任務列爲重要任務之一」〔註64〕。自1396年起，中共陸續派出多位幹部聯絡石友三，石表示願與中共合作，並要求中共派幹部改造他的部隊。「1937年10月，中共北方局派黨員袁也烈、於心之、程靜川等七人到第一八一師石友三部。下旬，中共第一八一師工作委員會成立」，「1938年2月，中共北方局派代表到石部，將中共第一八一師工委改爲中共第六十九軍工作委員會，指定袁也烈爲書記」〔註65〕。中共對石部頗有影響，碧野作品顯示，他曾在工作委員會服務，「有七八千個戰士，和這滑縣城的四萬多個民軍，緊急地需要一大批識字課本和政治小冊子；和擬定農民的最值綱領，部隊工作的今後改善計劃……石司令命令我們在最短期內把這些繁重的工作完成」。作品中還有如下細節：石看到某同志身上一本小冊子，「呵，毛先生的言論集，好，先借給我看看吧」。此一時期，石確與中共關係密切。1938年3月，中共再次向石部派出幹部，並送上毛澤東親筆信以示重視。4月，周恩來派曾與石部聯繫的張友漁到石部工作，6月，「中共山東省委派匡亞明到石部」，二人分別被石任命爲六十九軍政治部部長、副部長，此政治部即負責中共對石的統戰工作。可以看出，中共高層重視同石友三的合作，二者聯繫密切直到11月石友三被調到河北。國共在游擊戰方面的合作不止此秘密層面，「1939年2月，軍事委員會游擊幹部訓練班在衡山開辦，以湯恩伯爲主任，葉劍英爲副主任。中共先後派30餘人參加教學工作，主要負責游擊戰戰略戰術和政治思想工作。1940年第3期學員結業後，中共方面撤出」〔註66〕。國共你中有我我中有你，較量一直存在。

黑丁、碧野皆爲中共人士，茅盾編輯的《文藝陣地》屬中共外圍刊物，此時高調讚揚石友三的作品面世，應與上述中共對石的態度有關。另外需要

〔註64〕張業賞：《抗戰初期的石友三》，《春秋》，1995年第四期。
〔註65〕張業賞：《抗戰初期的石友三》，《春秋》，1995年第四期。
〔註66〕張憲文等著：《中華民國史》（第三卷），南京大學出版社，2006年，第101頁。

說明的是，頌揚的基調中，國共落後與進步的對比也暗中顯現。《行進在太行山》皆百姓之口指批評某些部隊騷擾地方，「米麵都給吃光了，臨走，連筷子都給帶去了。別的人家也一樣」，與此相對，「聽說 X 路軍可是不這樣，人家到了那個地方，老百姓都歡迎，也沒有逃跑的。人家不騷老百姓，吃東西都給錢」。鑒於黑丁的身份，此「X 路軍」多半指八路軍。《太行山邊》中，維繫石部聲譽，積極幫助一八一師開展群眾工作的乃是各地進步青年組成的學兵隊，其中不乏黑丁這樣的地下黨，是這股進步力量將石部帶上正途。其後，石部還出了強姦民女的軍官，國軍隊伍仍須教育。除此，更不堪的「五XX 軍」，他們劣迹斑斑，「敵人還沒到就往後退；搶掠農家的騾馬，化裝農民劫奪友軍的槍支」。「五 XX 軍」或暗指在第一戰區執行游擊的五十三軍，國軍隊伍良莠不齊也是事實，英勇抗敵者有之，私鬥擾民者亦有，就是這些隊伍，在 1939 年 2 至 7 月間，「進行了反掃蕩作戰和夏季攻勢，給日軍以打擊。但隨即與中共武裝發生衝突，不能在河北立足」〔註67〕。國共的糾葛與隊伍本身的素質，這一切都摻雜到作家對國軍形象的塑造中，但有一點可以肯定：絕大多數中國軍人履行了他們保家衛國的使命，即使他們頭頂是青天白日徽。

第三節　游擊贊歌

　　《文藝月刊》旨在激勵民族精神，樹立抗敵信心，政治態度偏於中間。對民眾武裝，《七月》從中共立場出發，積極宣傳、提倡；國民政府鑒於統治利益，對武裝民眾心存顧忌；《文藝月刊》不似《七月》顏色鮮明，它姿態溫和，在抗戰旗幟下，充分考量當局態度，不直接提倡武裝民眾，但對奮勇殺敵的民眾游擊隊也予以讚揚，間接流露刊物對民眾武裝的認同：

> 三個五個，／一群兩群，／在平原上，／在高山頂，／我們是游擊隊的弟兄。／化整為零，／不怕敵人的機械兵，／搶他的軍火要他的命。／我們老百姓，／三個五個千萬群。／趕上一兩年，／把強盜都肅清！清！〔註68〕

〔註67〕 張憲文等著：《中華民國史》（第三卷），南京大學出版社，2006 年，第 99 頁。
〔註68〕 星海：《游擊軍》，《文藝月刊‧戰時特刊》，第三卷第三、四期合刊，1939 年
　　　　4 月。

民眾武裝時事使然，平原、高山，游擊隊殺敵繳械，與「強盜」巧妙周旋，田間地頭，農夫悄悄拿起了武器，青紗帳中有辛勤的耕作也有秘密的戰鬥：

> 爸爸／從高梁叢中歸來／夜間帶去的手榴彈／悄然溜走了／手上提著／死人所贈予的禮物／而且都粘帖著／太陽旗的商標〔註69〕

敵人的殺戮使昨日樸實的百姓成長爲今日堅強的戰士，高山上、樹林中，游擊隊員的身影時隱時現，家鄉的山山水水變成戰鬥的堡壘，參天的大樹、沒膝的草叢，它們是游擊隊的守護者更是侵略者的葬身地，日寇在人民戰爭的浪濤中死命掙扎，他們的下場注定只有覆滅，《竹林的海》〔註70〕便是這一場面的縮影：

一

> 是怎樣浩瀚的海呵，濃密蒼翠的竹林，在百十里的坡巒中，泛滾著一片汪洋，黝黑的山崗綿亙，如同一長串緊扣的換套，秋風撥動空虛的琴弦，他以宏亮的嗓子，唱起愉快的綠色的歌。陽光跳躍在狹長的葉片上，正比少女的多情的流盼。山村中多少年青，曾對著慈惠的林子，低訴過單純的眞摯的愛戀；多少情侶，在這兒，完成了他們久遠的相思。春天的步履蕭蕭，輕捷地穿過葉叢，帶來的是溫暖，與盈盈的雨水潤澤。竹根的泥土癢癢地，猶如懷孕的少婦，捧著肚腹在喘氣；碩大的毛筍一夜長成，土面沒曾有一絲裂痕。該是無比的喜悅吧。山民們用母親的慰安，帶著竹筐和鋒利的鐮刀，忙碌在綠林的圓柱中，採斫黃褐色的嫩筍。接著，一船船載去遠方，回來時，滿袋錢鈔，刻劃著滿臉歡笑。

二

> 今天，浩瀚的綠海，依舊唱著無休止的曲調；然而，那已不是，愉快的抒情歌，而是無邊悲憤中，激動著的抗爭的怒吼。年青的男女們，早把相思的熱忱，移向了保姆綠海；山民的長鐮刀，也作爲復仇鬥爭的武器。粗壯的臂緊扣著，正如一長串連綿的山崗。他們英勇的襲擊，闊步而來的闖入者，和瘋狂地在馳騁，公路上的日章旗。一次次的勝利，教敵人老羞成怒，用大兵，用飛機，圍攻著綠色的

〔註69〕 莊言：《敵後小詩──爸爸》，《新蜀報》，1941 年 4 月 6 日。轉引自《中國抗日戰爭時期大後方文學書系》，第六編詩歌第一集，重慶出版社，1989 年。

〔註70〕 廠民：《竹林的海》，《文藝月刊・戰時特刊》，第三卷第三四期，1939 年 4 月。

海——游擊隊的根據地。可是，每一次的暴舉，只徒然把百里空林，穿成了幾個窟窿；等黑夜的萬點火炬，在遠方閃亮著逼近，敵人滿懷驚怖，又唯恐不及地躲進了城。

三

這一天和平常沒有異樣：太陽一早就爬上山頭，以溫柔的觸手，愛撫著竹葉的小眼睛。秋風吹噓著孔穴，鳴鳴地哼起了催眠歌。綠海的兒女們。在油黑的地面上游泅，他們在翻竿，角力，攀援，有的在讀書，唱歌，有的在射擊，操練……多少人的心，被一個共同的願望緊緊繫住：——把敵人趕出去，趕出祖國每一寸土地。遠遠響起一陣呼哨，像說書人的一聲醒木，教衆人立即寂靜；當「把風」的那個麻臉孩子，箭一般飛了進來，氣喘喘的報告：「幾百個鬼子兵，已到了兩里外的山腳，不久就要來這兒『清剿』。」隊員們原想拼他一拼，隊長又教別作無畏犧牲；聳一聳憤怒的肩，摸著走熟的曲折的路，一個個隱去了身影。只剩下「松鼠老五」，憑著他靈活的身手，一骨碌爬上了竹梢；從懷裏掏出了國旗，把來高高的扯在林表，紅旗在綠海中飄揚，作著莊嚴和平的笑，林外的槍聲劈啪，他擎著盒子炮，一邊準備，一邊退走，耗子般翻過山崗的背後。

四

「長勝皇軍」那面旗，在風中個獵獵作響，它拖著幾百個「皇軍」，蜿蜒在灰白的長途上，相同一條黃色的巨蟒，張開貪婪的口，想吞噬，綠波瀲瀲的大竹林，竹林中幾百個活躍的生命。膽怯的槍聲像連珠，先響起在竹林邊沿，獵狗似得側起耳朵，佝僂著，他們又持槍，穿越那迴環的小徑。一顆顆子彈，從粗大的竹竿上滑落，震動起清絕的應聲響；滿林只是--片虛空，哪兒去找游擊隊的蹤影？「皇軍」們放下槍杆，休息在縱橫滿地的竹鞭上；有的懷著憂慮，不時站起來四處探看，怕游擊隊埋伏在周圍，猛可地作著包抄：有的斜倚竹根橫躺，一下子就鼾聲如雷——眼前是櫻花的海，朝思暮想的故鄉，嬌美的妻子倒在懷裏，向自己獻著媚笑；有的點一支煙捲，用火頭燙灸竹竿，留下那渺小的名字：向無知的孩子，一旦飄在無垠的海上，對著廣長深邃的竹林，沒誰不發出淺見的驚奇。

五

綠海上蓋一片藍天，藍天邊飛來了，貼著紅膏藥的鐵鳥；飄揚的國
旗，在向它們輕輕招手，轟轟的一陣巨響，幾枚炸彈落到林裏，竹
子山嶽般崩倒，向狂風掀起的怒濤，竹鞭上的「皇軍」，當是游擊隊
放起了土炮，正用顫抖的手去執槍，又是無數的鐵蛋開花，爺娘只
喊了半聲，就一個個變成了肉醬；而煙捲的火還沒熄，懷鄉的夢還
在腦子裏繚繞。旗手忙竄出林去，慌張地用旗語招呼，飛機上的同
夥罷手；──罷手時，點一點人數，只剩了疏落的幾個。拋了槍，
拋了千人針，拋了「常勝皇軍」旗，拋了出發時的那份驕傲；狼狽
地逃出山坡，一路上只聽得呼怨歎氣。究竟是著了什麼魔，自己人
轟炸自己人？只讓死的莫名其妙地倒下，活的抱著頭竄奔，到頭來
還是一片糊塗！

六

山外的人踏著暮色歸來，看一看，倒地的粗竹子，竹子上的彈痕，
竹根下的大土潭，他們沒有半點傷心；踢開幾百個異鄉鬼，撿起那
角殘缺的國旗，心裏湧出勝利的歡欣。晚風爬過山崗，在林梢重掀
動綠波；洪亮的自由的吼聲裏，混合著千百個男女的，粗獷的熱情
的奔沸的歌：張渚山，長又長，竹林漫天海樣廣；毛筍千萬擔，擔
擔是銀洋，袋裏年年叮鈴鐺。張渚山，長又長，竹林漫天海樣廣；
來了東洋兵，日子不安康，姦淫擄掠苦難當。張渚山，長又長，竹
林漫天海樣廣；組織游擊隊，英勇來抵抗，出山襲擊入山藏，張渚
山，長又長，竹林漫天海樣廣；國旗竹梢飄，鬼子命盡喪，自炸自
來才冤枉。張渚山，長又長，竹林漫天海樣廣；游擊根據地，保衛
我家鄉，同心合力打東洋！張渚山，長又長，竹林漫天海樣廣；……
山民平靜溫馨的生活被東洋兵的姦淫擄掠打破，竹林裏，歌聲與歡笑變成悲
憤與怒吼。長鐮刀砍向入侵者，民眾組成游擊隊在綠色的海中遊弋自如，他
們有共同的信念──「把敵人趕出去，趕出祖國每一寸土地」。前來「清剿」
的敵人，沒頭沒腦地闖入迷一般的竹海，他們一步步滑向游擊隊布置的「陷
阱」。綠色的海中，「獵狗」捉不到「遊魚」，反被自己的鐵鳥炸死大半，奪路
而逃的敵人「到頭來還是一片糊塗」。晚風掀起綠波激蕩著勝利的歡欣，國旗
在戰士心中飄揚，「洪亮的自由的吼聲裏，混合著千百個男女的，粗獷的熱情

的奔沸的歌」，游擊隊的戰歌在山林中久久迴蕩。廠民之作，自然、活潑，清新的泥土氣裏生機勃發，更值得注意的是，這支令敵人頭疼不已的游擊隊並非正規軍而是民衆武裝，《文藝月刊》登載此作，與當局防範民衆之心自然有別。

戰火中，屹立不倒的中華民族昂首高歌，歌唱反抗，企盼自由。槍炮交響，無數將士血灑疆場；歌聲不斷，萬千兒女前仆後繼。伴隨敵後戰場擴大，游擊健兒日益活躍，《文藝月刊》外，游擊贊歌也紛紛湧現，其中陶行知《游擊歌》〔註71〕：

> 狂風起，黑雲飛，殺人放火誓不依。天軍到，魔道低，除暴安良太陽西。穿的是便衣，誰個也不知。戰術是游擊，誰個也不識。槍口瞄準，我們有目的：中華自由，萬國平等，大家有飯吃。

描摹游擊隊，陶歌古樸、簡潔一如其平民風格，柯仲平《游擊隊像貓頭鷹》〔註72〕則生動、活潑，筆觸間流露對游擊戰士的感情：

> 游擊隊，游擊隊，白天隱，夜裏行；白天隱，夜裏行；游擊隊像貓頭鷹，像貓頭鷹。
>
> 游擊隊——貓頭鷹，釘著鬼子們走，追著鬼子們行；乘鬼子們不備，打擊鬼子們，打擊鬼子們。
>
> 正月裏，正月正，一隊游擊隊，釘著鬼子們，追著鬼子們，釘著釘著，追著追著，追到這山林。
>
> 正月裏，是新春，新春裏有個「一二八」，紀念「一二八」，游擊隊決定：在今夜三更，襲擊對面馬家村。馬家村有日本鬼子一聯隊。
>
> 快到三更，快到三更，除了微微的風聲滿天星星，透過森林，閃著眼睛，閃著眼睛，靜悄悄的，靜悄悄的，等待著射擊的命令。
>
> 忽然間，忽然間有鳥鳴三聲——「Sh～sh～sh」一切都緊張起來了；特別緊張的是本地幾個姓馬的農民：他們的曾組馬鳳林，到這荒地來開墾，才有這個馬家村。

〔註71〕陶行知：《游擊歌》，《行知詩歌集》，轉引自《中國抗日戰爭時期大後方文學書系》，第六編詩歌第二集，重慶出版社，1989年。
〔註72〕柯仲平：《游擊隊像貓頭鷹》（《詩二首》），《抗戰文藝》，第一卷第九期，1938年6月。

今天的這馬家村，已經不許有個馬家人，走不了的馬家男子被殺了，逃不了的馬家婦女被姦淫，今夜裏，他們要從祖宗墳地上，趕走日本鬼子們。

三更，三更，三更上又聽的鳥鳴——「Foo～Foo，Foo～Foo」游擊隊，不吭氣，不著聲，走——閃著貓頭鷹的眼睛，向馬家村前進——前進——前進——，他們分一隊到馬家村北擾敵去，分一隊向馬家村南面突擊；村南村北稍稍空虛，他們乘隙便一直殺進村子裏。日本軍往村東逃跑，在村東又中了他們的埋伏計。

卑怯的日本鬼子呵，好卑怯的日本鬼子，飛機，大炮，坦克車沒效力，鬼子們立便喪失了戰鬥的勇氣，像烏鴉一般的，像烏鴉一般的。

正月裏，正月正，「一二八」紀念的襲擊完成，（二月，三月——月月都有新使命）游擊隊，又起程，——白天隱，夜裏行；白天隱，夜裏行；像貓頭鷹，像貓頭鷹。

作家以游擊隊的一次夜間戰鬥為切入點，表現「貓頭鷹」「白天隱，夜裏行」的機動、靈活。這樣的夜襲，只是游擊生活的一個剪影，黎明、暗夜，山林、河畔，游擊隊員心懷自由的種子，時刻戰鬥在祖國的每一個角落：

每個人的心底密結著自由的種子！／每個人都高唱鬥爭——這勇武的先鋒。／我們不是戰神底馬，更不是他底奴隸；／我們是勇敢的游擊隊，為人世創造和平。／我們鬥爭著踏過一重山又一重山，／在茂密的樹林裏，巍峨的峰巒上……／或是山林的荒草之野，亂石之谷，／我們猛烈的突擊，我們殲滅敵兵。／我們鬥爭著涉過一道水又一道水，／在一望無際的流沙，河堤畔……／或是淤泥的河套，深淺的水中，／我們突起肉搏，奪取敵人的輜重。／在黝黑的夜之深邃，我們奔跑，／在貪懶的冰霜的黎明，我們匍匐前行。／或是猛烈的暴風雨之中，／我們機警地偷襲敵營。／我們到處全是敵人，我們突擊，／我們到處全是同志，互相協行。／我們的敵人是帝國主義和他底奴僕，／我們的同志是弱小民族的人們！／我們是勇敢的游擊隊，為人世創造和平，／我們的戰士是鋼鐵的身軀，個個堅強。／我們不怕失敗——最後的勝利屬於我們！／我們沒有動搖，不怕道路怎樣難行。／我們每個人只有一支槍，幾粒子彈。……／

雖是窮苦，但不怕敵人的軍器叢叢。／我們從南到北，從西到東，／我們勇敢地游擊，在廣大的山河與田莊。／地獄裏不開出鮮艷的花，我們永久鬥爭，／人世上不散滿自由，我們永不息步。／我們是勇敢的游擊隊，爲人世創造和平，／我們是勇敢的游擊隊，自由的先鋒。〔註73〕

侵略者把戰爭塞給中國，拒做奴隸的同胞要爲自由而戰。民族解放的道路充滿艱辛，游擊隊在戰鬥中武裝自己，硝煙裏難避犧牲，風雪中我們沒有動搖，戰士們穿過黯夜奔向黎明，「最後的勝利屬於我們！」。南北西東，祖國山河到處有戰鬥的兒女，「地獄裏不開出鮮艷的花，我們永久鬥爭，人世上不散滿自由，我們永不息步」。鬥士熱血洗刷華夏，衝鋒號驚破長空，不屈的音符震顫人心，歌唱聲裏，游擊隊到處生根，樂觀的精神傳頌至今。

小 結

正面戰場後撤，國民政府逐漸重視游擊戰略，作爲支持，《文藝月刊》關注游擊問題。作品中，游擊隊出現於各戰區，抗戰防禦階段他們協助正面戰場，相持階段游擊健兒更加活躍，太行山、中條山、大別山、平漢線、同蒲線等山區、平原，槍聲此起彼伏不分晝夜，敵人疲於奔命進攻掣肘。《七月》同樣關注敵後游擊，比之《文藝月刊》，它傾向中共立場，注意宣傳八路軍、新四軍的游擊建樹，批評國民政府未能充分發動、武裝群衆。《文藝月刊》政治姿態低調，抗戰背景下，努力協調各方聲音，立場未如《七月》般激進；對武裝民衆等國共爭議問題，考慮當局態度，《文藝月刊》雖無激烈言辭，卻有獨立見解。通過《文藝月刊》、《七月》等刊物，我們可看出遊擊戰對抗日戰爭的巨大貢獻，這其中，《七月》等更突出八路軍之敵後戰績，而《文藝月刊》則對國軍游擊關注有加。國難當前，《文藝月刊》以描繪抗戰爲主線，記錄愛國軍民在正面與敵後浴血之戰，激發民族精神，堅定必勝信念，將那段血淚交迸的歷史永久保留。

〔註73〕亞丁：《游擊隊》，《抗戰詩選》，戰時文化出版社，1938年2月。轉引自《中國抗日戰爭時期大後方文學書系》，第六編詩歌第一集，重慶出版社，1989年。

結　語

　　1964 年 1 月，王平陵在臺離世，臺灣當局特頒「盡瘁文藝」挽額〔註1〕，
為逝者蓋棺定論。1972 年，臺灣因實施九年義務教育，推出國民中學所用第
一部國文教科書，其第一冊除蔣中正、孫文、吳敬恒、鄒魯等國民黨要人的
文章外，還收錄了王平陵《民元的雙十節》〔註2〕。臺當局以上舉動，至少透
露兩點信息：其一，王平陵之身份乃文人。其二，此人與當局關係融洽。

　　早在 1920 年代初，王平陵即投身文藝，至 1930 年代，王已頗獲國民政
府文藝、宣傳機關信任。1930 年，在葉楚傖指導下，王平陵創辦《文藝月刊》；
1932 年，葉楚傖創辦正中書局，組織出版委員會，王平陵乃七委員之一；1935
年，葉楚傖在中央宣傳部特設「全國報紙副刊及社論指導室」，由王平陵擔任
主任；同年，王又被葉楚傖委任為「電影劇本的評審委員」；1936 年，陳立夫
通過教育部成立「中國教育電影協會」，王平陵主編該會《電影年鑒》〔註3〕，
此後還曾任中宣部指導員。以上王平陵經歷之列舉，旨在說明當時王與政府
關係良好，這應也是《文藝月刊》生命力頑強的原因之一。問題是，同期提
倡民族主義文藝的《前鋒周報》、《前鋒月刊》、《開展》等，也擁有官方背景

〔註 1〕 李德安：《高風亮節為文藝鞠躬盡瘁為名作家王平陵先生逝世一週年而寫》，
　　　　《王平陵先生紀念集》，王平陵先生遺著編輯委員會編輯，正中書局印行，1975
　　　　年，第 137 頁。
〔註 2〕 詳見齊邦媛《巨流河》，生活・讀書・新知三聯書店，2010 年，第 258～265
　　　　頁。
〔註 3〕 王平陵以上經歷出自其自述，詳見袁道宏《王平陵之文藝生活》，《王平陵先
　　　　生紀念集》，王平陵先生遺著編輯委員會編輯，正中書局印行，1975 年，第
　　　　163 頁。

與資助，何以不若《文藝月刊》生命持久？這又涉及刊物的性質。王平陵雖與官方過從不少，但所從事均爲文藝活動，極少牽扯政黨分歧，其身份是文人學者而非政客，這使得他主持下的《文藝月刊》首重文藝而非政治。《前鋒周報》等名爲文藝期刊，但政治色彩太過濃厚，其高調地黨同伐異使刊物更像政府的留聲機，而《文藝月刊》攻伐口號少、各式作品多，近似推廣文藝的發動機，二者比較，《文藝月刊》更易贏得執著於文藝的作家之認同。正由於《文藝月刊》溫和的政治姿態、推廣文藝的用心與維護民族利益的熱誠，令巴金、臧克家、老舍、茅盾、王魯彥、鍾憲民、沈從文、李金髮、施蟄存、戴望舒等一大批作家爲其供稿，龐大的撰稿隊伍成爲刊物長久存在的又一重要保障。

　　考察民國社會整體環境，政府對作家、刊物並非「趕盡殺絕」。左翼作家被捕，通常是由於政治原因，一般情況下，「作家的人身權利與著作權能夠多少有所保障」〔註4〕。至於刊物，「當局從維護其統治出發，不時查禁左翼出版物，但也不敢做得太過，有的禁了一段又開禁，有的加以修改或換一個名目之後亦能重新登場」〔註5〕。另外，當局爲自身考慮，也需要一批態度溫和的刊物作爲政府與民間交流的平臺。類似《文藝月刊》、《現代》這樣中間性質的刊物，通常會考慮政府立場，態度理性，持論客觀；它們對當局有批評，不過都屬就事論事；言辭激烈的作品也會出現，但編撰動機在於撻伐醜惡而非黨派攻訐。這樣的辦刊方針容易獲得政府的寬容，也易於爭取大批不願過多涉足政治的作家，如此，刊物的生存環境就寬鬆許多。

　　《文藝月刊》的生存、發展，與當時日益嚴重的民族危機關聯密切。列強環伺，中華民族朝不保夕，民族話語在愛國知識分子中彙聚。民族危亡激起的愛國熱情易凝聚人心一致對外，政府恰可藉此淡化階級矛盾穩固統治，當局遂推波助瀾，民族主義文藝運動興起，《文藝月刊》由此誕生。1930年代，日本侵華活動一陣緊似一陣，中日一戰勢不可免，家國破碎之際，民族話語勢必高亢。基於以上背景，《文藝月刊》緊握社會脈搏，激發民族精神，維護民族利益，時刻關注列強尤其日本的動向，刊物推出一系列作品，表現中日緊張關係，揭露日本侵略罪行，喚起民眾，宣揚抗戰。刊物內容如此貼近時代，應可獲得廣大愛國知識群體的注意，從而形成穩定的作家群與讀者群。

〔註4〕　秦弓：《三論現代文學與民國史視角》，《文藝爭鳴》，2012年第1期。
〔註5〕　秦弓：《三論現代文學與民國史視角》，《文藝爭鳴》，2012年第1期。

伴隨民族話語的日益高漲，《文藝月刊》如魚得水，傳播愛國火種的同時，爲
刊物生存奠定基礎。

　　《文藝月刊》反映了 1930 年代民國社會生活場景，政治、經濟、文化、
教育、軍事等不一而足，豐富的社會面相中，民族話語或隱或現。這其中，
刊物表現朝鮮問題隱含著對日本的警惕、諷刺基督教潛藏了反帝情緒、對「九
一八」的反覆言說則記錄著中日矛盾的逐步升級與國人反抗情緒的起伏消
長，1930 年代前半期，中華民族命運之波瀾可見一斑。抗戰全面爆發後，《文
藝月刊》隨國府兩度遷徙，始終堅持反映抗戰、鼓舞軍民。王平陵加入中華
全國文藝界抗敵協會，「逐年擔任常務理事及組織工作」，協調各方作家「爲
『抗日愛國』而寫作」〔註 6〕。團結禦侮的大環境下，《文藝月刊》盡力避免
黨派分歧，全力描繪抗戰畫卷，淞滬會戰、南京會戰、徐州會戰、武漢會戰，
海陸空三軍將士之忠勇得以展現。此時活躍於《文藝月刊》的作家如華林、
方浩、沙雁、吳漱予等均爲中國文藝社職員，臧克家、謝冰瑩、黃源、陳曉
楠、老舍等與部隊、政府關係相對融洽，由此，《文藝月刊》對當局之抗戰，
頌揚多於批評。正面戰場殺聲震天，敵後游擊歌聲嘹亮。以往印象裏，敵後
戰場乃八路軍、新四軍的舞臺，《文藝月刊》表明，國軍也曾在敵後襲擾日僞
開展游擊。

　　當年民族國家的命運，牽動無數中華兒女的心，爲祖國自由，多少人舍
生忘死奮不顧身，那一聲聲爲民族爭生存的叫喊，猶在回響。《文藝月刊》所
體現的民族話語源遠流長，即便事過境遷，其中的愛國熱情也會傳之後世綿
延不絕。

〔註 6〕 袁道宏：《王平陵之文藝生活》，《王平陵先生紀念集》，王平陵先生遺著編輯
　　　　委員會編輯，正中書局印行，1975 年，第 164 頁。

參考文獻

著　作

1. 黃炎培：《朝鮮》，商務印書館，1929 年。
2. 黃震遐：《大上海的毀滅》，上海大晚報館，1932 年。
3. 李輝英：《萬寶山》，上海湖風書局出版，1933 年。
4. 崔萬秋：《新路》，時事新報、大陸報、大晚報、申時電訊社四社出版部發行，1933 年。
5. 孫俍工：《續一個青年底夢》，上海中華書局，1934 年。
6. 葛綏成：《朝鮮和臺灣》，中華書局，1935 年。
7. 張資平：《張資平選集》，上海萬象書屋，1935 年。
8. 碧野：《太行山邊》，漢口大眾出版社，1938 年。
9. 尤兢：《血灑晴空——飛將軍閻海文》，大眾出版社，1938 年。
10. 劉白羽：《游擊中間》，上海雜誌公司刊行，1938 年。
11. 李健吾：《使命》，文化生活出版社，1940 年。
12. 陳水逢編譯：《日本合併朝鮮史略》，臺灣商務印書館，1972 年。
13. 王平陵先生遺著編輯委員會編輯：《王平陵先生紀念集》，正中書局印行，1975 年。
14. 李劼人：《李劼人選集》（第一卷），四川人民出版社，1980 年。
15. 老舍：《老舍文集》（第一卷），人民文學出版社，1980 年。
16. 文史資料研究委員會編：《李宗仁回憶錄》（下），中國人民政治協商會議廣西壯族自治區委員會，（內部發行），1980 年。
17. 《國父全集》，中國國民黨中央文員會出版，1981 年。

18. 秦孝儀主編：《中華民國重要史料初編——對日抗戰時期》，緒編（第一、二、三冊），第二編（第一、二、三、四冊），中國國民黨中央委員會黨史委員會，1981 年。

19. 顧長聲：《傳教士與近代中國》，上海人民出版社，1981 年。

20. 老舍：《老舍生活與創作自述》，人民文學出版社，1982 年。

21. 劉晴波、彭國興編校：《陳天華集》，湖南人民出版社，1982 年。

22. 夏東元編：《鄭觀應集》上冊，上海人民出版社，1982 年。

23. 蕭乾：《蕭乾短篇小說選》，人民文學出版社，1982 年。

24. 【日】實藤惠秀：《中國人留學日本史》（譚汝謙、林啟彥譯），香港中文大學出版社，1982 年。

25. 丘東平：《沉鬱的梅冷城》，花城出版社，1983 年。

26. 【法】史式徽：《江南傳教史》第二卷，上海譯文出版社，1983 年。

27. 【日】關寬治、島田俊彥著，王振鎖、王家驊譯：《滿洲事變》，上海譯文出版社，1983 年。

28. 藍海：《中國抗戰文藝史》，山東文藝出版社，1984 年。

29. 顧維鈞：《顧維鈞回憶錄》（第二、三分冊），中華書局，1985 年。

30. 郭沫若：《郭沫若全集》文學編第十卷，人民文學出版社，1985 年。

31. 魏外揚：《宣教事業與近代中國》，宇宙光出版社，1985 年。

32. 榮孟源主編：《中國國民黨歷次代表大會及中央全會資料》，光明日報出版社，1985 年。

33. 胡風：《胡風譯文集》，人民文學出版社，1986 年。

34. 潘喜廷等著：《東北抗日義勇軍史》，遼寧人民出版社，1986 年。

35. 【美】盧茨著、曾巨生譯：《中國教會大學史（1850～1950）》，浙江教育出版社，1987 年。

36. 楊昭全等編：《關內地區朝鮮人反日獨立運動資料彙編》上冊，遼寧民族出版社，1987 年。

37. 楊昭全：《中朝關係史論文集》，世界知識出版社，1988 年。

38. 葉元編：《葉楚傖詩文集》，上海三聯書店，1988 年。

39. 梁啟超：《飲冰室合集》第 5 冊《飲冰室文集之四十五》（下），中華書局，1989 年。

40. 彭明主編：《中國現代史資料選輯》，第四冊（1931～1936），第五冊（1937～1945）上、下，中國人民大學出版社，1989 年。

41. 林默涵主編：《中國抗日戰爭時期大後方文學書系》，第三編，小說（第一、二、三、四集）；第四編，報告文學（第一、二、三集）；第六編，詩歌（第一、二集）；第七編（第一、二、三集），重慶出版社，1989 年。

42. 中央檔案館編：《中共中央文件選集》第 10 冊，中共中央黨校出版社，1991 年。

43. 楊奎松：《中間地帶的革命——中國革命的策略在國際背景下的演變》，中共中央黨校出版社，1992 年。

44. 沐濤、孫志科著：《大韓民國臨時政府在中國》，上海人民出版社，1992 年。

45. 王奇生：《中國留學生的歷史軌迹：1872～1949》，湖北教育出版社，1992 年。

46. 張恨水：《大江東去》，《張恨水全集》，北嶽文藝出版社，1993 年。

47. 石源華：《中華民國外交史》，上海人民出版社，1994 年。

48. 石源華：《韓國獨立運動與中國》，上海人民出版社，1995 年。

49. 胡風：《胡風回憶錄》，人民文學出版社，1997 年。

50. 石源華：《韓國反日獨立運動史論》，中國社會科學出版社，1998 年。

51. 【日】江口圭一：《日本帝國主義史研究——以侵華戰爭爲中心》，世界知識出版社，2002 年。

52. 蔣廷黻：《蔣廷黻回憶錄》，嶽麓書社，2003 年。

53. 倪偉：《「民族」想像與國家統制——1928～1949 年南京政府的文藝政策及文學運動》，上海教育出版社，2003 年。

54. 周斌、鄒新奇編著：《浴血長空——中國空軍抗日戰史》，鳳凰出版社，2003 年。

55. 湯重南、汪渺、強國、韓文娟：《日本帝國的興亡》（上、中、下），世界知識出版社，2005 年。

56. 中國第二歷史檔案館編：《抗日戰爭正面戰場》（上、中、下），鳳凰出版社，2005 年。

57. 【日】荻島靜夫：《荻島靜夫日記》，人民文學出版社，2005 年。

58. 阿壟：《南京血祭》，寧夏人民出版社，2005 年。

59. 王向遠：《「筆部隊」和侵華戰爭——對日本侵華文學的研究與批判》，崑崙出版社，2005 年。

60. 吳世勇編：《沈從文年譜（1902～1988）》，天津人民出版社，2006 年。

61. 張憲文等著：《中華民國史》（第一、二、三、四卷），南京大學出版社，2006 年。

62. 陳應明、廖新華編：《浴血長空——中國空軍抗日戰史》，《航空工業出版社》，2006 年。

63. 中國社會科學院近代史研究所民國史研究室、四川師範大學歷史文化學院編：《1930 年代的中國》，社會科學文獻出版社，2006 年。

64. 薩蘇：《國破山河在——從日本史料揭秘中國抗戰》，山東畫報出版社，2007 年。

65. 陳存仁：《銀元時代生活史》，廣西師範大學出版社，2007 年。

66. 劉克祥、吳太昌主編：《中國近代經濟史 1927～1937》，人民出版社，2007 年。

67. 鄭大華、鄒小站主編：《中國近代史上的民族主義》，社會科學文獻出版社，2007 年。

68. 鄭大華、鄒小站主編：《中國近代史上的自由主義》，社會科學文獻出版社，2008 年。

69. 王立新：《美國傳教士與晚清中國現代化》，天津人民出版社，2008 年。

70. 陳誠：《陳誠回憶錄——抗日戰爭》，東方出版社，2009 年。

71. 徐明忠、崔新明主編：《臺兒莊大戰資料選集》，中國社會科學出版社，2010 年。

72. 張大明：《主潮的那一面——三民主義文藝與民族主義文藝》，中國社會科學出版社，2010 年。

73. 顧衛民：《基督教與近代中國社會》，上海人民出版社，2010 年。

74. 步平、榮維木主編：《中華民族抗日戰爭全史》，中國青年出版社，2010 年。

75. 曹劍浪：《中國國民黨軍簡史》（上、中、下），解放軍出版社，2010 年。

76. 經盛鴻：《戰時中國新聞傳媒與南京大屠殺》（上、下），南京出版社，2010 年。

77. 王建朗、欒景河主編：《近代中國：政治與外交》，社會科學文獻出版社，2010 年。

78. 齊邦媛：《巨流河》，生活・讀書・新知三聯書店，2010 年。

民國報紙

1.《申報》：（1920 年～1941 年）。

2.《民國日報》：（1920 年～1932 年 1 月）。

3.《大公報》：（1920 年～1927 年）。

4.《晨報》：（1920 年～1928 年）。

民國期刊

1.《文藝月刊》：1930 年 8 月～1941 年 10 月。

2.《前鋒周報》：1930 年 6 月～1931 年 5。

3.《前鋒月刊》：1930 年 10 月～1931 年 4 月。

4. 《矛盾月刊》：1932 年 4 月～1934 年 6 月。

5. 《開展》：1930 年 8 月～1931 年 11 月。

6. 《黃鐘》：1932 年～1937 年。

7. 《流露》：1930 年 6 月～1933 年 5 月。

8. 《前哨（文學導報）》：1931 年 4 月～1931 年 11 月。

9. 《北斗》：1931 年 9 月～1932 年 7 月。

10. 《文藝新聞》：1931 年 3 月～1932 年 6 月。

11. 《現代文學評論》：1931 年 4 月～1931 年 10 月。

12. 《論語》：1932 年 9 月～1937 年 8 月。

13. 《東方雜誌》：1930 年～1941 年。

14. 《獨立評論》：1932 年～1937 年。

15. 《人間世》：1934 年 4 月～1935 年 12 月。

16. 《七月》：1937 年 9 月～1941 年 9 月。

17. 《吶喊（烽火）》：1937 年 8 月～1938 年 10 月。

18. 《文藝陣地》：1938 年 4 月～1941 年 6 月。

19. 《抗到底》：1938 年 1 月～1939 年 9 月。

20. 《抗戰文藝》：1938 年 5 月～1941 年 11 月。

21. 《新青年》：1918 年 6 月，第四卷第六號。

22. 《小說新報》：1919 年，第一期。

23. 《讀書雜志》：1931 年 11 月，第一卷第七、八期合刊。

24. 《世界與中國》：1931 年 11 月，第二卷第一期。

25. 《鐵路月刊》（津浦線）：1931 年，第一卷第十四期。

26. 《大陸》：1932 年 7 月，第一卷第一期。

27. 《申報月刊》：1932 年 9 月～1934 年 9 月，第一卷第三號～第三卷第九號。

28. 《外交月報》：1932 年 9 月，第一卷第三期。

29. 《文學月報》：1932 年 10 月，第三期。

30. 《尚志周刊》：1932 年 12 月，第二卷第四、五合刊。

31. 《文化界》：1933 年 10 月，第二期。

32. 《時代公論》：1933 年，第二卷第二十六期。

33. 《讀書生活》：1936 年 9 月，第四卷第九期。

34. 《中國新論》：1936 年 9 月，第二卷第八期。

35. 《救亡情報》：1936 年 9 月，第十八、十九期。

36.《今代文藝》：1936 年 9 月，第一卷第三期。

37.《文學大眾》：1936 年 9 月，第一卷第一期。

38.《河南省政府公報》：1938 年，第 2273 期。

39.《群眾周刊》：1938 年 5 月，第一卷第二十三期。

40.《世界展望》：1938 年，第二、三期。

41.《時事類編》：1938 年，第十四期。

42.《解放》：1938 年 9 月，第五十二、五十三期。

43.《婦女生活》：1939 年 8 月，第七卷第九、十期合刊。

44.《現代文藝》：1940 年 8 月，第一卷第五期。

研究論文

1. 戴傳林：《於黑丁的足迹》，《新文學史料》，1985 年三期。

2. 林溪：《魯迅與方之中》，《魯迅研究動態》，1986 年八期。

3. 柳蘇：《東北雪、東方珠——李輝英週年祭》，《讀書》，1992 年七期。

4. 楊天宏：《中國非基督教運動（1922～1927）》，《歷史研究》，1993 年六期。

5. 張業賞：《抗戰初期的石友三》，《春秋》，1995 年第四期。

6. 吳餘德：《抗日戰爭初期中國空軍曾經轟炸臺灣》，《航空史研究》，1996 年三期。

7. 唐利國：《關於國民黨抗日游擊戰的幾個問題》，《抗日戰爭研究》，1997 年一期。

8. 錢振綱：《論黃震遐創作的基本思想特徵》，《中國文學研究》，2002 年三期。

9. 錢振綱：《論民族主義文藝派的文藝理論》，《文學評論》，2002 年四期。

10. 古遠清：《為右翼文運鞠躬盡瘁的王平陵——從南京到重慶的文藝鬥士》，涪陵師範學院學報，2002 年四期。

11. 錢振綱：《民族主義文藝運動社團與報刊考辨》，《新文學史料》，2003 年二期。

12. 錢振綱：《論三民主義文藝政策民族主義文藝運動的矛盾及其政治原因》，《江西社會科學》，2003 年四期。

13. 洪小夏：《抗戰時期國民黨敵後游擊戰研究述略》，《抗日戰爭研究》，2003 年一期。

14. 劉勇：《基督教精神與中國現代文學》，《廣播電視大學學報》，2003 年三期。

15. 畢艷、左文:《「左聯」時期國民黨文藝期刊淺探》,《中國文學研究》,2006
    年一期。

16. 王本朝:《基督教爲何能夠進入中國現代文學》,《社會科學研究》,2007
    年五期。

17. 秦弓:《抗戰時期作家與正面戰場的關係》,《抗戰文化研究》(第一輯),
    2007 年。

18. 薛勤:《「九一八」文學舊體詩詞初評》,《遼寧大學學報》(哲學社會科學
    版),2007 年三十五卷六期。

19. 秦弓:《魯迅對 20 世紀 30 年代民族主義文學的評價問題》,《南都學壇》,
    2008 年二十八卷三期。

20. 秦弓:《魯迅對 30 年代自由主義文學的評價問題》,《中國社會科學院研
    究生院學報》,2008 年二期。

21. 秦弓:《論魯迅對 30 年代左翼文學的評價問題》,《江蘇行政學院學報》,
    2008 年三期。

22. 巴一熔:《抗戰初期黃源的三封信》,《新文學史料》,2008 年三期。

23. 秦弓:《抗戰文學中的武漢會戰》,《抗戰文化研究》(第三輯),2009 年。

24. 秦弓:《關於抗日正面戰場文學的問題》,《重慶師範大學學報》(哲學社
    會科學版),2009 年一期。

25. 冷川:《民族主義的窄化:從時代精神到文藝政策》,《中國社會科學院文
    學研究所學刊》,中國社會科學出版社,2009 年。

26. 王晶:《〈文藝月刊〉遺補》,《新文學史料》,2009 年三期。

27. 秦弓:《現代文學的歷史還原與民國史視角》,《湖南社會科學》,2010 年
    一期。

28. 秦弓:《現代通俗文學的生態、價值及評價問題》,《南都學壇》,2010 年
    三十卷三期。

29. 秦弓:《關於五四文學的「國家」話語問題》,《天津社會科學》,2010 年
    四期。

30. 韓雪林:《張力與縫隙民族話語中的文學表達──對《文藝月刊》(1930
    ～1937)話語分析》,《文藝爭鳴》,2010 年七期。

31. 秦弓:《丘東平對抗戰文學的獨特貢獻》,《東嶽論叢》,2011 年二期。

32. 秦弓:《三論現代文學與民國史視角》,《文藝爭鳴》,2012 年一期。

學位論文

1. 楊劍龍:《中國現代作家與基督教文化》,華東師範大學,博士學位論文,
   1998 年。

2. 錢振綱：《民族主義文藝運動研究》，北京師範大學，博士學位論文，2001年。

3. 周雲鵬：《「民族主義文學」論（1930～1937)》，復旦大學，博士學位論文，2005年。

4. 冷川：《20世紀20年代的外交事件與中國現代文學民族話語的發生》，中國社會科學院研究生院，博士學位論文，2007年。

5. 畢艷：《三十年代右翼文藝期刊研究》，湖南師範大學，博士學位論文，2007年。

6. 鄭蕾：《〈文藝月刊〉研究》，華東師範大學，2009年，碩士學位論文。

7. 王美花：《〈文藝月刊·戰時特刊〉研究》，重慶師範大學，2010年，碩士學位論文。